ANTIGAS SOCIEDADES DA ÁFRICA NEGRA

Conselho Acadêmico
Ataliba Teixeira de Castilho
Carlos Eduardo Lins da Silva
Carlos Fico
Jaime Cordeiro
José Luiz Fiorin
Tania Regina de Luca

Proibida a reprodução total ou parcial em qualquer mídia
sem a autorização escrita da editora.
Os infratores estão sujeitos às penas da lei.

A Editora não é responsável pelo conteúdo deste livro.
O Autor conhece os fatos narrados, pelos quais é responsável,
assim como se responsabiliza pelos juízos emitidos.

Consulte nosso catálogo completo e últimos lançamentos em **www.editoracontexto.com.br**.

José Rivair Macedo

ANTIGAS SOCIEDADES DA ÁFRICA NEGRA

Copyright © 2021 do Autor

Todos os direitos desta edição reservados à
Editora Contexto (Editora Pinsky Ltda.)

Ilustração de capa
DEDS-PROREXT-UFRGS (Luciano Barbosa)

Montagem de capa e diagramação
Gustavo S. Vilas Boas

Preparação de textos
Lilian Aquino

Revisão
Daniela Marini Iwamoto

Dados Internacionais de Catalogação na Publicação (CIP)

Macedo, José Rivair
Antigas sociedades da África negra / José Rivair Macedo. –
São Paulo : Contexto, 2024.
288 p. ; il.

Bibliografia
ISBN 978-65-5541-137-9

1. África subsaariana – Séculos XIII-XVI – História
2. África subsaariana – Aspectos sociais – Séculos XIII-XVI
I. Título

21-3270   CDD 960

Angélica Ilacqua CRB-8/7057

Índice para catálogo sistemático:
1. África, Sub-Saara – História

2024

Editora Contexto
Diretor editorial: *Jaime Pinsky*

Rua Dr. José Elias, 520 – Alto da Lapa
05083-030 – São Paulo – SP
PABX: (11) 3832 5838
contato@editoracontexto.com.br
www.editoracontexto.com.br

*"Nasce um novo dia,
é primavera, é nova era que chegou.
Nasceu Kamadian, o Leão-Menino,
presente que a Deusa Mokoy fertilizou."*

Mestre Paraquedas,
"A Deusa Mokoy e o clã do Leão Dourado" (1991)

*Para Karen Luz,
cuja sensibilidade
explode à flor da pele
e que em seu jardim secreto
guarda para quem ama
o melhor de si.*

Sumário

HISTÓRIA DOS NEGROS E CULTURA BRASILEIRA   9

INTRODUÇÃO   15

QUESTÃO PRELIMINAR
    Ibn Battuta, os hipopótamos e a "Idade Média" na África   33

PARTE I
CONEXÕES, TRÂNSITOS, TROCAS
    Circulação de pessoas, ideias e bens entre o Magrebe,
        a bacia do Níger e a floresta tropical   77

    Cor, etnicidade e escravidão no *Mi'raj al-Su'ud*
        de Ahmed Baba de Tombuctu   105

    Sundjata Keita e Alexandre Magno: interações
        entre oralidade e escrita na África Subsaariana   135

PARTE II
PODER, INSTITUIÇÕES, SOCIEDADE

    Sobre a autoridade compartilhada
        nas antigas sociedades mandingas   163

    Áskia Mohammed e os gênios no *Ta'rikh al-Fattash*   199

    Encenando o poder:
        as audiências públicas no Bilad al-Sudan   229

PALAVRAS FINAIS   257

OBRAS CONSULTADAS   263

O AUTOR   283

AGRADECIMENTOS   285

História dos negros e cultura brasileira

Os versos da epígrafe deste livro fazem parte da letra de uma canção que serviu de enredo da Escola de Samba Garotos da Orgia no carnaval de Porto Alegre em 1991. A autoria é de Eugênio Alencar, respeitado detentor das tradições africanas, sambista admirado nos ambientes da cultura popular e da cultura negra gaúcha, onde é conhecido como Mestre Paraquedas.

Na íntegra, diz:

> Mali, o Império Mandinga,
> Djéli, filho de Pemba Kanda,
> do clã do Leão Dourado,
> era sua primeira caçada,
> para receber o apito de Sinbon,
> com a ajuda do grande Deus da caça
> Sanê Nikodolon.

> E Keita parte para Niani,
> junto ao Rei Mamadou Abdoul,
> e quase morre atacado por um búfalo furioso,
> mas a lança certeira do jovem Djéli o salvou.
> Como gratidão oferece riquezas,
> um griot, e sua filha, a princesa Mamadiê.
> Mas Dankaran, o feiticeiro expulso,
> irado, lança sua maldição:
> que enquanto não nascesse o filho da princesa
> nenhuma outra criança ia nascer.
> Nasce um novo dia,
> é primavera, é nova era que chegou,
> nasceu Kamadian, o Leão-Menino,
> presente que a Deusa Mokoy fertilizou.
> (Alencar, 1991)

Desde a primeira vez que a ouvi, admiro a beleza e força poética da canção. Ela encontra inspiração na epopeia de Sundjata, o governante mandinga da linhagem dos Keita que no século XIII teria criado as bases do Império do Mali (Niane, 1982). Nela estão presentes símbolos e personagens valorizados no imaginário africano tradicional: o guerreiro, o caçador e o universo da caça; as divindades, o feiticeiro, a princesa; e o griot, o contador de histórias (Cissé, 1994). Também me interessa saber por que meios e em quais circunstâncias tais temas da cultura histórica da África Ocidental circularam até chegar deste lado do Atlântico e como foram preservados pelos detentores das tradições negras. Encontra-se aí uma prova da extraordinária capacidade de preservação na memória popular de mitos, lendas e episódios ausentes dos livros didáticos de História produzidos no Brasil, em que a África tende a ser retratada quase sempre pelo viés da escravidão.

A letra do samba-enredo composto por Mestre Paraquedas convida professores(as) e pesquisadores(as) africanistas a ajustar o foco de seu olhar para as antigas sociedades africanas. Propõe uma imagem alternativa do passado, em parte sonhada, em parte imaginária, porém altiva e afrocentrada, diferente daquela encontrada nas salas de aula, nos estudos e interpretações acadêmicas convencionais, em que de modo geral as narrativas desenvolvem a ação de traficantes de escravos, aventureiros e exploradores, missionários e agentes coloniais, com os(as) africanos(as) reduzidos(as) à condição de vítimas quase sempre passivas, silenciosas, sem protagonismo, sem agência criativa. Como tantas outras criações promovidas por artistas populares, cineastas e escritores(as) originários(as) do continente ou da diáspora negra, o samba-enredo aqui evidenciado dialoga diretamente com a africanidade.

Continua a ser um grande desafio para o campo disciplinar da história, feito em moldes eurocêntricos, reconhecer a especificidade das sociedades africanas, detectar os elementos que integram seus processos históricos, distinguir conceitos, categorias mentais e traços distintivos específicos de seus povos; determinar as continuidades e rupturas, as conexões, interações e trocas em âmbito intracontinental e extracontinental; analisar o funcionamento de suas instituições e identificar suas contribuições para a história mundial. Isso permitiria ir além do lugar-comum que condiciona o continente ao escravismo e ao colonialismo; como se a única função da África no mundo fosse a de constituir um repositório humano subalternizado, uma área periférica que por si só estaria condenada à dependência, ao imobilismo, ao subdesenvolvimento.

Em 2013, a convite da Editora Contexto, escrevi *História da África*, obra publicada na coleção História na Universidade. Sua finalidade, eminentemente didática, era apresentar, em grandes linhas, uma narrativa articulada em perspectiva panorâmica e abrangente da diversidade ambiental, cultural, política e social do continente na longuíssima duração de sua história. Aquela visão introdutória respeitava as diferenças e peculiaridades sociais, culturais e históricas decorrentes da grande variedade de grupos étnico-linguísticos, regiões, civilizações e formações estatais englobantes.

Este livro apresenta outra proposta, outro formato, outra estratégia de abordagem. Baseia-se em longa pesquisa documental e bibliográfica realizada entre os anos 2016-2020 com financiamento do

Conselho Nacional de Desenvolvimento Científico e Tecnológico (CNPq). Foi elaborado a partir de escolhas teóricas, conceituais e metodológicas que têm por finalidade a valorização de perspectivas endógenas na interpretação de fatos, contextos e estruturas sociais do passado do continente. Opta pelo estudo de sociedades em períodos históricos anteriores ao colonialismo, com foco em fenômenos coletivos, apoiando-se em dados de fontes escritas, de evidências da cultura material recuperadas pela Arqueologia e de dados preservados pelas tradições orais. Mas a atenção é dirigida a apenas uma parte do continente, aquela que grandes nomes da historiografia africanista africana, como Cheikh Anta Diop, Joseph Ki-Zerbo e Elikia M'Bokolo chamaram de "África negra".

O contexto espacial e temporal é o mesmo que inspirou a letra do samba-enredo de Mestre Paraquedas. Diz respeito à região do Sahel, no extremo-sul do Deserto do Saara, e à bacia do Níger, situada entre o ambiente da savana e da floresta tropical, no período cronológico dos séculos XIII-XVI, quando, na Europa, vivia-se o período histórico da Idade Média; espaço designado nas fontes árabes pela expressão "Bilad al-Sudan" e nos textos europeus dos séculos XVIII-XIX como "Negroland", isto é, a "Terra dos negros". As organizações sociais eram então controladas por povos falantes da língua mandinga e da língua songai; sua área de influência político-econômica corresponde, no presente, aos territórios do Mali, Níger, Guiné-Conacri e, em menor proporção, Senegal, Gâmbia, Guiné-Bissau, Burkina Faso, Gana, Costa do Marfim e Mauritânia. Foram aqueles povos os construtores das poderosas formações estatais designadas nos livros de História ocidentais pelos termos "Império do Mali" e "Império Songai", denominações que, conforme será demonstrado neste livro, não expressam adequadamente as realidades históricas a que se referem.

Com este *Antigas sociedades da África negra* espero dar a conhecer ao público brasileiro resultados inéditos de pesquisa e fortalecer a Educação das Relações Étnico-Raciais (ERER) tal qual preconiza a Lei Federal nº 10.639/2003 – que deu origem ao artigo

26A da Lei de Diretrizes e Bases da Educação Nacional (LDB) ao tornar obrigatório o ensino de História e cultura afro-brasileira e africana. Em todos os sentidos, a ampliação de nossa consciência histórica acerca da África e dos(as) africanos(as) contribuirá para uma reconciliação com o nosso passado e com nossa identidade social, em que africanos e afrodescendentes desempenharam papel fundamental. Algo que os(as) detentores(as) das tradições negras têm consciência há muito tempo. A eles(as), meu profundo respeito e reconhecimento!

Introdução

*"Quem não tem tempo a perder
não tem nada a ganhar na África."*

Djibril Tamsir Niane

Este livro tem como base de apoio referenciais vinculados aos estudos históricos africanos. Baseia-se na ideia de que a constituição desse campo disciplinar de produção de conhecimento acadêmico não resulta de tendências historiográficas consensuais. Longe disso, é integrado por diferentes matrizes de interpretação que se assentam, cada uma à sua maneira, em pressupostos epistemológicos considerados válidos pelos(as) pesquisadores(as) que as integram, na África e fora dela.

A primeira matriz de interpretação será aqui designada de "Estudos africanos de matriz europeia". Ela ganhou forma na Europa Ocidental a partir do período da colonização da África (c. 1880-c. 1960) e evoluiu de uma perspectiva racializada e eurocêntrica para análises mais abrangentes, em que as particularidades africanas passaram gradualmente a ser consideradas (Duluq, 2009). A essa tendência vinculam-se pesquisadores importantes, entre os quais Maurice Delafosse, Robert Cornevin, Catherine Cocquery-Vidrovich e Jean-Loup Amselle, na França (Goerg, 1991); John Fage, Paulo Fernando de Moraes Farias e John Hunwick, na Inglaterra (Philips, 2005); Avelino Teixeira da Mota, Maria Emília Madeira Santos, Isabel Castro Henriques e José da Silva Horta, em Portugal (Maino, 2005), para ficar apenas nesses países, uma vez que há pesquisas sistemáticas sobre a África realizadas na Itália, Alemanha e Rússia. Convém observar que, nesse caso, as realidades africanas tendem a seguir de perto as divisões impostas pelo colonialismo, com estudos dirigidos a uma área anglófona, francófona ou lusófona do continente.

Não se trata de ignorar o papel relevante dos(as) pesquisadores(as) europeus(eias) para o conhecimento das sociedades africanas, ou de não levar em conta os avanços e as transformações qualitativas da historiografia africanista produzida na Europa. De maneira esquemática, observa-se nela uma gradual mudança de perspectiva. Os(as) primeiros(as) "africanistas", isto é, os profissionais envolvidos com pesquisa sobre a África e os(as) africanos(as), em geral estiveram vinculados ao corpo administrativo dos governos coloniais, atuando como linguistas, antropólogos, sociólogos e/ou historiadores, e seus estudos tinham a finalidade de melhor conhecer para transformar os povos com quem mantinham contato (Koss-Jewsiewicki, 1989; Sibeud, 2002). Nas décadas de 1960-1970, foram criadas bases acadêmicas mais consistentes, com pesquisas diversificadas, mais bem amparadas em procedimentos científicos e menos vinculadas a programas de governo. As investigações têm sido desenvolvidas em centros de pesquisa de excelência, como o núcleo Histoire, Sociétés et Cultures Africaines da École des Hautes Études en Sciences Sociales (onde atua o cientista social congolês Elikia M'bokolo) – e os resultados das pesquisas têm sido discutidos em centros de investigação e divulgados em periódicos especializados de grande projeção internacional, como o *Journal of African History* e o *History in Africa* (Cambridge), e os periódicos franceses *Journal des Africanistes* e *Cahier d'Études Africaines* (Paris), entre outros.

A segunda matriz de interpretação emergiu nos Estados Unidos e no Canadá ao longo da segunda metade do século XX e esteve parcialmente vinculada às demandas do conhecimento das universidades norte-americanas sobre as jovens nações africanas no momento em que estas estavam sendo inseridas no complexo jogo das relações internacionais do período da Guerra Fria. Vincula-se também aos movimentos de reivindicação de direitos civis protagonizados por afro-americanos desejosos de ver seus laços históricos fortalecidos com o seu continente de origem. Dispondo de recursos provenientes de agências de fomento privadas, tais como a Ford Foundation e a Carnagie Corporation, as universidades e os centros de pesquisa atraíram intelectuais europeus consagrados, como Jan Vansina e Philip Curtin, e formaram nomes importantes dos estudos africanos atuais, como John Thorton, Paul Lovejoy, Joseph Miller e Michael Gomez (Ferreira, 2010). Nesse caso, maior atenção veio a ser dada aos vínculos da África com o mundo atlântico, e posteriormente aos fenômenos associados ao tráfico transatlântico e à diáspora negra.

Da América Latina surgiram significativas contribuições de pesquisadores que, para compreender o significado histórico-cultural das populações afrodescendentes levadas em cativeiro no tráfico transatlântico, concentraram o olhar no continente africano, procurando estudá-lo de modo mais direto e aprofundado. Isso pode ser observado desde as obras pioneiras do caribenho Eric Williams e seu clássico *Capitalism and Slavery* (Capitalismo e escravidão) (1944), ou as pesquisas do guianense Walter Rodney (1942-1980) sobre os efeitos do tráfico e do colonialismo para o desenvolvimento da África. No Brasil, datam dos anos 1960-1970 a criação do Centro de Estudos Afro-Orientais (CEAO-UFBA), com os estudos de Pierre Verger; do Centro de Estudos Afro-Asiáticos (Ucam-RJ), com os trabalhos de José Maria Nunes Pereira; e do Centro de Estudos Africanos (FFLCH-USP), com os trabalhos de Fernando Mourão,

Carlos Serrano, Kabenguele Munanga e Fábio Leite (Schlickmann, 2015; Zamparoni, 1995). Fora dos meios acadêmicos universitários, data da década de 1980 as primeiras pesquisas de Nei Lopes, com a publicação de *Bantos, malês e identidade negra* (1988), e da década de 1990 os trabalhos de Alberto da Costa e Silva, sobretudo *A enxada e a lança* (1996) e *A manilha e o libambo* (2002).

A terceira matriz dos estudos africanos aqui considerada, menos estudada, porque menos divulgada nos meios acadêmicos europeus e americanos, nasceu dentro do continente, no contexto da descolonização e da formação dos estados africanos contemporâneos. É constituída por intelectuais de diferentes formações acadêmicas que têm em comum o fato de buscarem interpretar as realidades socioeconômicas e os fenômenos socioculturais a partir de referências locais e da experiência dos próprios africanos, fundando suas interpretações em conhecimento acadêmico articulado a saberes tradicionais, nativos, endógenos (Brizuela-Garcia, 2006; Nziem, 1986). A posição de intelectuais africanos de projeção internacional, como Cheikh Anta Diop, Joseph Ki-Zerbo, Toyn Falola, Archie Mafeje, oscilou desde o "nacionalismo" e "afrocentrismo" até leituras críticas dos pressupostos eurocêntricos e a proposição de alternativas epistemológicas ao tipo de conhecimento utilizado para dar a conhecer a África (Amselle, 2010: 66-104).

Entre os anos 1960-1980, os três principais núcleos intelectuais em torno dos quais foram discutidos os pressupostos dos estudos feitos pelos africanos ficaram conhecidos como "Escola de Dakar", vinculada ao Institut Fondamental de l'Afrique Noire (Instituto Fundamental da África Negra), na Universidade de Dakar (Senegal), constituída por historiadores como Sekene Mody Cissoko, Joseph Ki-Zerbo e Djibril Tamsir Niane; a "Escola de Ibadan", constituída por pesquisadores como J. F. A. Ajayi, Adiele Afigbo e E. A. Ayandele, muito envolvidos com a reconstituição do passado pré-colonial da Nigéria; e a "Escola de Dar-es-Salaam", na Tanzânia, parcialmente influenciada por referências socialistas lidas em perspectiva africana e pela Teoria da Dependência, onde atuaram pesquisadores como Walter Rodney, B. O. Ogot e Ali A. Marzui (Bah, 2015: 21-30).

De modo geral, em que pese as diferenças político-ideológicas e teórico-metodológicas, um traço recorrente da obra dos cientistas sociais africanos tem que ver com a reivindicação de uma interpretação endógena. Eles advogam a ideia segundo a qual a interpretação das realidades africanas nem sempre são feitas a partir de dentro do continente, nem em consonância com o ponto de vista de seus intérpretes locais, o que levou o filósofo marfinense radicado na República do Benin, Paulin Hountondji, a perguntar quão "africanos" são os "estudos africanos" (Hountondji, 2008: 151), e Carlos Pimenta e Vítor Kajibanga a formular a hipótese segundo a qual os estudos africanos, tal qual têm sido elaborados usualmente, seriam "um conhecimento periférico sobre a periferia" (Pimenta e Kajibanga, 2011). É certamente nesse mesmo sentido que devem ser entendidas as proposições de Toyn Falola em defesa de uma relativização das interpretações "ocidentalizantes" e de uma "politização da identidade" de modo que aos africanos seja reconhecido seu "poder de definição", isto é, sua capacidade de iniciativa na interpretação de sua existência social (Falola, 2016).

* * *

Quanto a nossas opções teórico-metodológicas, procuramos fundamentá-las em referenciais epistemológicos que orientam os estudos sobre as condições políticas, sociais, culturais e históricas dos povos africanos em perspectiva crítica, segundo procedimentos de análise não eurocentrados. Essas interpretações pretendem sublinhar o papel diferencial dos sujeitos africanos, com a valorização de suas experiências e visões de mundo. Para isso, valemo-nos da contribuição teórica de intelectuais africanos contemporâneos, sobretudo V. Y. Mudimbe, Achille Mbembe, Archie Mafeje e Paulin Hountondji, que em suas obras refundam os termos do debate sobre as sociedades africanas ao fundamentar suas reflexões nas condições objetivas dos grupos sociais enfocados levando em consideração as dinâmicas locais e as leituras dos sujeitos envolvidos – com análises equilibradas entre os influxos externos, as iniciativas particulares dos sujeitos e suas formas de inserção no mundo contemporâneo.

Como ponto de partida do debate, considera-se aqui que, nas diversas áreas do continente africano, a produção do conhecimento não se restringe aos meios letrados e ao saber acadêmico formal. Não há dúvida de que, para os africanos, o saber e o saber-fazer são partes indissociáveis, sendo orientados por normas sociais constitutivas dotadas de originalidade, mantidas por via tradicional, oral, entrelaçadas, paralelas e complementares ao saber erudito dito "moderno" e "científico" introduzido segundo moldes ocidentais ou árabe-muçulmanos (Hountondji, 2012; Kane, 2004), entre outras matrizes culturais que interagiram na longuíssima formação histórica do continente.

Na África, encontra-se parcialmente superada a tendência de estudo que rejeitava os saberes ancestrais, enquadrando-os nos rótulos desvalorizantes de "superstições" (para a farmacopeia e as práticas de cura, por exemplo) e "irracionalidades" (para os mitos, ritos e símbolos), ou a equivocada discussão entre "tradicional" e "moderno" – em que este último termo aparecia associado à "verdade" e "objetividade científica", enfim, ao único conhecimento aceitável para a explicação dos fenômenos culturais e sociais. Por isso, o teórico camaronês Jean-Marc Ela salienta que, para avançar e ganhar autonomia, as Ciências Sociais feitas por africanos têm que formular uma poderosa autocrítica em que sejam evidenciados os resquícios de categorias mentais que o Ocidente utilizou para conhecer outras sociedades. Segundo ele, seria preciso, ao repensar as Ciências Sociais africanas, saber em que medida as abordagens propostas não repetiriam uma visão colonizada e alienada das realidades locais, mantendo resquícios do "odor do pai" (Ela, 2011: 50).

Naquelas sociedades, ao rol dos conhecimentos admitidos como válidos, legítimos, compareçem tanto saberes acadêmicos formais quanto saberes resultantes de experiências gnosiológicas de caráter cultural, social, tecnológico, hauridos na experiência coletiva do saber-fazer ancestral, a que Joseph Ki-Zerbo e Paulin Hountondji nomeiam de "conhecimentos endógenos" e V. Y. Mudimbe qualifica como *gnose*. Por este último termo, o filósofo congolês radicado nos Estados Unidos propõe designar o conhecimento resultante da articulação entre os saberes formais, acadêmicos, escritos, científicos, em interação com os saberes preservados e transmitidos através das tradições orais, que nunca desapareceram na África:

> Com efeito, as culturas africanas dispuseram e dispõem de saberes e conhecimentos próprios, os quais estão inscritos em, e dependentes, de tradições. Todavia, creio que seria ilusório encetar em busca por tradições africanas originárias, puras e definitivamente fixas, mesmo no período pré-colonial [...]. A realidade das miscigenações desafia a ideia de tradição enquanto essência pura, que testemunha o seu próprio ser originário [...]. As tradições não são fixas: constituem, de facto, continuidades, mas também descontinuidades; são "processos", "desenvolvimentos únicos que não emanam de princípios básicos e estáticos". (Mudimbe, 2013a: 262-263)

* * *

Inspirado nesse debate, espera-se que o conjunto de estudos reunidos nesta obra possa fazer ampliar o conhecimento da história de algumas sociedades situadas e entre o Sahel e a bacia do rio Níger, a partir de duas formações sociais em torno das quais foram estruturados grandes Estados nos séculos XIII-XVI: o antigo Mandinga e o antigo Songai. Por razões que serão explicadas no primeiro capítulo, optamos por designá-los desse modo, e não como são usualmente conhecidos, através das expressões "Império do Mali" e "Império Songai". Evitamos também de propósito sobrepor as informações encontradas nas fontes e na bibliografia disponível às realidades contemporâneas da África Ocidental, pois o traçado das fronteiras dos Estados criados no século XX durante o processo de descolonização não corresponde aos territórios abrangidos pelos Estados anteriores ao colonialismo, nem diz respeito aos mesmos grupos étnico-linguísticos – alguns dos quais, como os povos tamaxeques, continuam a reivindicar sua autonomia e sua identidade própria. Mandingas, soninquês e fulas, por sua vez, encontram-se presentes em vários países atuais devido a processos de dispersão ocorridos durante ou após o período enfocado neste livro.

Área cultural a que os temas e questões de pesquisa se referem, a bacia do rio Níger funciona como um grande entroncamento de povos, rotas e paisagens naturais. Para o norte, projeta-se na franja meridional do Saara, conhecida como Sahel, do árabe, *Sahil* ("litoral, costa"), uma extensa faixa de cerca de 500-700 km que se estende, no interior do continente, entre o oceano Atlântico e o mar Vermelho e funciona como uma zona intermediária entre o ambiente saariano e o ambiente da savana (Seck e Mondjannagni, 1967: 31). Ali, a vegetação de estepe, as baixas precipitações atmosféricas e o clima seco acusam a aridez do deserto, mas ela permanece como *habitat* de grupos de cameleiros de língua imazighen e tamaxeque, de cameleiros negros, os tubus, de pastores bellas e fulas. Para o sul, onde as águas do Níger seguem formando uma curva acentuada em forma de cotovelo, seus afluentes, como grandes artérias, irrigam o cinturão verde formado pelas vegetações de savana, projetando-se na direção do Delta, onde é gradualmente cercado pela floresta tropical. Era a região denominada nos textos árabes antigos como Bilad al-Sudan, isto é, a "Terra dos negros", espécie de fronteira geográfica, cultural e mental para o mundo letrado muçulmano, como posteriormente continuaria a ser para o mundo letrado europeu – conforme será desenvolvido nos capítulos "Circulação de pessoas, ideias e bens entre o Magrebe, a bacia do Níger e a floresta tropical", "Cor, etnicidade e escravidão no *Mi'raj al-Su'ud* de Ahmed Baba de Tombuctu" e "Sundjata Keita e Alexandre Magno: interações entre oralidade e escrita na África Subsaariana".

Assim, desde a sua nascente, no sopé dos montes Tingi, em área situada entre a Guiné-Conacri e Serra Leoa, as águas do rio Djolibá, nome atribuído ao Níger pelas comunidades locais ribeirinhas, projetam-se para o interior do continente. Vão serpenteando e englobando diversos afluentes, correndo nas direções norte e nordeste, pelas franjas do Saara, através do Mali; depois da grande curva para o leste e sudeste, percorrem uma rota sinuosa, passando pelo país do Níger, até o Benin, para desaguar no Atlântico, na bacia de Biafra, ao sul da atual Nigéria, após percorrer uma distância total de cerca de 4.200 km. Suas águas, navegadas por pirogas, exploradas por camponeses, pescadores, mercadores, artesãos e criadores de gado, são fonte de abastecimento essencial para toda a África Ocidental. Em sua nascente encontram-se formações geológicas antiquíssimas que datam do período pré-cambriano, geradas nas primeiras fases de constituição da superfície do planeta. Em seu subsolo estão grandes escudos ou cratões com jazidas minerais ricas em ferro, alumínio, cristais, diamantes e ouro (Reader, 2002: 236-237; Ajayi e Crowder, 1988: 20). Daí essa região ter sido, antes da exploração dos recursos minerais da América, a principal fonte de fornecimento do ouro posto em circulação no Velho Mundo.

É essa centralidade da bacia do Níger na vida social e na organização dos povos oeste-africanos que gostaríamos de destacar. Pois na língua mandinga, Djolibá significa, antes de tudo, o "grande rio". É a denominação local para o rio que os europeus da era moderna chamaram de "Níger", palavra rodeada de implicações raciais que evoca a negrura das populações que o habitavam. O "rio dos negros" integrava-se ao território que os ingleses, no século XVIII, chamavam de *Negroland*, a "Terra dos negros", na continuidade da lógica racial árabe-muçulmana que qualificava aquele espaço como *Bilad al-Sudan* (Terra dos negros), de onde o qualificativo "sudan" (sudanês) para identificar os povos de pele escura (Masonen, 2000; Medevièlle, 2006).

Ainda que esse não seja o foco pretendido por este livro, cabe aqui uma pequena digressão acerca de como, no século XIX, os saberes eruditos europeus produziram um tipo de conhecimento novo sobre o interior do continente, através da obra de exploradores e naturalistas que, a serviço de governos, fundações ou instituições, aventuraram-se em busca das fontes e escoadouros dos grandes rios, primeiro do Níger, e depois do Nilo, Congo e Zambeze. O desconhecimento do interior do continente pelos europeus prevalecia ainda durante o século XVIII, quando geógrafos como Anville e Joseph-Jérôme de

Lalande continuavam a se servir das informações dos geógrafos gregos e árabes sobre o curso, a fonte e a embocadura do Níger. Tudo mudou após 1795-1797, quando o explorador escocês Mungo Park adentrou o continente através do rio Gâmbia, no litoral atlântico, alcançando o reino bambara de Kaarta, na bacia do Níger, a serviço da Association for Promoting the Discovery of Interior Parts of Africa (Surun, 2003). Logo depois, seria a vez do explorador francês René Caillié, que em 1828 alcançou Djenê e Tombuctu, e do explorador e erudito germânico Henrich Barth, que permaneceu em Tombuctu por mais de um ano em 1853-1854.

O livro não pretende ser um compêndio erudito sobre a evolução dos grandes "reinos" e "impérios" da "idade de ouro" da História africana, ao estilo dos estudos históricos africanos desenvolvidos na Europa e mesmo na África nas décadas de 1960-1980. Já não se trata mais de investir em contranarrativas ou em tentativas de fortalecer a identidade negro-africana, como aponta o guineense Carlos Lopes (1995) e o senegalês Ibrahima Thioub (2005). Não se trata mais de provar que a África tem história, mas adentrar nela. A bem da verdade, não é o campo do "político", no sentido usual, que nos anima, e sim o da cultura, o campo dos sistemas simbólicos pelos quais as coletividades, no caso, as coletividades africanas, atribuem sentido ao mundo. Assumindo os riscos e compromissos das definições fáceis, diremos que o ângulo privilegiado pelo qual procuraremos observar aspectos da vida comunitária dos povos e ambientes apontados é o da "antropologia histórica". O interesse maior recairá na interpretação dos comportamentos e atitudes coletivas, das representações e práticas socioculturais que as fontes escritas e os testemunhos orais nos permitem entrever.

Porém, de modo a evitar, tanto quanto possível, a contaminação dos fenômenos e processos históricos que serão estudados com referenciais e categorias mentais contemporâneas, ocidentalizadas ou etnocentradas, procuraremos tomar certos cuidados e adotar certos princípios de análise. Partimos do pressuposto da distância cultural existente entre os referenciais do pesquisador e os referenciais dos africanos no passado, com a intenção de evitar os perigos da exotização ou da idealização. Optamos por uma aproximação "empática", e nem tanto "simpática", seguindo as sugestões metodológicas de Olivier de Sardan (1989: 133) explicitadas no primeiro capítulo.

Em conformidade com o que acaba de ser afirmado, considera-se que para o caso dos povos africanos antigos é preciso tentar estabelecer, tanto quanto possível, quais as categorias mentais definiam suas visões de mundo, orientavam suas práticas sociais e davam sustentação às suas instituições e costumes, sob o risco de aplicarmos a eles nossas próprias referências e nossos sistemas de pensamento. Em primeiro lugar, convém perguntar em quais elementos se assentavam as cosmologias, as estruturas sociais, políticas e econômicas que orientavam a ação, as práticas sociais e os sistemas simbólicos daquelas coletividades humanas, partindo do pressuposto que não as conhecemos e que não participamos delas. Haverá também que se perguntar, mesmo que as respostas não sejam evidentes, sobre o que definia a ideia de "humanidade" no tempo e espaço de vivência das sociedades sudanesas da bacia do Níger antes do colonialismo europeu. Nesse sentido, as perspectivas de análise e interpretação a serem desenvolvidas levarão em conta certas categorias e conceitos aplicáveis para aquele tempo e lugar, que são:

1. As sociedades africanas aqui consideradas eram multiétnicas e multilinguísticas, sem que por isso houvesse sobreposição e eliminação total das diferenças e particularidades dos grupos englobantes e englobados. É o que Honorat Aguessy (1983) denomina de "subsidiariedade"; que o brasileiro Paulo Fernando de Moraes Farias (Scoa, 1980: 46-47) qualifica como "princípio sintético" da "unidade na diversidade"; e a arqueóloga inglesa Susan McIntosh (1999) chama de "heterarquia" em vez de "monarquia". Significa que as sociedades em suas relações horizontais ou verticais admitiam a coexistência de componentes sociais e culturais distintos, sem eliminações ou sobreposições entre umas e outras, mas através de deliberações, escolhas, soluções conciliatórias ou consensos negociados.

2. Eram sociedades marcadas por alto grau de influência das relações de parentesco. Estas concorriam ou estavam acima do que poderia ser definido por instituições políticas centralizadas. A gestão comunitária, o viver em comunidade, era atravessada por regras estabelecidas ou controladas pelas pessoas mais velhas no seio de famílias alargadas. Essas famílias, por sua vez, eram integradas por pessoas vivas e pelos ancestrais, que, embora não corpóreos, faziam-se presentes e exerciam influência efetiva nas comunidades.
3. Nas concepções cosmogônicas, o universo era atravessado por constantes fluxos de energia que afetavam pessoas, animais e vegetais em seus corpos e espíritos e transitavam entre eles. Esse emaranhado de forças invisíveis era continuamente animado pelo sopro ou fluido vital, a quem se atribuía a capacidade de infundir vida e movimento à matéria. O fluxo dessa energia, por sua vez, podia fortalecer, enfraquecer e até matar, ainda mais quando a troca envolvesse criaturas pertencentes a diferentes esferas do mundo natural (Cissé, 1964, 1973).
4. A noção de pessoa não era baseada em marcações identitárias de gênero ou sexual, mas na complementaridade entre o princípio feminino e o princípio masculino, com vista ao estabelecimento de um equilíbrio nas relações. Daí a valorização em diversas sociedades africanas ocidentais da ideia da gemelidade e de imagem de pessoas gêmeas. O "indivíduo" tende a ser pensado como parte de um conjunto constituído por pares de pessoas sexualmente distintas, por vezes opostas e por vezes complementares – modelo que se projeta nas estruturas sociais, políticas, e na concepção do mundo (Cartry, 1973: 29). Na esfera individual, a noção de pessoa englobava, além do corpo físico, duplos espirituais que podiam se desprender do corpo, afetar ou serem afetados por fluxos da energia vital. Além disso, admitiam-se relações entre humanos e não humanos, como espíritos da natureza e *djinns*.[1]

De outro lado, para evitar o risco da essencialização das culturas oeste-africanas antigas, esses traços socioculturais não devem ser entendidos como fenômenos particulares e exclusivos, fechados, alheios a inovações, fusões, descontinuidades. Concebê-los desse modo seria negar, em parte, os movimentos e as transformações da história. Nas sociedades sob influência mandinga e songai que serão estudadas, os traços apontados anteriormente devem ser pensados em diferentes processos de interação com o islã em suas modalidades ibadita e sunita, conforme se verá nos capítulos "Circulação de pessoas, ideias e bens entre o Magrebe, a bacia do Níger e a floresta tropical", "Cor, etnicidade e escravidão no *Mi'raj al-Su'ud* de Ahmed Baba de Tombuctu", "Áskia Mohammed e os gênios no *Ta'rikh al-Fattash*" e "Encenando o poder: as audiências públicas no Bilad al-Sudan". Na África, sem deixar de desempenhar uma função religiosa, o islã forneceu padrões e modelos de conduta social, referenciais de caráter político às elites que pretendiam ver criada ou fortalecida sua autoridade e buscaram na lei corânica os meios para o reconhecimento de sua legitimidade. Em face de forças, costumes e práticas locais, ancestrais, o islã representou uma alternativa extravertida de afirmação de poder e prestígio, sem, entretanto, suprimir ou substituir as bases anteriores em que repousava a tradição social e cultural. Eis um exemplo do amplo cenário das "miscigenações" e interações a que as tradições africanas estiveram submetidas tal qual V. Y. Mudimbe propôs na passagem citada páginas atrás.

* * *

A obra encontra-se dividida em duas partes, com o desenvolvimento de questões e problemas de pesquisa que envolvem a produção do campo disciplinar dos estudos históricos africanos, e determinados temas de abordagem atinente a diversas esferas da experiência social anteriores ao colonialismo europeu.

A questão preliminar, desenvolvida no capítulo "Ibn Battuta, os hipopótamos e a 'Idade Média' na África", pretende não apenas problematizar a habitual atribuição do enquadramento cronológico da "Idade Média" europeia às sociedades africanas anteriores ao século XVI, mas mostrar que, indo além da imputação do já surrado rótulo do eurocentrismo, essa associação revela-se incapaz de dar conta das especificidades dos processos e fenômenos originados além do Deserto do Saara.

Na primeira parte, a análise das relações sociais e econômicas ocorridas no ambiente saariano e da bacia do Níger procurará dar ênfase ao fluxo das caravanas que se deslocavam em sentido norte-sul, conectando a área subsaariana com o norte da África, o Oriente Médio e a Europa. Porém, também serão levados em conta os processos internos das trocas econômicas e culturais da bacia do Níger e da floresta tropical, de modo que as conexões estabelecidas desde o Mediterrâneo até o Atlântico demonstrem as variadas formas de participação dos africanos, em âmbito continental, e não apenas regional (capítulo "Circulação de pessoas, ideias e bens entre o Magrebe, a bacia do Níger e a floresta tropical"). No bojo dessas mesmas relações, o tráfico de cativos através das rotas transaarinas tornou-se um problema endêmico para as sociedades não islamizadas, algo tratado de modo aprofundado a partir do estudo de um tratado de jurisprudência escrito por destacado conhecedor da lei, o sábio afro-muçulmano Ahmed Baba de Tombuctu no princípio do século XVII (capítulo "Cor, etnicidade e escravidão no *Mi'raj al-Su'ud* de Ahmed Baba de Tombuctu"). A comparação de Sundjata Keita, herói-fundador e unificador do antigo Mandinga, com Alexandre Magno, em um registro privilegiado da tradição oral, constitui o ponto de partida de uma reflexão sobre as lógicas do oral e do escrito na África Subsaariana, marcada por diversos circuitos de transmissão cultural (capítulo "Sundjata Keita e Alexandre Magno: interações entre oralidade e escrita na África Subsaariana").

A segunda parte dedica-se ao exame de aspectos da vida comunitária nos estados sudaneses a partir de situações que evocam a grande complexidade resultante do encontro de tradições africanas originárias com as matrizes político-culturais muçulmanas. Foi no

Introdução

século XIV, momento e apogeu da hegemonia regional do Estado Mandinga, que o princípio da colateralidade, a sucessão através de irmãos, passou a ser substituído pelo princípio da patrilinearidade, a sucessão hereditária de pai para filho preconizada pelo islã, e também o momento em que a autoridade compartilhada entre representantes masculinos e femininos da *mansaia* foi posta em causa (capítulo "Sobre a autoridade compartilhada nas antigas sociedades mandingas"). A legitimação do poder buscada no islã pelos governantes do Songai durante a dinastia dos áskias de Gao não impediu, entretanto, que certos elementos das crenças populares islâmicas, relativas aos gênios, aos *djinns*, produzissem trocas e interações com as culturas locais nos séculos XVI-XVII e no século XIX (capítulo "Áskia Mohammed e os gênios no *Ta'rikh al-Fattash*"). A coexistência entre símbolos e insígnias de poder propriamente africanos ou de origem islâmica também se apresenta em momentos privilegiados da vida pública, quando, diante dos governantes, os súditos manifestavam de variada forma o reconhecimento do poder monárquico (capítulo "Encenando o poder: as audiências públicas no Bilad al-Sudan").

* * *

Uma derradeira observação tem que ver com os critérios adotados para a citação de etnônimos (nomes de povos) e etônimos ou topônimos (nomes de locais ou de países) de origem africana. Na ausência de uma norma aceita por todos(as) os(as) pesquisadores(as), adotamos os seguintes procedimentos: 1) na medida do possível, mantivemos a grafia empregada no local e na época a que os termos se referem, quando os nomes são pouco conhecidos no Brasil, por exemplo: Awdaghost, Tadmekka, Falémé, Gao-Saney, Bella etc.; 2) para os casos de pessoas, grupos e lugares cujos nomes são mais familiares ao público brasileiro, a forma foi adaptada ao português falado no Brasil, de modo a garantir proximidade na pronúncia, como: Tombuctu (e não Tombouctou ou Timbuktu), Djenê (e não Djenné), Segu (e não Segou), soninquê (e não soninké), bozô (e não bozo), fula (e não fulani, peul, phulo, peúle), mandinga, malinquê ou mandê (e não manden ou malinké, mandingo), songai (e não songhay ou sonrhai); em certas situações, optamos por manter a forma francófona, e não a anglófona (Ahmed, e não Ahmad; Mohammed, e não Muhammad, por exemplo) devido ao peso da influência francesa nos territórios do antigo Sudão Ocidental; 4) em casos de dúvida, seguimos as recomendações dos especialistas convidados pela Unesco para o colóquio *African Etnonyms and Toponyms* (Etnônimos e topônimos africanos) (El Fasi, 1984).

Nota

[1] Por vezes grafados em língua portuguesa como "gênios". Seres incorpóreos, citados com frequência nas tradições muçulmanas. Na África, sob influência islâmica, por vezes se confundem com os espíritos.

Questão preliminar

Ibn Battuta, os hipopótamos e a "Idade Média" na África

> *"Onde o pensamento e a reflexão de uma pessoa não alcançam, lá se acaba o seu universo."*
>
> Princípio mandinga

Ao retornar da longa viagem feita às terras situadas além do Grande Deserto, nos domínios dos "sultões" do Bilad al-Sudan, a "Terra dos negros", o viajante marroquino conhecido como Ibn Battuta descreve em seu relato de viagens, o *Tuhfat al-Zuzzar fi gara'ib al amsar wa-aga'ib al-asfar* (Presente precioso oferecido aos observadores sobre coisas curiosas e maravilhas vistas em países e em viagens) um entre tantos outros episódios curiosos. Era o dia 22 de fevereiro de 1353, segundo o calendário cristão. Da cidade sede dos governantes, que ele nomeia Malli, partiu acompanhado do mercador Abu Bakr ibn Yakub. Ambos iam em lombo de camelos na direção da cidade de Mima quando chegaram a um grande canal que saía do rio "Nilo" – nome pelo qual, como era costume entre os árabes, se designava o rio Níger –, onde se fazia a travessia em pirogas.

De acordo com o relato, o local durante o dia era infestado de moscas. Por isso os dois viajantes decidiram realizar a travessia de noite. Quando estava na embarcação, Ibn Battuta avistou estranhos animais que, num primeiro momento, pensou serem elefantes, mas logo mudou de ideia ao vê-los mergulhar nas águas. Admirado, perguntou ao companheiro que estranhos seres eram aqueles, ao que teve a seguinte resposta: "são cavalos do rio que saíram para pastar em terra". Como jamais os tivesse visto, e supondo que os seus ouvintes e/ou leitores também não os conhecessem, diz serem estes animais maiores do que os equinos, com crina, rabo e cabeça semelhantes aos dos cavalos, mas com patas semelhantes às dos elefantes. Afirma que eles se moviam por debaixo da água, levantando de vez em quando a cabeça até a superfície, quando soltavam urros. Os condutores das embarcações desviavam-se para a margem com medo deles, de modo a evitar o perigo de um ataque (Cuoq, 1985: 312-313).

À primeira vista, a cena não contém maior significado ou importância para a compreensão dos acontecimentos, estruturas sociais e políticas, hábitos e costumes dos povos sudaneses da área subsaariana. Talvez por isso ela passou despercebida dos estudiosos que se dedicaram a analisar e interpretar a narrativa de Ibn Battuta como fonte histórica. Sua probabilidade como testemunho ocular, aliás, depende que se aceite ter ele de fato realizado a viagem que descreve, algo colocado em dúvida por alguns especialistas em História Africana. Ao estudar as lógicas internas do relato e a "geografia mental" dos itinerários e lugares visitados pelo viajante marroquino ao extremo sul do Saara, François-Xavier Fauvelle-Aymar e Bertrand Hirsch (2003) identificam na trama narrativa tópicos retóricos que guardam

Ibn Battuta, os hipopótamos e a "Idade Média" na África

Reelaboração de cena descrita na Rihla (relato de viagem) de Ibn Battuta, durante sua viagem ao Bilad al-Sudan. No retorno da corte dos governantes do antigo Mali, ao atravessar um canal do rio Níger, o viajante marroquino avista pela primeira vez hipopótamos.

grande similaridade com aqueles presentes na obra do cronista sírio radicado no Cairo, al-Umari, levantando dúvida sobre a originalidade das informações contidas no relato do *Tuhfat al-Zuzzar*.

Neste livro, por razões que serão apontadas adiante, admite-se que o conteúdo do relato de Ibn Battuta provenha do testemunho de uma experiência de contato cultural genuína, mesmo que a redação do texto tenha sido feita alguns anos depois da viagem, em 1356, pelo poeta Ibn Djuzzay. Ainda que influenciado por diversas circunstâncias entre o visto, o vivido, o lembrado, o narrado e o transmitido em uma expressiva tradição manuscrita, o testemunho de Ibn Battuta mostra-se precioso por conter o relato de um contato direto com a área subsaariana, uma parte do mundo sobre a qual há pouquíssimas fontes históricas diretas escritas antes do século XVI.

Não quer dizer, todavia, que a narrativa do viajante marroquino deva ser apreendida sem um exame crítico, e que tudo o que aparece nela corresponda às realidades históricas das sociedades sudanesas anteriores aos contatos com os europeus, que a historiografia africanista europeia tem classificado como pertencentes ao período "medieval". A cena em que Ibn Battuta descreve os hipopótamos do rio Níger é aqui mencionada pelo quanto ela revela de uma perspectiva etnocêntrica. Para dar a conhecer ao público a quem a narrativa seria destinada o aspecto de um animal da savana, nunca visto nas sociedades magrebinas e mediterrânicas, o viajante se valeu de um perigoso jogo de associação mental: ao representar os paquidermes como sendo portadores de "cabeça de cavalo" e "patas de elefante", a imagem resultante não representou adequadamente o corpo descrito, mas produziu uma imagem desfigurada em que o animal assume o aspecto híbrido de um monstro.

"IDADE MÉDIA SUDANESA"

O olhar descontextualizado de Ibn Battuta é aqui sublinhado pelo seu caráter exemplar. A partir deste caso pode-se alargar a reflexão sobre as implicações epistemológicas das narrativas sobre a

África Subsaariana anteriores ao colonialismo europeu. O argumento principal é o de que as interpretações históricas tenham sido em sua maior parte produzidas em condições extravertidas, por narradores e intérpretes cujas categorias mentais não dispunham dos mesmos códigos e categorias culturais dos povos observados. Esse tipo de conhecimento presidiu a elaboração de narrativas marcadas por uma "razão etnológica", onde se detectam diversos deslocamentos de sentido em perspectivas exógenas às realidades observadas. As sucessivas camadas discursivas produziram o conjunto de signos a respeito da África e dos africanos que V. Y. Mudimbe denominou "africanismo", no qual se detectam marcas mais ou menos profundas de culturalismo e etnocentrismo cuja influência se mantém ativa na África contemporânea através do que este mesmo filósofo denominou de "biblioteca colonial" (2013b: 207, 220, 224).

Da mesma forma que, na cena anteriormente sintetizada, o leitor é levado a pensar que os "cavalos do rio" sejam em parte "cavalos" e em parte "elefantes", quando não eram nem uma coisa e nem outra, haveria que se pensar por que uma denominação usual na historiografia produzida a partir da Europa tenha sido empregada para descrever as realidades históricas africanas anteriores ao século XVI, aspecto observado sobretudo em obras de pesquisadores ocidentais. Note-se que, salvo exceções, os títulos de obras escritas por africanos(as) evitam reproduzir a expressão "Idade Média", optando por outras denominações e enfoques como "África pré-colonial", "África tradicional", ou se limitam a indicar os marcos cronológicos a que o estudo se refere. Isso pode ser observado em títulos como *L'Afrique noire pré-coloniale: étude comparée des systèmes politiques et sociaux de l'Europe et de l'Afrique noire, de l'Antiquité à la formation des états modernes* (África negra pré-colonial: estudo comparado dos sistemas políticos e sociais da Europa e da África negra, da Antiguidade à formação dos estados modernos), de Cheikh Anta Diop; *Les portes de l'or: Le royaume de Galam, de l'ère musulmane au temps des nègriers* (As portas do ouro: o reino de Galam, da era muçulmana ao tempo dos negreiros), de Abdoulaye Bathily; *Contribution a l'histoire de l'Empire du Mali*

(XIII-XVI siècles): limites, principales provinces, institutions politiques (Contribuição à história do Império do Mali (séculos XIII-XVI): limites, principais províncias, instituições políticas), de Madina Ly Tall, entre outros.

Observe-se que o problema da generalização do uso da periodização europeia não diz respeito apenas ao continente africano, mas também se apresenta em trabalhos consagrados às sociedades asiáticas, em títulos sobre a "China medieval", o "islã medieval", à "Índia medieval", ou sobre o "feudalismo japonês", para ficar nesses casos (Ducellier, Kaplan e Martin, 1994; Garcin et al., 1995; Blitstein, 2019). Em todos eles, o que se tem é a difusão de um modo de ver o mundo e a história eminentemente etnocêntrico, no caso, eurocêntrico. Os elementos ideológicos inerentes a esse tipo de interpretação já foram sublinhados e estudados de modo detalhado por Marc Ferro (1983: 121-140), Samir Amin (1989: 148-184) e Jean Chezneaux (1995: 92-99), para ficar no âmbito da comunidade intelectual francófona. Porém, o problema de fundo não se reduz à reprodução de um clichê, de uma imagem mental preponderante. Mais do que a imposição de paradigmas, conceitos e visões de mundo eurocentrados, a questão diz respeito aos limites da percepção do real africano – por mais que a aproximação a este "real" pretérito constitua um grande desafio. De qualquer modo, encontra-se aí um impasse epistemológico digno de nota cuja dimensão e consequência devem ser consideradas por aqueles(as) que desejam desvelar com sensibilidade e rigor as instituições, costumes e traços distintivos das organizações sociais criadas pelos grupos que deram origem às sociedades da atual África Ocidental.

Enquanto V. Y. Mudimbe oferece uma chave de leitura importante para a compreensão das categorias mentais que deram sentido aos sistemas discursivos do "africanismo", a obra do pesquisador finlandês Pekka Masonen (2000), cujo mérito e valor são reconhecidos pelo campo disciplinar dos estudos históricos africanos, permite perceber em detalhes as etapas específicas da criação erudita de uma área de estudos vinculada à ideia de uma "Idade Média sudanesa". Cumpre assinalar a diferença de grau entre a definição de um campo disciplinar que está aqui sendo tratado e a existência anterior de um vasto conjunto das representações mentais que os escritores medievais e os eruditos muçulmanos do período do "islã clássico" produziram acerca dos povos e terras da área subsaariana com os quais tinham pouco contato direto até pelo menos meados do século XV. Estudos muito bem fundamentados identificaram e debateram os condicionamentos étnicos, raciais e culturais da *Aethiopia* e da "Terra dos negros" por autores e artistas euro-cristãos e árabe-muçulmanos (Medeiros, 1985; Hunwick, 2005). Mas o que está em pauta não são representações e projeções culturais, e sim a constituição de um campo de conhecimento relativo à África Subsaariana muçulmana, que arroga para si autoridade acadêmica, científica, e que lança os seus fundamentos no período colonial – cujas matrizes de pensamento e desdobramentos intelectuais em meio acadêmico foram bem delineados por Jean-Louis Triaud (2010).

Pekka Masonen situa nos séculos XVIII-XIX a grande virada epistemológica que forneceu as bases da interpretação acadêmica africanista e que procurou tornar coerente e articulado um certo período, vinculando-o a um certo espaço e enquadrando-o numa certa temporalidade histórica familiar ao Ocidente. Encontra-se na obra de William Desborough Cooley (1795-1883), intitulada *The Negroland of the Arabs: Examined and Explained; or, an Inquiry into the Early History and Geography of Central Africa* (A terra dos negros dos árabes: examinada e explicada; ou, uma investigação na história e geografia antiga da África Central), de 1841, a cristalização da ideia da unidade e continuidade histórica entre os povos que habitavam ao sul do Deserto do Saara, que os escritores árabes anteriores ao século XVI identificavam pela expressão "Bilad al-Sudan" ("Terra dos negros"). O explorador germânico Heinrich Barth (1821-1865) completa essa imagem quando concebe Gana e Mali como organismos históricos coerentes e unificados, conferindo a eles e ao Bornu um quadro cronológico preciso e uma identificação étnica aos "reinos" do "Sudão medieval", fazendo de Gana um "reino soninquê" e do Mali a expressão política do povo malinquê (ou mandinga), além de localizar e disponibilizar aos meios intelectuais europeus fontes escritas em árabe essenciais para a reconstituição da história dos tempos recuados das sociedades africanas com as quais estabeleceu contato, entre elas o texto do *Ta'rikh al-Sudan* (Crônica do Sudão) e a *Kano Chronicle* (Crônica de Kano). De acordo com Masonen (2000: 378), teriam sido eles dois os primeiros eruditos ocidentais a propor a ideia de uma "Idade Média sudanesa", mesmo que esta expressão não apareça explicitamente em suas obras.

Foi durante o período da colonização da África Ocidental Francesa (AOF) ou "Sudão francês" que o processo de elaboração da história "local" dos africanos ganhou impulso em uma perspectiva metropolitana. No período de 1880-1920, a efetivação da conquista militar e política foi acompanhada da elaboração de conhecimento etnográfico e histórico sobre os povos "nativos", base de referência para a constituição de saberes produzidos em "situação colonial" – segundo o conceito proposto pelo sociólogo Georges Balandier (2011). O aprofundamento das informações tornou-se maior com a "descoberta" dos manuscritos do *Ta'rikh al-Fattash* (Crônica do investigador) por Félix Dubois em 1912, que junto com o *Ta'rikh al-Sudan* e outras informações recolhidas oralmente ou por escrito de "informantes locais" permitiram o acesso a grande volume de dados pelos quais a ideia de uma continuidade histórica entre as "civilizações negras" de Gana, Mali e Songai ganhou contornos definidos (Sibeud, 2002: 249-252).

Observa-se a criação, neste período, de redes intelectuais, de disciplinas universitárias e estruturas acadêmicas na metrópole e nas colônias para dar suporte aos saberes africanistas em gestação. A reivindicação dos qualificativos "africanista" ou "africano" passa ser feita por indivíduos que, pelo contato direto com o "terreno" de investigação, com meios de acesso a depoimentos e a informantes locais, e com pesquisa erudita passam a arrogar para si a *expertise* em estudos sobre os africanos. Multiplicam-se revistas especializadas, como o *Bulletin Générale de l'Afrique Ocidentale Française* e o *Bulletin du Comité d'Études Historiques et Scientifiques de l'Afrique Ocidentale*

Française, a *Revue de l'Histoire des Colonies Françaises* (1913), o *Journal d'Ethnographie et de Sociologie* (1912) e sobretudo o *Journal de la Société des Africanistes* (1935) (Sibeud, 2002: 57-73; 245-264). Fundam-se na própria África núcleos de pesquisa, dos quais o mais destacado foi o Institut Français d'Afrique Noire (Instituto Francês da África Negra), sediado em Dakar, que desde a fundação, em 1936, foi dotado de meios e de infraestrutura melhores do que seu predecessor, o Comité d'Études Historiques et Scientifiques de l'Afrique Ocidentale Française (Comitê de Estudos Históricos e Científicos da África Ocidental Francesa) (Duluq, 2009: 219).

Como se pode imaginar, o lugar reservado aos autores africanos era ínfimo, senão inexistente nesses periódicos e institutos, e quando eles eram convidados a participar faziam-no como ajudantes ou coadjuvantes, nunca como pesquisadores. Nas últimas décadas do século XIX, as informações prestadas sobre a história e os costumes dos povos wolof pelo erudito senegalês Yoro Dyao foram publicadas em nome do francês Henri Gaden na *Revue d'Ethnographie et de Sociologie* em 1912 (Boulegue, 1988). A obra de recolha e transmissão escrita das tradições mandinga e bambara de autoria de Mamadi Aissa, que atuou como *cadi* (juiz) e conselheiro do tribunal da Província de Nyoro (Mali), foi publicada em conjunto com Maurice Delafosse sob o título *Traditions historiques et légendaires du Soudan Ocidental* (Tradições históricas e legendárias do Sudão Ocidental) em 1913. Malgrado terem sido autores, eles foram mantidos na condição de "informantes", ainda que o seu papel tenha sido bem diferente daquele desempenhado por outros grupos de "intermediários culturais" (intérpretes, tradicionalistas, auxiliares administrativos) entre um "saber histórico autóctone" e o saber histórico ocidental. A presença dessas vozes e escritos africanos convida a pensar, de um lado, no caráter ideológico que presidiu a instrumentalização do conhecimento sobre o passado africano pelo "colonialismo científico", e de outro lado a participação efetiva, mas subalterna, que os africanos tiveram na elaboração de sua própria história (Duluq e Zytnicki, 2006).

O caso mais notório de apropriação cultural e de esquecimento diz respeito à vasta obra escrita nas primeiras décadas do século XX, em língua puular, pelo sábio senegalês xeique[1] Musa Kamara (1864-1945), que tinha a intenção de ser uma síntese da história dos povos negros anterior ao século XIX, com particular atenção aos fulas da região do Futa Toro. As cerca de 1.700 páginas manuscritas jamais foram editadas e publicadas em vida do autor, mas várias décadas depois, em virtude de seu grande interesse documental. Elas se tornaram objeto de trabalho de uma equipe de especialistas em árabe, puular, antropólogos e historiadores franco-senegaleses responsáveis pela publicação em edição bilíngue (puular/francês) da obra do antigo mestre africano intitulada *Zuhur al Basatin fi Ta'rikh al-Sawadin* (Florilégio no jardim da história dos negros), escrita entre os anos 1920-1925 e mantida inédita durante décadas no acervo bibliográfico do Institut Français d'Afrique Noire (Robinson, 1988; Triaud, 2010: 16-17).

Em síntese, pode-se dizer que o estilo habitual de contar a história em contexto colonial salienta a superioridade da matriz branca europeia: o de que haveria uma desigualdade natural entre raças, com vantagem para a raça branca, e que os povos africanos mantinham-se passivos na história; a de que poderes centralizados e autocráticos seriam manifestações de uma capacidade política superior, infundindo as ideias de raças superiores; a de que os Estados mais desenvolvidos da África negra teriam sido criados por estrangeiros brancos, numa perspectiva que tem sido qualificada como "hipótese camítica" (Masonen, 2000: 521). Nesse sentido, eventuais e raros paralelismos da história e costumes dos povos negros com a Antiguidade grega eram tidos como um elemento de valorização devido à aproximação com a matriz mediterrânica, enquanto em livros de divulgação o paralelismo com a Idade Média podia assumir sentido negativo:

> De modo geral, a referência à Antiguidade é um elemento de valorização das populações estudadas: na economia dos discursos sobre a África, a analogia histórica cumpre uma função essencial que é a de separar e hierarquizar as raças. A referência à Idade Média é antes de tudo pejorativa uma

vez que o campo lexical da medievalidade concernia antes de tudo a sociedades cujo funcionamento era objeto de crítica ou pouco estimadas. A referência ao mundo antigo conferia pelo contrário certa nobreza: ela era aplicada aos conquistadores e não aos conquistados, aos nômades em vez dos sedentários, aos mais claros em vez dos mais escuros. (Duluq, 2009: 139)

O amálgama entre os elementos que viriam caracterizar a "Idade Média sudanesa" teve livre curso em trabalhos que se tornaram "clássicos" compostos por administradores-etnógrafos. Deve-se com certeza a Maurice Delafosse, em seu monumental *Haut-Sénégal-Niger* (Alto-Senegal-Níger), de 1912, três contribuições essenciais para isso: 1) a ideia de que as organizações políticas africanas do Sudão Ocidental situadas entre o Sahel e a bacia do Níger, indo além de tribos, teriam sido "reinos", e os maiores e mais influentes, como os de Mali e Songai, teriam sido "impérios"; 2) essas formações, dotadas de certo grau de "civilização", tiveram em sua origem a influência de "estrangeiros brancos", como os judeus-sírios a quem ele atribui a fundação do "reino" de Gana; 3) para a recuperação da história desses tempos mais recuados, quando nem sempre havia evidências escritas, seria legítimo o uso, com desconfiança, de dados provenientes das tradições orais (Triaud, 1998: 215-224).

Algum tempo depois, Charles Monteil, em uma pesquisa de caráter menos geral, com espectro analítico concentrado nas formações mandingas, percebeu bem os limites do olhar europeu e o risco de abordagens comparativas a partir de referenciais estranhos aos africanos. Ele nota as dificuldades na transposição dos dados recolhidos da oralidade ao universo do escrito, demonstrando estar consciente do processo de assimilação mental que poderia vir a ter livre curso em meio a tal operação:

O europeu é, em geral, inapto para utilizar judiciosamente a tradição oral: ela o derrota, como a expressão de uma mentalidade que lhe escapa; ele desiste de perseguir personagens que mudam de nome sem que se saiba nem por que e nem como; ele resolve os impasses por si mesmo aplicando, a partir de uma hipotética analogia, denominações europeias a instituições nativas que lhe são em quase tudo desconhecidas. (Monteil, 1929: 294)[2]

Não por coincidência, encontram-se nas considerações de Monteil o mesmo problema observado na imagem recriada do hipopótamo da narrativa de Ibn Battuta. Tem que ver inicialmente com o descompasso, com falta de correspondência e a inadequação entre os sistemas de valores das culturas dos sujeitos descritos e das culturas dos sujeitos que os descrevem. Na medida em que Charles Monteil acumulava em sua pessoa a autoridade do conhecimento considerado legítimo e a autoridade jurídico-política como administrador colonial, essa posição indiscutível de poder lhe permitiu selecionar, agregar ou descartar as informações, depoimentos e evidências locais, de modo a eliminar as incongruências e a estabelecer uma representação história factível e aceitável para a sociedade francesa, mas que, em última instância, não correspondia ao que lhe diziam os seus informantes africanos (Grosz-Ngaté, 1988: 495-501).

DA "IDADE MÉDIA SUDANESA" À "IDADE MÉDIA AFRICANA"

Até aqui, ao acompanhar a gestação da ideia de uma "Idade Média sudanesa", os referentes que a ela dizem respeito encontram correspondência (legítima ou não) em uma dada cronologia, equivalente à do medievo europeu, e a um dado espaço, equivalente, *grosso modo*, ao ambiente do Sahel e da bacia do Níger – abrangidos pela influência política, econômica e cultural das formações sociais antigas de Gana, Mali e Songai. Por esse viés, algumas obras projetaram os clichês medievais do ideário cortês e da cavalaria, recuperando narrativas de aventuras no deserto e na savana (Frobenius, 1938) ou fazendo crer que em pleno universo islâmico sul-saariano de Gao, capital do "Império Songai", pudessem ser encontrados "reis rodeados de uma feudalidade guerreira e cavaleiresca" (Béraud-Villars, 1942: 08).

A transposição das realidades históricas africanas sob o prisma conceitual europeu teve em Raymond Mauny, renomado africanista e reconhecido como um dos fundadores do atual campo disciplinar, uma referência fundamental. Sua tese de doutorado logo transformada em livro com o nome *Tableau geographique de l'ouest africain au Moyen Age* (Quadro geográfico do oeste africano na Idade Média), de 1960, trouxe pela primeira vez, no título, a referida caracterização, sem qualquer explicação ou fundamentação teórica plausível, dando a entender que a importação da Idade Média europeia para a África Ocidental se devesse tão somente à equivalência temporal e cronológica dos objetos de estudo considerados. Obra monumental, propõe também pela primeira vez em perspectiva panorâmica, sincrônica e diacrônica uma visão articulada dos povos e sociedades da antiga África Ocidental Francesa (AOF), com apoio documental em textos históricos de autores arabófonos e em relatos de viagem europeus, nos dados de natureza arqueológica e, de modo subsidiário e pouco fundamentado, nos dados da tradição oral, as quais, Segundo Henri Moniot, Mauny não tinha "nem fé e nem familiaridade" (Moniot, 1962: 1234).

Nos anos 1960-1970, quando se constituiu a partir da África paradigmas explicativos afrocentrados, observa-se a difusão pelos estudos africanos de matriz europeia de perspectivas de análise comparativas em que o assimilacionismo cultural teve consequências metodológicas, teóricas e ideológicas dignas de nota. Mesmo em pesquisas de investigadores reconhecidos em seu meio, podem-se encontrar correlações genéricas sem maior fundamentação, como a de que as peregrinações dos governantes mandingas dos séculos XIII-XIV constituíssem uma "espécie de sagração" (Triaud, 1973: 96) – numa evocação livre aos rituais de ascensão de soberanos franceses do período tardo-medieval.

Na linha dos estudos de influência marxista ou da Teoria do Desenvolvimento, o africanista polonês Marian Malowist não hesitava em comparar as estruturas "feudais" da Europa Ocidental (e mesmo Oriental) com o ambiente natural da bacia do Níger, vendo na abundância de seus recursos disponíveis um fator para a explicação do "baixo desenvolvimento técnico" das forças produtivas africanas (Malowist, 1967). Sem a devida justificativa, outro pesquisador polonês, Michal Timowsky (1970: 1656), analisava o caráter econômico e a organização dos domínios dos "príncipes" (isto é, da dinastia dos áskias)[3] do Songai no século XVI, examinando a "propriedade fundiária" à luz da noção de "domínio rural" dos tempos de gestação do feudalismo na Europa Ocidental dos séculos IX-X, o que o levou a identificar no Sudão indícios de um "desenvolvimento de mais baixo nível".

Outra recorrência diz respeito ao uso do qualificativo "medieval" para o conjunto do continente no período anterior ao século XVI. O emprego tendeu a ocorrer em obras destinadas ao grande público, o que aumenta a sua responsabilidade na divulgação de uma ideia extravertida do passado de todo o continente. Isso se observa na escolha do título do livro de Raymond Mauny, *Les temps obscurs de l'Afrique noire: histoire et archéologie* (Os tempos obscuros da África negra: história e arqueologia), de 1970. A ambígua expressão "tempos obscuros" poderia constituir tanto uma alusão à "Idade das Trevas" (forma derrogatória pela qual a Idade Média foi recorrentemente qualificada) quanto uma alusão ao pouco conhecimento que se tinha sobre aquelas organizações sociais desprovidas em geral de escrita. Outras aplicações genéricas, com efeito assimilacionista pernicioso, como que "naturalizadas", transparecem em títulos de livros como *Medieval Africa* (África medieval), de Roland Oliver e Anthony Atmore, e *Empires of Medieval West Africa* (Impérios da África medieval), de David Conrad, publicadas tempos depois.

Ao que parece, o reconhecimento de uma "história africana" gerou olhares complacentes de aparente boa-vontade e simpatia, mas eivados de preconceito. Tem-se a impressão de que o reconhecimento da existência de substância "histórica" parecesse suficiente para devolver aos povos africanos o orgulho de um passado até então desconhecido, de um "passado perdido" muito difícil de ser recuperado. Na medida em que o domínio da escrita e a disposição de instituições centralizadas, estáveis e duradouras apresentam-se aos intérpretes desse passado como condições "normais" para a existência de culturas, organizações políticas e sociais no Ocidente, espera-se encontrar o mesmo nas sociedades africanas observadas, o que gera colisões de significado e obstáculos epistemológicos, como parece ocorrer no trecho citado a seguir, extraído de conhecido livro de divulgação francês:

> A história dos reinados e impérios negros da África admite ainda hoje muitos pontos obscuros e muitas lacunas... Os Estados africanos que existiram durante a Idade Média deixaram apenas arquivos raros, incompletos e, com frequência, incompreensíveis. E a maior parte destes Estados não dispunha de arquivo algum. As outras fontes, sejam escritas ou orais, são quase sempre imprecisas, até incoerentes, e é preciso muitas vezes interpretá-las e retificá-las. A "história da África medieval", escreve o grande arqueólogo Henri Lhote, "é cheia de ambiguidade, de incertezas, de dúvidas. Só as futuras descobertas da arqueologia nos permitirão, talvez, preencher as lacunas consideráveis desta história". (Aziz, 1978: 11-12)

Ressalte-se na descrição a sensação de fragmentação, imprecisão e incompletude, justamente porque, tal qual um "leito de Procustes", os parâmetros estabelecidos para aquelas versões racializadas dos "Estados" e "civilizações" não correspondem às realidades observadas, forçando-as a se enquadrar em esquemas prévios, o que torna as descrições ambíguas, imprecisas. O que não impede o autor de tratar dentro de uma mesma rubrica sociedades bem distintas entre si, como as da comunidade yorubá e do antigo Benin, a Abissínia, as sociedades sudanesas de Gana, Mali e Songai, o Grande Zimbabwe e o Monomotapa, e a considerar o papel informativo de fontes tão discrepantes como a *Description de l'Afrique* (Descrição da África), de Leão, o Africano, a arte de Ifé e da Abissínia cristã, a epopeia de Sundjata Keita e os orikis de Xangô e Ogum. O resultado é um quadro abrangente, como um mosaico em que prevaleçam imagens de aparente grandeza e suntuosidade, mas também guerras sangrentas, assassinatos e complôs palacianos, matanças de escravos em sacrifícios rituais…

Com proposta, estruturação e objetivos bem estabelecidos, a obra premiada pela academia francesa *Le rhinoceros d'or: histoires du Moyen Age africain* (O rinoceronte de ouro: histórias da Idade Média africana), de François-Xavier Fauvelle, permite um retrato em perspectiva muito diferente, embora o fantasma da Idade Média africana persista e até ganhe maiores proporções. Fruto do trabalho de um africanista experiente e reconhecido, ela resulta de opções conscientes que lhe permitiram oferecer aos leitores testemunhos (escritos, cultura material) de diferentes procedências geográficas, culturais e sociais, em um espectro temporal que cobre o período cronológico situado entre os séculos VII-XV, e em um espectro espacial que abrange desde as áreas litorâneas do leste africano, a área saariana, centro-africana e austral. Em 34 textos curtos, densos e variados quanto aos temas e sujeitos tratados, o autor fornece quadros conceituais muito ricos que possibilitam ao leitor uma visão panorâmica a partir de fontes diversas em que elites econômicas e políticas aparecem conectadas a diversos circuitos de relações intercontinentais.

Baseado em argumentos similares aos apresentados por Raymond Mauny, sobre a raridade de fontes escritas "locais" e a predominância de sociedades ágrafas, Fauvelle rejeita, entretanto, o rótulo de "séculos obscuros" atribuído à história dos tempos mais recuados do continente e adere ao *slogan* positivo de "séculos de ouro". Desconfiado da confiabilidade das tradições orais, considera-as inutilizáveis para o período anterior ao século XVI, dando fé aos textos árabes, europeus, e aos vestígios das culturas materiais, "fontes desesperadamente silenciosas sobre domínios inteiros da realidade, tais como a 'economia' ou mesmo a organização social, as relações de poder, a família, o campo, a vida cotidiana" (Fauvelle, 2018: 16-17).

A recuperação do acesso aos arquivos (escritos, materiais) desse passado permite a Fauvelle advogar a existência de uma "Idade Média" na África, e isso consciente de críticas que pudessem ser apresentadas a essa proposição – o que torna a sua posição diferente das anteriores aqui apresentadas, em que a atribuição do rótulo provinha mais do costume do que de uma convicção. Mas aqui algo mostra-se novo em termos interpretativos: os "séculos de ouro" a que ele se refere seriam mediadores entre a África antiga e a Modernidade, e seus traços originais justificariam a separação deste período áureo no conjunto da História da África. Eis os seus argumentos:

> Como já se disse, a África dos "séculos de ouro", digamos daqui em diante a África medieval, está submetida a um regime documental caracterizado pela ausência, na maioria dos casos, de uma produção escrita interna das sociedades, pela disparidade das fontes escritas externas, pela equivocidade dos documentos materiais, pela unicidade ou pela heterogeneidade dos testemunhos do passado, tomados em seu conjunto... Mas se existe uma Idade Média Africana, não é em virtude de sua contemporaneidade com a Idade Média europeia, nem de suas características documentais, às quais só dizem respeito ao historiador. É em razão de sua articulação e de seu sincronismo com processos que tocam amplas partes do Velho Mundo. (Fauvelle, 2018: 21-22)

A defesa e mesmo a definição dos termos em que se poderia pensar uma "Idade Média" africana merecem ser postas em debate. O autor fundamenta-se em certos parâmetros de análise para definir com precisão a originalidade daquele período da história do continente. O primeiro parâmetro é restritivo e baseia-se na existência de documentação escrita ou proveniente das culturas materiais. É o regime documentário que orienta a construção de uma história que "não extrapola o inexistente para preencher os vazios com a reescrita de uma história imaginária" (Bosc-Tiessé, 2015). Por isso, algumas sociedades ágrafas cujo conhecimento baseia-se na análise de objetos, como as de Igbo Ukwo ou Ifé, no Golfo da Guiné, não são levadas em conta por ele. O segundo parâmetro é a definição do período em função da conexão de algumas de suas sociedades em escala "global", o que é mostrado através de diferentes formas de intercâmbio (econômico, social, político). Ainda assim, por que atribuir a esse lapso temporal o qualificativo "medieval", e não outro como "África antiga", "África pré-colonial", ou propor uma nova designação? Por que continuar a justapor em realidades históricas específicas, existentes em contextos e estruturas diferenciadas, um rótulo desgastado que tem sido há algum tempo objeto de críticas por eminentes especialistas em medievalística europeia?

Essa sobreposição carece em primeiro lugar de base de comparação consistente. A começar porque, como se sabe, os traços distintivos do medievo europeu não apenas antecedem a Modernidade, mas constituem a antítese dela pela fragmentação de suas estruturas sociais, pela "intoxicação religiosa", pela fraqueza de suas instituições públicas a que durante muito tempo se negou caráter efetivamente "político". Em quase tudo, do ponto de vista dos teóricos europeus, a "Idade Média" foi o oposto da Europa dita "moderna". Coube, aliás, a intelectuais e artistas do humanismo e da Renascença a invenção da ideia de uma "*media tempestas*", um "tempo intermediário", para demarcar o seu distanciamento do "gótico", da "barbárie", da "Idade das Trevas", em tudo oposto ao tempo novo com o qual eles se sentiam identificados (Barraclough, 1964; Heers, 1992; Amalvi, 2002). Houve, inclusive, quem nos últimos tempos, no quadro dos estudos pós-coloniais, tivesse levantado o inquietante argumento segundo o qual a Idade Média seria o "continente negro" da história europeia, enquanto a África seria a "Idade das Trevas" da geografia, um e outro significando o inverso daquilo que é defendido como central para a Modernidade (Dagenais e Grer, 2000: 433).

Por isso mesmo é que desde pelo menos a década de 1970 diversos(as) especialistas em medievalística têm apontado os condicionamentos políticos, epistemológicos e ideológicos associados ao rótulo da "Idade Média" por ele encobrir diversidades e diferenças estruturais dentro do continente europeu no largo lapso temporal a que costumeiramente o período é associado, que cobre mil anos de história. Parece haver consenso quanto ao fato de que o passado "medieval" corresponda com maior precisão ao ambiente geográfico da área anglo-francesa e ítalo-germânica, excluindo grandes porções do mundo escandinavo, eslavo, ibérico e bizantino – que costumam ser vistos como "margens" (Martin, 1991: 217-258). Em um contundente ensaio de crítica historiográfica, Alain Guerreau apontou o vínculo essencial desta periodização vazia de sentido, a não ser que se considere os seus dois grandes pilares de sustentação: o *dominium* senhorial e a esfera religiosa e ideológica da aristocracia clerical da *ecclesia* – ambos derrubados no contexto de liquidação do Antigo Regime (Guerreau, 2001). Em todo caso, os referenciais do medievo seriam sempre a antítese do contemporâneo, da "modernidade".

O eurocentrismo inerente aos livros sobre a história africana elencados anteriormente não está tão somente no assimilacionismo de suas narrativas, definições temáticas, teóricas e em seus enfoques. Está da mesma maneira nas categorias mentais que orientam suas definições na interpretação dos fenômenos sociais e culturais a que fazem referência. Os sucessivos exemplos de colisões de sentido apontados dizem respeito, em primeiro lugar, ao que observadores como Ibn Battuta e estudiosos como os africanistas do período colonial e contemporâneo na África consideram, ao manipular informações relativas a indivíduos, grupos humanos e instituições integrados a culturas e sociedades eminentemente diversas das suas. Pois não há como negar, e esse dado foi bem sublinhado por grandes mestres dos "estudos medievais", que os referenciais de humanidade vigentes na Europa foram, antes de tudo, cristãos, e que a "cristandade" aqui considerada tenha assumido uma feição particular, latina (Ladero-Quesada, 1989), o que a fazia ser diferente das cristandades "orientais" (copta, nestoriana, síria, monofisita), da cristandade "bizantina", "eslava" e "escandinava" – cada uma com suas particularidades e especificidades que relativizam o caráter "universal" pretendido pelo papado romano (Le Goff, 1989; 2007). O medievalista soviético Aron Gurevitch, talvez por olhar para a história da Europa a partir do Leste Europeu, uma de suas periferias, expressou muito bem o valor heurístico do distanciamento, e os riscos do etnocentrismo e da teleologia:

> O conhecimento das diferentes épocas da história, incluindo as mais longínquas, que podem não ter qualquer relação direta e evidente com o nosso tempo, permite-nos observar tanto a unidade como a diversidade da humanidade. Verificando que a história se repete, que as necessidades e as manifestações do homem são sempre as mesmas, não penetramos mais profundamente nas estruturas e no funcionamento da sociedade, nas leis do seu movimento. Confrontados com as diferenças e com a diversidade dos modos de vida do homem ao longo dos outros períodos da história ou nas outras civilizações ou regiões culturais, discernimos melhor qual nossa própria originalidade, percebemos melhor qual a nossa posição no processo histórico universal. É portanto tão indispensável conhecer o geral como o particular, a universalidade como a diversidade. (Gurevitch, 1990: 14-15)

Um imprescindível exercício de comparação, por exemplo, seria a confrontação dos resultados obtidos em debates do Groupe d'Anthropologie Historique du Moyen Age – GAHOM (Grupo de Antropologia Histórica da Idade Média), sobre o conceito de *persona christiana* (pessoa cristã) e "indivíduo" na Idade Média (Le Goff, 1989; Schmitt, 2001: 241-262) com os debates realizados por africanistas décadas antes em um colóquio internacional de Antropologia promovido pelo Conseil National de Recherche Scientifique – CNRS (Conselho Nacional de Pesquisa Científica) sobre o conceito de "pessoa" nas sociedades africanas tradicionais. De imediato, saltam aos olhos discrepâncias e diferenças gerais na caracterização das relações entre corpo/alma, entre indivíduo/grupo, entre vivos/mortos (ancestrais), e na configuração de cosmologias que atribuem sentidos particulares ao tempo e à duração, ao lugar dos seres no cosmos e a concepção do que seja a natureza e o mundo sensível (Cartry, 1973).

Isso implicaria que, ao tratar dos dados históricos de pessoas (e nem sempre indivíduos) integradas em sociedades de diferentes ambientes e áreas linguísticas e culturais do continente africano, as operações de análises deveriam levar em conta, parcialmente, os elementos hauridos de culturas muçulmanas ou islamizadas, com as quais diferentes sociedades mantiveram contato em relações duradouras que afetaram suas formas de organização originárias. Tratar-se-ia de recuperar o que o sociólogo senegalês Ousmane Kane (2004: 04-18) qualificou como "biblioteca islâmica", em referência ao conjunto de saberes eruditos expressos em língua árabe ou em textos aljamiados escritos por eruditos afro-muçulmanos que perfazem uma tradição intelectual influente junto às sociedades subsaarianas antes e depois do período colonial. Mesmo nesses casos, e mais ainda em áreas pouco ou nada islamizadas, conviria procurar detectar os princípios constitutivos das cosmologias, cosmovisões (ou cosmosensações), visões de mundo acionadas na atribuição de sentido a práticas e representações autônomas entre si, mas que podiam vir a ser entrelaçadas em processos sucessivos de fusão sociocultural. Haveria ainda que se esforçar na detecção dos condicionantes e variáveis culturais que orientavam as relações entre pessoas, de pessoas com a natureza – que na África nunca foi dessacralizada –, e de pessoas com não humanos, isto é, ancestrais não visíveis, mas presentes; *djinns*; espíritos da natureza; divindades.

Ao pretender uma aproximação com o passado das comunidades locais, como as comunidades aldeãs, escapando do determinismo da visão e ação exclusiva das elites, a melhor estratégia de abordagem parece ser não a seleção de fontes e métodos de pesquisa, mas a articulação entre eles e a confrontação de dados de diferentes proveniências. Admitindo que a cadeia de transmissão das tradições orais seja na maior parte das vezes frágil, sujeita a variações e alterações, vazios e por vezes sujeita à instrumentalização com finalidade política, a confrontação entre diferentes versões preservadas sobre as origens de determinados grupos étnico-linguísticos e determinadas tradições dinásticas garante o rigor no tratamento do material – que deve ser submetido a sucessivas operações de análise. Para pesquisadores africanos contemporâneos interessados pelo estudo desses períodos mais recuados, o recurso aos dados da toponímia, da topografia e da etnoarqueologia oferece meios de acesso aos quadros da vida social em que os vínculos comunitários, espaciais, foram de fato constituídos – algo que vem sendo sugerido por estes pesquisadores desde o período de organização e redação da coleção História Geral da África (El Fasi, 1984; Diop, 2005).

Os desafios que se apresentam na interpretação de sociedades complexas como as da África Ocidental foram tratados com grande originalidade pelo pesquisador brasileiro Paulo Fernando de Moraes Farias, da Universidade de Birmingham. A sua extraordinária obra de reconstituição das inscrições sahelianas do antigo Mali tem em conta todo o universo social, cultural e mental inerente aos registros escritos em árabe e em tifinagh dos séculos XI-XVIII, como também a articulação dessas esferas de atribuição de sentido nos textos dos *ta'rikhs* (crônicas) de Tombuctu – que deixam de serem vistos apenas como repositórios de informações e tendem a ser explorados como meios de expressão de projetos políticos de elites intelectuais islamizadas (Farias, 2003). Ainda que mantenha no título de sua obra a expressão "inscrições medievais", o que permite que se continue a falar de uma "Idade Média saheliana" (Triaud, 2006), o cenário retratado nela representa um giro hermenêutico em relação ao que foi mencionado até aqui, pois a perspectiva adotada na estruturação do texto e na formulação de argumentos e hipóteses repousa na articulação de dados provenientes de tradições orais locais inseridas nas narrativas com finalidades e intensidades diversas, com elementos preservados ou introduzidos de uma tradição parcialmente de matriz árabe-muçulmana e de matriz afro-muçulmana local.

Ao proceder a essa leitura densa das fontes, o olhar de Paulo Farias desloca-se dos grandes eixos narrativos para os seus meandros, e ao fazê-lo vai além do que os autores afro-muçulmanos do século XVII tinham pretendido, que era a validação de uma história apologética das elites políticas (áskias, paxás) e intelectuais (ulemás), e que a erudição africanista tinha reiterado e chancelado (Triaud, 2010: 19). Pouco interessado em recuperar quadros e contextos gerais homogêneos, esse pesquisador dedica atenção a indícios por vezes insignificantes à primeira vista, fugidios e "bizarros" ao nosso olhar, e que, não obstante, remetem a imagens de um passado cujo sentido completo nos escapa, mas que sugerem possibilidades de aproximação com as realidades locais do terreno de investigação. Tais "bizarrias" tornam-se chaves de leitura para o acesso a dimensões pouco exploradas do passado, devolvendo-lhe o seu pleno significado (Hirsch, 2005: 183).

A HISTÓRIA ENTRE O ESCRITO E O ORAL

Em tese recente de notável erudição e qualidade acadêmica no campo dos estudos "orientalistas", o jovem pesquisador francês Hadrien Collet dedica-se a reconstituir os traços constitutivos do "sultanato do Mali" em sua dimensão historiográfica, além de disponibilizar todos os textos ou trechos de textos que perfazem as fontes narrativas árabes concernentes a este estado africano – ampliando, revendo, atualizando e completando dois conhecidos repertórios de fontes escritas produzidas entre as décadas de 1970-1990 e que continuam a servir de fontes de consulta obrigatórias aos estudiosos do Bilad al-Sudan, o *Recueil des sources arabes concernant l'Afrique ocidentale du VIII au XVI siècle* (Miscelânea de fontes árabes concernentes à África Ocidental do século VIII ao XVI), traduzidas do árabe por Joseph M. Cuoq, cuja primeira edição data de 1975, e o *Corpus of Early Arabic Sources for West Africa History* (Corpus de fontes árabes para a história da África Ocidental), de Nehemia Levtzion e J. F. P. Hopkins, editada em 1981.

Levando em consideração as proposições antes mencionadas feitas por Pekka Masonen, pelas quais se depreende que o modelo da "Idade Média sudanesa" teria sido decalcado dos textos enciclopédicos, históricos e geográficos em língua árabe concernentes ao Bilad al-Sudan, Collet revisa os conceitos de "reinos" e "impérios" por serem parte integrante do conceito artificial de uma "Idade Média africana" e opta pelo exame das informações deixadas nas fontes narrativas arabófonas externas e internas ao continente sobre o "sultanato de Tekrur" (uma das nomeações eruditas atribuídas nesse *corpus* narrativo a uma hipotética formação política subsaariana originária) e sobre o "sultanato do Mali".

Na abordagem da tese fica declarada a opção por uma percepção histórica alinhada com a perspectiva "orientalizante" presente nas fontes narrativas escritas. Em contrapartida, é visível a desconfiança do pesquisador em relação às tradições orais africanas, que ele justifica apresentando os debates travados entre antropólogos e linguistas ocidentais das últimas décadas. Para estes, o interesse dos testemunhos orais estaria mais na sua condição de "discursos sobre o passado" do que como fonte legítima de informação histórica. No caso do Mali, a patrimonialização de "lugares de memória", eventos paradigmáticos e elementos da cultura imaterial teriam levado a um expressivo conjunto de projeções em retrospecto vinculadas mais ao campo da "memória" do que da "história" (Collet, 2017: 110-115).

Na análise de Collet, os dados da cultura mandinga são extraídos em primeiro lugar das narrativas de observadores magrebinos, egípcios ou sírios falantes da língua árabe anteriores ao século XVII, ou de eruditos alinhados com o islã sunita difundido nas madraças de Tombuctu e de Djenê. O fato de que a análise do imenso *corpus* de documentação escrita tenha sido atenta e rigorosa não garante que os resultados obtidos correspondam ao "real" africano porque parte dele encontra-se encoberto pela "racionalidade" dos discursos da "biblioteca islâmica". Nela, a busca de uma homogeneidade religiosa e o estabelecimento de uma legitimidade formal aos princípios da Suna e da *fiq* (lei) diziam respeito a uma cultura letrada, que nem sempre coincidiam com o que se passava fora dessa esfera, no âmbito das vivências efetivas das camadas populares do Mali e do Songai, pouco afetadas pela islamização antes do século XVIII.

O difícil diálogo entre os defensores do valor dos processos cognitivos próprios das tradições orais vem se desenrolando desde a década de 1960. Em geral, observa-se que a identificação, na oralidade, de testemunhos históricos genuínos, válidos, tem sido uma reivindicação recorrente de africanistas de origem africana, mas o uso de dados de proveniência oral desperta a resistência de historiadores(as) africanistas europeus – com exceção dos(as) etnógrafos(as) e antropólogos(as). As dificuldades e os desafios metodológicos que se apresentam não são poucos, e contribuem para demarcar as diferenças do modo de conceber e definir o campo dos estudos históricos africanos.

Na segunda metade da década de 1970, momento em que o uso da oralidade nas pesquisas em história africana era menos criticado por historiadores, antropólogos, linguistas e sociólogos, algumas iniciativas metodológicas visando a valorização da tradição oral foram tomadas por organismos oficiais da República do Mali, com o apoio da Fondation de la Société Comerciale de l'Ouest Africain – SCOA (Fundação Comercial do Oeste Africano) e com a adesão de instituições internacionais de pesquisa. Isso permitiu a realização de três colóquios internacionais sobre as relações entre história e tradição oral, dois ocorridos em Bamako (Mali, 1975 e 1976) e o terceiro em Niamey (Níger, em 1977) (Scoa, 1980). Tais eventos contaram com a participação de eminentes pesquisadores universitários, entre eles Raymond Mauny, Jean Devisse, Germaine Dieterlen, Claude Meillassoux, Djibril Tamsir Niani, Jean Rouch, John Hunwick, Paulo Fernando de Moraes Farias, Yves Person, Theodor Monod, Madina Ly Tall; especialistas em estudo sobre as tradições orais como Boubou Hama, Amadou Hampâté Bâ, Youssouf Tata Cissé; e tradicionalistas como Diarra Sylla, Djéliba Badje e Gawlo Mandani. Ao centro dos debates esteve o eminente tradicionalista (djéli) chamado Wa Kamissoko, admirado por todos pelo excepcional domínio dos temas da história tradicional mandinga, dos costumes, crenças e da cosmologia dos povos desse importante grupo étnico-linguístico. Partes das apresentações e discussões dos eventos de 1975-1976, posteriormente publicados, foram reproduzidas em duas obras com as narrativas de Wa Kamissoko, organizadas e traduzidas ao francês por Youssouf Tata Cissé, intituladas *La grande geste du Mali: des origines a la fondation de l'empire* (2000) e *Soundjata ou la gloire du Mali* (2009).

Nas sessões de debates de 1975-1976, Wa Kamissoko, rodeado por especialistas, respondeu e debateu questões gerais e específicas que lhe foram formuladas, explicando o significado profundo de temas ligados à organização social, ao universo religioso e à ancestralidade no mundo cultural mandinga. Os trabalhos transcorreram dentro da normalidade dos eventos acadêmicos, em ambiente de cooperação e de respeito mútuo entre "especialistas" e "tradicionalistas", mas alguns pontos de divergência geraram desconforto e tensão, sobretudo aqueles que diziam respeito a precisões históricas e a definição de datas e sequências cronológicas. Na opinião de alguns especialistas, aí se encontrariam os limites intransponíveis da oralidade. O respeito que nutriam pelo sábio Wa Kamissoko advinha do reconhecimento de sua capacidade pessoal de reter informações na memória, de seu extraordinário conhecimento, enfim, de suas qualidades pessoais, não de sua posição como depositário de uma tradição, de um saber fixo acumulado e transmitido segundo regras particulares.

Uma das afirmações de "Mestre Wa" foi que Sundjata Keita teria morrido há "setecentos e dezessete anos, um mês e alguns dias", o que sugeria o ano de seu desaparecimento em 1258, uma vez que a informação estava sendo fornecida no dia 16 de fevereiro de 1976. Em reação, o pesquisador francês Vincent Monteil desafiou quem quer que fosse a citar um só caso em que uma data muito recuada no tempo pudesse ser fornecida com exatidão pela tradição oral. Ao fazê-lo, não considerou parte das explicações fornecidas pelo djéli em outro momento do debate, pelas quais se percebe não apenas a existência de um calendário e de um sistema de contagem de tempo entre os mandingas, mas a existência de técnicas específicas, transmitidas aos iniciados, para a determinação de certas datas consideradas relevantes. Esta desconsideração pelo sistema de contagem de tempo da cultura mandinga, que não equivalia ao sistema de cômputo de tempo em vigor no Ocidente – e que não equivalia ao cômputo vigente na cultura muçulmana – reduzia o valor do conhecimento ancestral revelado nas palavras do djéli. O antropólogo Claude Meillassoux chega mesmo a dizer, com o intuito de enaltecer Wa de Kirina, que ele seria um "erudito", um homem de "nosso ofício", um "colega que faz quase a mesma coisa que nós, com os meios que ele dispõe" (Cissé e Kamissoko, 2009: 255).

Note-se que, em certa parte do evento, para responder a uma pergunta feita por Jean Rouch, sobre como se procedia entre os mandingas para definir os dias do ano, Wa Kamissoko afirmara que a base de referência para a contagem do tempo seria a observação da "estrela de longa cauda" denominada *Sigui lôlo*, termo da língua malinquê para designar a estrela Sírius – também conhecida e referenciada nos conhecimentos astronômicos dos povos dogon. Além disso, fez menção a sistemas de cômputo lunar, deixando crer que havia sistemas específicos de medida do tempo compartilhados por sacerdotes e detentores das tradições orais, mas que convinha mantê-los em segredo (Cissé e Kamissoko, 2000: 309-310). Como esses referenciais não foram levados em consideração pelos especialistas ocidentais, para quem a concepção de tempo deveria coincidir com os seus sistemas de contagem, as percepções da duração e da história segundo as tradições mandingas, literalmente, "passaram em branco". Ao negar valor à oralidade como uma matriz cognitiva, todo o conhecimento que lhe é inerente acabou sendo posto em dúvida, ou porque ao não dispor de referências estáveis como a escrita o oral careceria de controle e de estabilidade, ou porque comportaria índices altos de imprecisão e de "subjetividade". Uma barreira quase que intransponível separava em última instância o conhecimento científico dos "especialistas" da forma de conhecimento recebida e transmitida pelo djéli, aberta à interferência de fenômenos naturais e "sobrenaturais", de agentes humanos e não humanos (animais, vegetais, minerais). Mas esse tipo de narrativa é a que conferia sentido às identidades sociais dos clãs e linhagens que constituíam o epicentro da narrativa histórica tradicional mandinga.

Nesse sentido, o relato deixado por Wa Kamissoko é, à sua maneira, um relato fiel do "império do Mali" se se admitir que "fiel" implica o respeito a uma cronologia e a uma descrição significativa e relevante para as sociedades a que elas se referem. Importa salientar, todavia, que, diferente do que pensava Claude Meillassoux, a notoriedade do saber do djéli não se devia apenas a suas qualidades pessoais de memorização ou de interpretação, mas de procedimentos compartilhados pela tradição de que ele era um dos depositários.

Admitindo a oralidade como uma matriz cognitiva válida para acessar dados importantes das instituições sociais e das tradições culturais, poder-se-ia falar de uma "historiografia moral" particular, cujo estatuto e objetivos não precisavam coincidir com as premissas defendidas pela matriz cognitiva da tradição escrita ocidental:

> Esta historiografia é narrada dentro de um sistema de crenças, dentro de um sistema simbólico e dentro de hierarquias sociais próprias da África nas quais o griot não detém em absoluto o monopólio arbitrário de um saber individual, mas é o agente de socialização comunitária de tradições herdadas cuja performance adquire um dinamismo e uma criatividade constantes, de modo a enfatizar episódios históricos que cumprem uma função social no presente, sendo vigiado epistemologicamente pela comunidade. (Rufer, 2011: 16)

Até aqui a ênfase tem sido dada à tensão e disputa entre diferentes meios de expressão do conhecimento histórico e entre responsáveis pela tarefa de preservá-lo e transmiti-lo, no Ocidente e na África. Ao definir com precisão uma efeméride histórica crucial como o ano da morte de Sundjata Keita, Wa Kamissoko, ou, como também era conhecido, "Wa, o Grande", "Wa, de Kirina", parecia avançar além da linha da fronteira entre a memória (livre e permitida a quem quer que fosse) e a história (restrita aos profissionais, aos especialistas), entre o dado objetivo e a narrativa subjetiva, "mítica", e ao fazê-lo incomodou os detentores do monopólio do saber escrito, isto é, formal, erudito. Mas quando aceitou debater e trocar conhecimentos com os especialistas estrangeiros ele também infringiu regras existentes em seu meio cultural, incomodando e gerando a desconfiança de outros detentores de saberes tradicionais africanos – representantes de esferas as quais os "especialistas" acadêmicos desconsideravam, mas que de sua parte reivindicavam o monopólio dos saberes ancestrais e pretendiam que parte desse saber permanecesse oculto, em segredo. De fato, no Mali é comum pensar que a palavra ancestral deva ser rodeada de absoluto respeito, e que aqueles que se tornam mestres da palavra estão envolvidos em um "nyama", um "poder perigoso" capaz de fazer coisas extraordinárias (Jansen, 2000: 158). Ao tornar público parte do conhecimento antigo reservado aos mestres, o djéli pode ter gerado inconformidade entre setores da casta dos "nyamakala", a qual ele pertencia, ou entre setores da confraria dos caçadores (donsoló) e do Komo, a sociedade secreta dos ferreiros, cuja consequência pode ter relação com as circunstâncias de sua morte.

Pouco antes do falecimento, ocorrido em novembro de 1976, quando completava 57 anos, Wa Kamissoko viajou a Paris a convite do antropólogo Youssof Tata Cissé. Foi durante a viagem que, ao ser levado a um hospital para exames, foi diagnosticado como portador de um câncer em estado avançado. Decidido a se tratar com os mestres-curandeiros de Massagouba, na Guiné-Conacri, retornou ao Mali e logo depois faleceu, sendo enterrado em Kirina, sua aldeia natal, com honras de Estado. Durante algum tempo, o "rumor público" era que a morte dele teria sido provocada por efeito de "forças ocultas", como uma vingança pela quebra do silêncio e a revelação de informações proibidas aos não iniciados. Nas palavras de Cissé, inseridas no prefácio do livro em que transcreveu as falas do mestre:

> Muito mais tarde, soube que o "caso Wa" (porque convém assim designar o "envenenamento" do meu amigo) tinha feito doze mortos, entre os quais três patriarcas e três grandes mestres, todos membros da confraria dos caçadores à qual Wa Kamissoko pertencia. Teria sido ele morto por ter desvelado não se sabe quais segredos históricos que todos podiam ouvir apenas por ocasião das cerimônias rituais? Só Deus sabe a verdade. (Cissé e Kamissoko, 2000: 21)

Ao salientar as circunstâncias da morte de um dos mais admirados e respeitados sábios mandingas, o que se pretende não é discutir a causa real do seu óbito. Quando compartilhou não "seus" conhecimentos, mas "os" conhecimentos tradicionais mandingas com intelectuais "brancos", isso gerou incômodo e provocou reações de outros detentores de tradições – que não são de todo abertas e públicas, mas parcialmente esotéricas, porque fechadas, restritas a iniciados. Mesmo não sendo possível determinar o que de fato provocou a morte dele (Câncer? Envenenamento? Forças ocultas?), interessa refletir sobre as razões do "rumor público" que se sucedeu ao seu desaparecimento, pois na África nem tudo o que existe é visível, e para existir não depende de provas (Bernault e Tonda, 2000). Encontra-se, aliás, espalhada a ideia de que a morte do corpo físico espreita aqueles que infringem as regras impostas aos iniciados. É essa margem de incerteza, de "irracionalidade", a causa profunda da desconfiança no valor heurístico da tradição pelos pesquisadores "brancos" ocidentais, atitude que o djéli Toumani Kouyaté resume em uma frase curta e direta: "para o europeu, se não tem data, não tem verdade" (Pessoa, 2019: 108).

Voltando ao trabalho de Hadrien Collet, muito embora, como dito anteriormente, sua posição em relação às tradições orais tenha sido restritiva, e sua atenção tenha se concentrado nos dados das fontes narrativas árabes, ao debater com Bertrand Hirsch e François-Xavier Fauvelle-Aymar sobre a natureza ocular do testemunho de Ibn Battuta, alguns argumentos apresentados por ele chamam atenção. Enquanto aqueles pesquisadores procuraram demonstrar que a narrativa do *Tuhfat al-zuzzar* encontraria diversas correspondências com o relato detalhado e sistemático do erudito de origem síria radicado no Cairo de nome al-Umari, e que Ibn Battuta poderia não ter viajado ao Mali, Collet identifica na riqueza dos detalhes fornecidos pelo viajante marroquino durante sua estadia na corte dos "sultões" do Mali em 1352-1353 as marcas de um testemunho original.

Entre vários pequenos exemplos que atestam o caráter genuíno do relato de Ibn Battuta, destaca-se um aspecto particular do cenário da corte palaciana que o viajante marroquino teria observado durante as audiências públicas na corte do "sultão" do Mali. Além da descrição do ambiente, dos personagens e do cerimonial, o viajante destaca um costume que destoava com as práticas muçulmanas: a introdução no recinto da audiência de dois cavalos arreados e dois cordeiros que ali estariam pois, segundo diziam os sudaneses, estes seriam úteis contra o mau olhado (Cuoq, 1985: 304). Rompendo o habitual distanciamento com o "objeto de estudo", Collet insere uma curiosa nota explicativa de rodapé, que diz:

> Quando estivemos no Mali em agosto de 2014 chegamos poucos dias antes do fim do período de jejum do Ramadã. Junto aos nossos anfitriões, na sala, encontrava-se um cordeiro amarrado com uma corda a um pote. Perguntamos se se tratava do animal que iria ser consumido no jantar da festa de ruptura do jejum, mas nos foi respondido que não, que ele era posto ali ao longo de todo o ano, pois servia de proteção contra o mau olhado... Seguiu-se um debate acalorado sobre as camadas de religiosidade e as formas de sincretismo, pois nosso interlocutor era um muçulmano praticante e crente, mas que seguia igualmente um certo número de práticas antigas para se proteger, segundo ele, da magia de feiticeiros mal-intencionados. (Collet, 2017: 434)

Eis o que impressionou o pesquisador: com uma distância de 662 anos (medidos pelo cômputo do calendário gregoriano), o mesmo detalhe observado por Ibn Battuta mostrava-se presente, diante de seus olhos, do mesmo modo e com a mesma finalidade. E quanto aos tantos outros "detalhes" que ficaram retidos pelos filtros muçulmanos e cristãos, ou silenciados como meras "superstições" de pequena monta? A questão é que, se para Collet, ou para nós, leitores(as) "ocidentais", trata-se de uma "*petite remarque*", de um detalhe aparentemente insignificante, ínfimo, a presença dos cordeiros, espécies de "bodes expiatórios", significaria o mesmo para os africanos, independente de que religião professem? Mais curioso ainda é que "contradições" como essas vistas no islã praticado na área subsaariana, decorrentes da coexistência de substratos "pagãos" em ambiente muçulmano, que tanto escandalizaram o viajante marroquino do século XIV, continuem a se apresentar na contemporaneidade, sem que por isto paire qualquer dúvida sobre a identidade religiosa do interlocutor de Hadrien Collet. A contradição, ou o paradoxo, não estaria mais uma vez na expectativa de uma homogeneidade cultural no olhar do observador estrangeiro?

OS HIPOPÓTAMOS DO NÍGER

Retornando ao testemunho de Ibn Battuta citado no início do capítulo, tentemos rediscutir possíveis significados da cena descrita a partir de evidências extraídas das culturas africanas.

O viajante estava de partida da cidade palatina dos governantes dos povos negros, dos "sudaneses", pois em árabe uma das palavras empregadas para designar pessoas de pele escura é *sudan*, qualificativo muito empregado durante a narrativa. Esses governantes, a quem ele denomina "sultões", e que aqui serão denominados *mansas*, como aparece no vocabulário mandinga, teriam sua sede na cidade nomeada Malli, cuja localização imprecisa motivou ampla e acirrada discussão entre especialistas europeus do século XX, que se dividiram entre identificá-la com Niani, na atual República da Guiné, com Dakadjalan e com locais menos prováveis (Delafosse, 1912, I: 513-514; Fauvelle-Aymar, 2012).

Onde predomina a imprecisão nas equivalências entre o passado e o presente, os pesquisadores debruçam-se em acurados exames, hipóteses e debates. Mas pouco se deu atenção ao fato de que Ibn Battuta tenha nomeado o rio Níger, por onde navegou, de rio "Nilo". Isso ocorreu muito provavelmente porque ele, ou o escritor de seu relato, Ibn Djuzzay, reproduziram a equivocada identificação do Níger com Nilo, notado na tradição grega desde os textos de geografia de Ptolomeu. Esta concepção encontrou guarida em textos escritos em árabe, como os de al-Bakri, al-Idrisi e al-Umari, que alimentaram a ideia da existência do "Nilo dos negros", algo que continuou a ocorrer até o período da "expansão europeia" e mesmo além (Hunwick, 2005: 110-115; Daveau, 1999: 238). Mas o condicionamento externo da visão de mundo árabe-muçulmana criou uma espécie de fricção com a realidade, pois ao ter navegado pelo rio (e não apenas falado dele a partir de uma tradição livresca), Battuta percebeu que o fluxo das águas não corria em sentido leste-oeste, como era habitual pensar, mas em sentido oeste-leste, como de fato ocorre (Cuoq, 1985: 299-300; Collet, 2017: 433).

Ressalte-se que o problema aqui destacado não é de colisão semântica (Nilo/Níger), nem tão somente de localização geográfica. Trata-se de uma dissonância cognitiva cuja consequência não se limita ao deslocamento de sentido geográfico, mas cria novos sentidos culturais em âmbito local, conforme apontou Paulo Farias (2010) no contexto de produção textual de eruditos vinculados ao califado de Sokoto, no princípio do século XIX. Pois os ambientes em que floresceram as sociedades nilóticas e nigerianas, em suas diferenças, ao terem sido explorados em momentos e circunstâncias específicas, produziram realidades sociais, econômicas, políticas e culturais distintas. A projeção de uma realidade conhecida sobre outra desconhecida torna familiar o que na realidade não é, aumentando o estranhamento e abrindo a possibilidade de comparações, julgamentos e avaliações com finalidades particulares. Permite aos sujeitos envolvidos em distintas realidades optar por explicações que melhor lhes convenham em determinadas situações.

Haveria que se acrescentar a esse jogo de projeções/representações de narrativas de matriz arabófona e eurófona (a partir do século XV), sobre os ambientes e culturas africanas, a camada desconsiderada nestas, mas presente nos discursos e nas práticas locais. Pois, na perspectiva das tradições orais, o rio a que nos acostumamos denominar de Níger – de onde inclusive a denominação de dois países (Níger e Nigéria) – é identificado por outros termos que não ousaremos chamar de "locais", uma vez que são termos centrais para os povos que os empregam.

No espaço e no tempo aqui considerados, o vocábulo mandinga empregado para designar o rio era Djolibá, que significa, literalmente, "Grande Rio". Com essa nomeação, não se pretende apenas sublinhar uma "africanização" do vocabulário geográfico, pois a mudança na evocação do lugar não seria suficiente para uma aproximação empática com as culturas e sociedades do ambiente a que se está fazendo referência. Acrescente-se que, na atualidade, os cerca de 25 milhões de pessoas de diversos países, estratos sociais, de inúmeros grupos étnico-linguísticos que interagem com o rio desde o Futa Djalon, na

Guiné, até o seu delta, na Nigéria, vinculados a agricultura, comércio, pesca e pastoreio, sejam eles de proveniência mandinga, fula, bozô, sorkô, songai, zarma, fula, ijaw, hauçá, mossi etc., mantêm vínculos históricos e culturais entre si e com a extensa bacia hidrográfica, sendo cada um deles produtores de histórias próprias. Apenas no trecho entre Kirtachi e Boumba, na região do Dendi, área cultural songai, foram mapeadas 60 aldeias, número que expressa, em tão pequena extensão geográfica, a enorme diversidade histórico-cultural associada ao ambiente banhado pelo imenso rio (Hauzeur e Pelle, 1993).

Indo além das implicações ecológicas, econômicas, sociológicas e transnacionais nas relações desses povos com as águas do Djolibá, observa-se uma série de aspectos que, a despeito de serem considerados pouco importantes para visões em perspectiva, mostram-se muito significativas do ponto de vista das cosmologias e visões de mundo tradicionais. Em suas águas estão recursos naturais essenciais e referências de ancestralidade altamente significativas na regulação das relações dos grupos humanos com o seu meio, como a crença e os cultos dedicados a Faro, divindade das águas, como a crença na deusa Harakkoy Dikko e os Tooru, os espíritos ancestrais dos povos songai e diversos clãs de seres não corpóreos conhecidos como *djins*, que vivem todos sob suas águas (Maiga, 2010). Faro, personagem central da cosmogonia mandinga e bambara, por vezes corporificada em uma mulher de cor branca com rosto de tez rosada e cabelo liso preto, assume inúmeras identidades como gênio aquático, protetora das cachoeiras, poços e outros locais, recebe por vezes o nome de *dyi tigi* – a "mestra das águas" (Dieterlen, 1951: 40-43). Em resumo, esses fatores que durante muito tempo foram desqualificados nos textos acadêmicos como "superstições pagãs" persistentes no islamismo, marcas de "animismo" ou "fetichismo" não são resquícios de crenças e costumes retidos no passado, mas permanecem parcialmente vivos, produzindo sentidos que escapam à "racionalidade" dos observadores ocidentais e da cultura árabe.

Veja-se o caso dos hipopótamos da bacia do Níger, ou, conforme se queira, do Djolibá.

Animais desconhecidos da maioria dos viajantes árabe-muçulmanos ou euro-cristãos que estiveram na África antes do século XIX chamaram sempre a atenção. Já no século XI o geógrafo andaluz al-Bakri descreve os hipopótamos como sendo semelhantes a um elefante e afirma que o denominam de *kafu*, indicando a seguir os meios empregados em sua caça (Cuoq, 1985: 97). Outro viajante estrangeiro na "Terra dos negros", Leão, o Africano, denomina-os de "cavalos marinhos". Diz que se parecem com os cavalos, sem, entretanto, terem pelos, apontando a seguir o perigo que representavam para as embarcações carregadas que cruzavam o Níger (Épaulard, 1981: 565). A mesma sensação de inquietação face aos estranhos paquidermes revela-se em textos de ocidentais que permaneceram no Sudão francês, como o missionário Albert Schweitzer (1875-1865). Em seu livro de espiritualidade, *À l'orée de la Foret Vierge* (À beira da Floresta Virgem) (1921), ao ver hipopótamos, "seres grosseiros, desprezíveis, ameaçadores", ele encontrou motivação para refletir sobre os perigos da natureza desconhecida e hostil (Arnold, 2006: 25; Revert, 1948: 288).

Muito presentes nos costumes e na cosmologia dos povos bozô, que vivem há séculos essencialmente da pesca e que fazem da caça aos hipopótamos com arpão uma de suas atividades de sobrevivência fundamentais, aqueles animais são bem mais do que fontes de recurso alimentar. A caça com arpão envenenado pelos pescadores de fato disponibiliza aos demais membros da comunidade sua carne e gordura, que servem na alimentação e no tratamento de diversas doenças, em cerimônias e rituais. Para os bozô, no princípio dos tempos os hipopótamos eram pessoas que, devido às suas faltas, foram transformadas em animais e por isso alguns deles mantêm a capacidade de deter uma dupla identidade, podendo assumir a forma de pessoas (Ligers, 1957: 38-9).

Admirados e respeitados, os hipopótamos gozam de lugar especial no imaginário social da África Ocidental, em especial na área de influência cultural mandinga, onde tornaram-se importantes símbolos de ancestralidade. Com efeito, os repertórios tradicionais de diferentes áreas habitadas por povos pertencentes a esse grupo étnico-linguístico difundem a ideia de que os hipopótamos personificam a linhagem governante, a linhagem dos Keita, e para muitos tradicionalistas, Sundjata, o unificador do antigo Mandinga, teria morrido afogado nas águas do rio Sankarani, um dos afluentes do Níger, transformando-se em um hipopótamo, que, por causa dessa crença, é tido como o animal totêmico (tènè) protetor do seu clã (Smith, 1965: 276; Ceppolaro, 1967: 194). Segundo as antigas tradições:

> Desde que Sundjata rendeu sua alma em Dakdjalan, viu-se um enorme hipopótamo emergir das águas do Sankarani, em algum lugar entre Niani e Balandougouba; depois de ter soprado longamente e com força ele mergulhou de novo nas águas; este hipopótamo, que vive até hoje, encarna o espírito de Sundjata. Ele habita o lugar conhecido como Soundjata-doun, o "abismo de Sundjata". (Cissé e Kamissoko, 2009: 236)

Para finalizar, uma pequena digressão acerca da nomeação africana dos hipopótamos do Djolibá, ou Níger. O referido animal aparece nomeado nos textos árabes pelos vocábulos *faras al-bahr* (cavalo do rio) ou *faras al-ma* (cavalo da água) (Épaulard, 1981: 565). Para pesquisadores afrocentristas, a sua nomeação na língua soninquê (dos povos de Wagadu, antigo Gana) pela palavra *diba* poderia indicar uma provável origem na grafia egípcia antiga, *dbi*, *dbw*, o que constituiria uma prova linguística a mais dos nexos culturais profundos entre o Egito e a África negra (Lam, 2012: 155).

O certo é que, por sua relevância simbólica, os hipopótamos nada têm de estranhos na África Ocidental, muito menos na República do Mali. Logo após a independência, em 1960, ele foi adotado como um dos símbolos da nova nação, tendo sua efígie gravada em moedas de 5 francos malianos. Uma estátua em sua homenagem foi edificada no Boulevard da Independência, situada ao centro da capital, Bamako, onde se pode vê-lo com os olhos e a boca bem abertos, como em um sonoro urro. Poderia ser uma evocação da narrativa mítica relativa ao envolvimento do hipopótamo de fronte branca chamado Mali-Cadjo e/ou Mali-Sadjo, tomado como a encarnação de um mistério celeste, com a jovem Sadio e/ou Sadjè (Cissé e Kamissoko, 2000: 25).

Esse vínculo profundo com a nação explicaria a escolha do nome do país? Já no período anterior à independência, um intérprete das línguas locais da colônia do Alto-Senegal-Níger, em dicionário prefaciado pelo africanista Maurice Delafosse, indicava que o vocábulo para designar hipopótamo em língua bambara é *màli*, *mali* ou *méli* (Travelé, 1913: 66 e 206). O mesmo africanista que, ao prefaciar o dicionário, apresentava-o junto ao público francês, em sua própria obra, publicada um ano antes do dicionário bambara, recusava essa "etimologia totêmica" como explicação para o nome pelo qual se designa o atual país da África Ocidental, no que foi seguido por outros estudiosos e pelos malianos da atualidade, sem qualquer outra explicação para a referida origem etimológica (Delafosse, 1912, I: 121-122; Monteil, 1929: 319-320).

Tendo em vista, porém, tudo o que acaba de ser mencionado anteriormente acerca do hipopótamo nas tradições mandingas, pergunta-se: por que negar a ele a inspiração na referida nomeação? Por que não pensar que Mali signifique, simplesmente, hipopótamo?

CONSIDERAÇÕES FINAIS

A imagem desconfigurada dos hipopótamos do Níger vistos por Ibn Battuta não é uma curiosidade anódina ou excêntrica, nem uma bizarrice em si mesma. Ela expressa um tipo de atitude mental recorrente naquele observador, e diversos outros jogos de associação entre definições retiradas do que era por ele conhecido, vivido, experimentado, para designar o que lhe parecia desconhecido e diferente aparecem em sua narrativa. Acontece que muitas vezes essas associações contêm julgamentos de valor de cunho etnocêntrico em que o islã, no caso o islã difundido na área magrebina, é tido como o referencial de medida. Os principais aspectos que ele considera louváveis no comportamento dos sudaneses, e os principais defeitos, dizem respeito à maior ou menor obediência aos preceitos corânicos. O que não está considerado em sua narrativa é que, na ocasião de sua visita às terras dos mansas mandingas, apenas uma parcela minoritária tinha aderido ao islã. Os traços evidentes de "paganismo", de "infidelidade", que ele classifica como "desvios" da norma, eram, na realidade sudanesa, a "norma" mantida pela tradição, ancorada na ancestralidade, que as elites governantes estavam começando a se afastar em um gradual processo de islamização. Na medida em que os laços pessoais do observador eram com essa elite política e mercantil, os ideais socioculturais dessa minoria passaram a representar o conjunto da sociedade, e, por razões evidentes, a norma tradicional acabou sendo invisibilizada, desconsiderada ou desqualificada. Não quer dizer, todavia, que os "cavalos do rio" deixassem de existir, ou que os costumes e as tradições perdessem sua eficácia nos locais em que efetivamente faziam sentido.

Do ponto de vista teórico, o que se tem alojado no discurso de Ibn Battuta e, por extensão, nas formações discursivas fundadoras do "africanismo", é uma perspectiva extravertida – no caso das últimas, muito marcadas pela colonialidade. Salvo engano, foi Samir Amin quem, em seu estudo sobre o eurocentrismo, propôs pela primeira vez a ideia da "extraversão" como um aspecto particular de alcance econômico, político e ideológico das visões hegemônicas ocidentais e capitalistas sobre o continente africano. Na sequência, a ideia foi explorada em perspectiva diversa pelo antropólogo Jean-François Bayart (1999), que identificou na extraversão uma estratégia para o exercício da soberania e o acúmulo de poder em âmbito local pelo recurso aos meios de inserção dependente no sistema internacional, segundo ele um traço recorrente no *modus operandi* das elites africanas desde o período anterior ao colonialismo europeu. Dirigindo a atenção para a esfera da produção de conhecimento, o filósofo marfinense radicado no Benin, Paulin Hountondji, também destacou os efeitos da extraversão no modo pelo qual são instituídas relações de produção científica e tecnológica nos centros do mundo globalizado, para onde o conhecimento sobre a África é dirigido – sendo organizado e direcionado para atender demandas (teóricas, científicas, econômicas) do centro, e não dos locais a que, não obstante, eles se referem (Hountondji, 2008: 157).

A discussão sobre as implicações teóricas na definição e estruturação do campo disciplinar dedicado aos estudos africanos, aqui, no caso, a definição do campo dos estudos históricos africanos, não é uma mera exigência formal. Isto porque a própria definição do campo disciplinar ocorreu fora da África, em "situação colonial", e desconsiderou o papel ativo dos africanos na elaboração das premissas conceituais e metodológicas que estruturam o "africanismo". Para o caso específico da área subsaariana, a presença e o enraizamento do islã levou a que desde a formação do campo disciplinar os saberes, fenômenos sociais, base documental e referência cultural fossem aproximados do campo do "orientalismo" – em todas as suas implicações etnocêntricas e ideológicas apontadas no conhecido estudo de Edward Said e por outros críticos, como o magrebino Abdelkadir Kathibi e o egípcio Samir Amin (Amin, 1989: 97).

Seja a sobreposição da periodização "ocidental" que subjaz na denominação "Idade Média africana", seja a aplicação de uma percepção cronológica tida por autóctone, expressa no qualificativo "África pré-colonial", contém cada uma à sua maneira índices de extraversão, pois em ambas o núcleo da organização do conhecimento sobre o passado provém de outro lugar que não a África. E não se trata, como já foi assinalado outras vezes neste capítulo, apenas de uma impropriedade semântica. Com V. Y. Mudimbe, defende-se aqui a necessidade de se distinguir duas dimensões com frequência complementares e inseparáveis do etnocentrismo. A mais visível e debatida relaciona-se com atitudes intelectuais pelas quais a consciência social e as normas em vigor nas sociedades a que pertencem os observadores e intérpretes são projetadas em outras, produzindo imagens distorcidas eivadas de ideologia, de "falsa consciência" – para usar a definição marxista clássica de ideologia.

A outra dimensão do etnocentrismo, menos perceptível porém mais profunda, mais determinante, encontra-se na ligação da perspectiva etnocêntrica e sua decorrente ideologia, com uma *episteme*, com um sistema discursivo que confere a determinado campo disciplinar legitimidade, credibilidade, validade científica. Decorre daí a produção de sistemas de conhecimento englobantes e hegemônicos, de modo que o conhecimento passa a comportar discursos de poder. A compreensão crítica do que Mudimbe qualifica como "africanismo", isto é, o conjunto dos sistemas discursivos sobre a África, depende do quanto se aceite que, não obstante a quantidade e a diversidade de tendências de pesquisa, correntes de interpretação, definições conceituais e temáticas, todas elas são extravertidas porque situam fora dos referentes locais, por vezes à revelia dos sistemas de valores locais, as suas perspectivas de interpretação, algo que transparece no argumento a seguir:

> Para se obter a história dos estudos e discursos africanos é, portanto, importante observar que alterações aparentes dentro dos símbolos dominantes nunca modificaram substancialmente o sentido da conversão de África, mas apenas as políticas para a sua expressão e prática ideológica e etnocêntrica. (Mudimbe, 2013b: 40)

Para o caso das sociedades africanas dos períodos mais recuados de sua história, a desconexão da perspectiva extravertida não reivindica o fim dela, mas o fim de seu exclusivismo epistemológico. Porém, as implicações da sobreposição de regimes de historicidade e de temporalidades coetâneas vão além de saber a quem compete, com exclusividade ou não, o direito de falar sobre o passado africano. Seria simplista pensar que os efeitos do "etnocentrismo intelectual" deixariam de existir se apenas aos pesquisadores originários das culturas "sudanesas" estivesse reservado o direito de falar sobre as origens de suas sociedades. Aqui, cumpre distinguir o que se define como uma "perspectiva africana", ou seja, uma perspectiva "internalista" da explicação dos fenômenos históricos, de um "ponto de vista dos intelectuais africanos sobre sua própria história" (Barbosa, 2012: 48).

Em penetrante ensaio de reflexão crítica dos impasses epistemológicos dos estudos africanos, Mamadou Diawara apresenta uma série de ponderações pelas quais fica evidenciado que, se o distanciamento cultural dos pesquisadores gera dificuldades de interpretação das realidades dos atores sociais que se pretende interpretar ou compreender, também a proximidade coloca dificuldades e interfere na qualidade e objetividade esperada no tratamento dos dados. A escolha de métodos apropriados e a construção de hipóteses e argumentos conectados com o universo dos sujeitos a que se pretende estudar seriam meios melhores de produzir conhecimento crítico e socialmente relevante (Diawara, 2010: 54-8).

É mais ou menos da mesma maneira que Olivier de Sardan, renomado estudioso das sociedades songai-zarma, avalia as operações intelectuais inerentes aos processos de elaboração de conhecimento erudito quando os referenciais culturais dos intérpretes não são os mesmos dos interpretados. Diante do "real dos outros", dois obstáculos epistemológicos tendem, segundo ele, a se apresentar aos intérpretes: 1) o de pensar a distância cultural valendo-se de categorias habituais ao senso comum de sua própria sociedade; 2) o de recorrer a categorias "exotizantes" pelas quais o senso comum tem o costume de pensar as sociedades diferentes da do pesquisador. Nas duas situações, a melhor maneira de se aproximar, tanto quanto possível, do "real dos outros" é por meio daquilo que é próprio do lugar social vivido e experienciado. O objetivo, neste caso, não é tentar encontrar o "reflexo da realidade" ou falar em nome da realidade alheia, mas aproximar-se dela pelo que ela de fato é, dentro das possibilidades que se apresentam na pesquisa: "se o real dos outros não pode jamais ser atingido pelo investigador, o objetivo da antropologia passa a ser o de se aproximar dele da maneira menos infiel possível" (Sardan, 1989: 133).

Assim, em face da difícil tarefa de reconstituir um passado fragmentário, praticamente desprovido de testemunhos diretos, em vez do "medieval" e do "pré-colonial", o melhor parece ser abandonar o que parece familiar e aceitar o desafio da aproximação com a diferença, nesse caso, através da busca de referenciais endógenos, hauridos da experiência originária africana em interação ao longo do tempo com diferentes formas sociais e culturais extra-africanas. O tamanho e as dificuldades que acompanham tal desafio podem ser vislumbrados no convite formulado por Tierno Bokar (1875-1939), fundador da escola corânica de Bandiagara e iniciador de Amadou Hampâté Bâ: "se queres saber quem sou / se queres que eu te ensine o que sei / deixe um pouco de ser o que tu és / e esquece o que sabes" (Bâ, 2011: 212).

Notas

[1] Título honorífico, também grafado pelos vocábulos Sheikh; shaykh, Sekhu; Cheikhu; xeique, xeque.
[2] Todas as traduções de citações de livros em língua estrangeira são minhas.
[3] Título privativo dos governantes da dinastia fundada no Songai por Mohammed Touré, conhecido como áskia Mohammed I (askiya Muhammad; askiya Mohamed Sylla).

PARTE I
Conexões, trânsitos, trocas

Circulação de pessoas, ideias e bens entre o Magrebe, a bacia do Níger e a floresta tropical

> *"Ó tu, que vais a Gao, desvie até Tombuctu.*
> *Murmure o meu nome aos meus amigos,*
> *e mande a eles a saudação perfumada*
> *do exilado que suspira pela terra*
> *em que residem sua família e seus vizinhos."*
>
> Ahmed Baba de Tombuctu, c. 1600

Na longa duração, o período situado entre os séculos XII-XVI coincide com processos históricos de grande relevância para as sociedades da África Ocidental Subsaariana no plano político, econômico e cultural, o que motivou os pesquisadores africanos a qualificá-lo como os "séculos de ouro". A metáfora empregada pareceu durante muito tempo apropriada, pois evoca duas formas de positivação da história do continente: por suas dinâmicas internas autônomas, singulares, originais; e por suas riquezas naturais, econômicas. De fato, por muito tempo os escritores árabes identificaram Gana, e depois o Mandinga, como o "País do Ouro". Esta, aliás, constituiu a mais duradoura imagem recorrente nos textos árabes (Benjaminsen et al., 2004). Antecipação do "Eldorado", a área situada além do grande deserto era um "horizonte onírico" de esplendor e riqueza, onde o ouro nascia de árvores ou plantas, onde os governantes dispunham de adornos pessoais e mesmo arreios de seus animais feitos de ouro; onde cavalos eram amarrados em pilares dourados; onde pepitas de tamanho incomum serviam de emblema de autoridade real.

Parte considerável das projeções imaginárias anteriormente apontadas foi alimentada por pessoas e grupos que bordejavam o mar Mediterrâneo. Outra imagem decorre das fontes escritas e evidências materiais dos sujeitos e grupos que, ao longo daquele mesmo período, encontraram nas rotas e oásis do Deserto do Saara oportunidade de contato comercial, político e religioso. Pois, de fato, antes do século XVI, quando, na conhecida formulação de Vitorino Magalhães Godinho, as caravanas foram suplantadas pelas caravelas, eram os mares de areia do Deserto do Saara, e não as águas salgadas do oceano Atlântico, que constituíam ativos meios de passagem de pessoas, mercadorias, crenças, estilos e modelos culturais. Ao contrário do que se pensou durante a era colonial, para africanos de diversa procedência, subsaarianos, tamaxeques (tuaregues), berberes, o Saara não constituiu fator de isolamento (Casajus, 2011). As oscilações térmicas extremas e a aridez não impediram que o seu ambiente natural servisse de cenário para intensa atividade humana em redes de contatos mercantis que fizeram dele uma via aberta de contatos e conexões transcontinentais, interculturais e inter-religiosos dignos de nota.

Indivíduos, negócios e ideias provenientes da comunidade mediterrânica participaram ativamente dos "séculos de ouro" da África Ocidental, em momentos, intensidades e papéis distintos. A ideia hoje ultrapassada de uma "descoberta da África na Idade Média" liga-se mais aos pressupostos colonialistas que vigoravam no momento em que Charles de la Roncière (1924) escreveu o seu livro. Isso porque até pelo menos o século XV o *finis terrae* euro-cristão era bem menos alargado do que o mundo dos geógrafos, enciclopedistas e sobretudo dos negociantes muçulmanos. Com efeito, até pelo menos o período a que se refere a detalhada carta escrita no oásis de Touat, em 1447, pelo negociante genovês Antonio Malfante (Fauvelle, 2018: 257-266), os fatores que atuaram nas dinâmicas saarianas não tinham relação direta com as realidades do mundo latino, germânico, escandinavo ou eslavo, mas encontravam-se integradas aos processos históricos próprios da *umma* – a comunidade muçulmana do período islâmico clássico. Ela é que conferiu o sentido particular aos conceitos, práticas e instituições que modelaram as relações entre as elites mercantis, religiosas e políticas através do deserto, da savana e da floresta tropical, conforme se verá adiante.

Por isso, ao pretender reconstruir as grandes linhas de rumo das sociedades magrebinas, saarianas e subsaarianas antigas, mesmo no que diz respeito ao contato delas com mercadores de origem europeia, o melhor é buscar referências de análise nos processos de interação destas sociedades com o islã. Entretanto, convém ir além do evidente componente religioso do islã, de modo a compreender o motivo pelo qual ele assumiu contornos originais na África, permitindo a inserção de diferentes comunidades e grupos humanos em relações que extrapolavam pelo Índico, mar Vermelho e pelo Mediterrâneo, os limites do continente. Em vez de ler o conjunto dessas relações pelo prisma da "arabização" ou da "islamização" dos africanos, que tende a ser examinada por uma visão que se orienta pelo ideal da homogeneidade, vale a pena apostar no viés menos explorado das diversidades socioculturais inerentes a uma "africanização do islã" – na senda aberta por pesquisadores como o israelense Nehemia Levtzion e o estadunidense David Robinson em seu livro *Les sociétés musulmanes africaines* (As sociedades muçulmanas africanas) (2010: 75-90). Trata-se, neste caso, de insistir na busca de elementos que permitam perceber em que medida os agenciamentos locais estavam articulados a processos que envolviam relações transcontinentais.

CONEXÕES SAARIANAS

Se a existência de fenômenos históricos de longo alcance espacial através do Saara não deve ser ignorada, é preciso evitar o excesso oposto, de qualificar esses fenômenos por conceitos anacrônicos ao período anterior à Modernidade europeia, que pela primeira vez deu origem a processos de alcance global. Ao avaliar os intercâmbios de longa distância que permitiam a circulação através do Saara de valores e bens de consumo entre fronteiras e ambientes culturais específicos e diversos em sua origem, que envolviam pessoas originárias do norte da África (Magrebe), sul da Europa (al-Andalus), Oriente Médio e sul da Ásia, em intercâmbios existentes desde pelo menos o primeiro milênio da era cristã, a primeira avaliação que se pode fazer é que eles diziam respeito a elites econômicas constituídas por mercadores (árabe-muçulmanos, berberes, andaluzes, europeus, diulas, wangaras), articulados a elites religiosas muçulmanas (ulemás, pregadores, marabus) e a elites políticas locais de variada composição. Os bens e valores (materiais, humanos) e mercadorias circulantes, por sua vez, pretendiam atender aos interesses de consumo ou de acumulação dessas elites (Maceachern, 2017: 100). Prendiam-se essencialmente a centros urbanos, alguns deles de grande expressão (Sdjilmasa, Touat, Awdaghost, Tadmekka, Gao, Tombuctu, Djenê), enquanto a população e a vida comunitária da maior parte da população do Magrebe e da área subsaariana mantinham-se ligadas ao mundo rural.

As referidas elites encontravam-se vinculadas ao mundo muçulmano (dar al-islam), em suas vertentes andaluza, magrebina e egípcia. Com o experiente arqueólogo Timothy Insoll, da Universidade de Cambridge, pode-se dizer que o processo de difusão do islã na África Subsaariana, que se fez em grande medida através das rotas mercantis e se projetou gradualmente ao sul do deserto nas áreas saelianas e sudanesas, se fez em duas etapas. Na primeira, situada entre os séculos X-XIII, mercadores norte-africanos, saarianos e sacerdotes, se fixaram em centros urbanos com a anuência das elites subsaarianas, construindo assentamentos separados reservados aos "estrangeiros". Nessa etapa, a conversão ao islã, muito superficial, restringia-se a círculos reduzidos e há poucas evidências de influência islâmica fora das cidades. Na segunda etapa, após o século XIII, com a aquiescência de governantes já islamizados, a religião passa a ser difundida junto às populações rurais, tornando-se expressiva em alguns centros de comércio ou de escrita como Tombuctu, Gao e Djenê (Insoll, 2003: 98). Mas apenas do século XVIII em diante haveria uma ampliação significativa da crença, promovida pelas formações estatais teocráticas de caráter reformista (imamados, califados) organizadas por fulas e hauçás no Futa Toro e no Futa Djalon, do Senegal e Guiné ao Mali e à Nigéria atuais.

A existência de uma comunidade de interesses através da noção da *umma* (comunidade) muçulmana implicou em mediações, trocas e circulações constantes de pessoas, bens e mercadorias, primeiro através de rotas existentes entre cidades do norte da África, desde Fustat al-Kairo, no Egito, até Fez e Tanger, no extremo oeste magrebino, já apontados em textos enciclopédicos ou de geografia árabe nos séculos VIII-IX. A circulação entre as bordas Norte e Sul do Mediterrâneo no período de constituição, apogeu e declínio de al-Andalus, constituiu fator de aproximação de grupos culturais e sociais dos dois lados do Mediterrâneo, cujas elites encontravam-se identificadas à comunidade muçulmana, ainda que as relações entre esses grupos não tenham sido em geral pacíficas ou desenvolvidas em condições de igualdade.

Duas informações confirmam o que acaba de ser dito: enquanto no final do século XI o erudito hispano-muçulmano al-Bakri (1028-1094) não precisou sair de Córdova, onde vivia, para coletar dados sobre as rotas de comércio, as instituições e os costumes dos povos magrebinos e de povos subsaarianos sob o domínio do Estado de Wagadu (antigo Estado de Gana, situado na fronteira entre as atuais Mauritânia, Senegal e Mali) (Cuoq, 1985: 80-109; BA, 2015), outro hispano-muçulmano, o poeta e rei da taifa de Sevilha al-Mutamid (1040-1095), ao ser derrotado por tropas norte-africanas originárias do atual Marrocos, acabou os dias no exílio em Marrakech, sendo enterrado na pequena cidade de Agmat, no sopé dos Montes Atlas. Ambos os casos dizem respeito a envolvimentos entre povos islamizados dos lados norte e sul do Mediterrâneo: no caso de al Bakri, a partir da margem de cima, pois ele contou com o testemunho de mercadores andaluzes que participavam do fluxo das caravanas saarianas que se deslocavam até o Sahel – a margem sul do deserto; no caso de al-Mutamid, a partir da margem de baixo, de onde partiu a expansão político-militar protagonizada por um Estado afro-muçulmano em expansão (Viguera Molíns, 1992: 170). Com efeito, o contexto histórico em que se inserem o texto do roteiro de viagens escrito por al-Bakri e o exílio de al-Mutamid foi bastante influenciado pelo extraordinário processo de renovação e expansão do islã promovido pelos movimentos almorávida e almôada.

Por sua vez, esses dois movimentos surgiram da pregação de "homens santos" originários do interior do Marrocos cuja liderança se fez entre grupos de língua imazighen do deserto ou da borda inferior dos Montes Atlas, e cuja escolha doutrinal recaiu em formas islâmicas marcadas pela espiritualidade, coletivismo e rigorismo beirando a ascese. O núcleo inicial da pregação de Ibn Yazin, o fundador espiritual do movimento almorávida, na década de 1040, foi provavelmente o litoral da atual Mauritânia, e de lá seus fiéis alcançaram Sidjilmasa, Aghmat, e fundaram Marrakech em 1070. As organizações políticas inspiradas na pregação dos reformadores como ele, e depois Ibn Tumart, unificaram o Magrebe e levaram a guerra religiosa para o outro lado do Mediterrâneo, o que por outro lado facilitou contatos diplomáticos, contatos sociais e contatos econômicos (Le Tourneau, 1969: 48-88; Talbi, 2010). Mas esse caráter expansionista assumido pelo islã magrebino dos séculos XI-XII teve também uma feição transaariana, uma vez que o movimento de expansão projetou-se para o sul, integrando, nem tanto por conquista mas por aliança, proselitismo religioso ou negociação diplomática diferentes sociedades do vale do Senegal e da bacia do Níger (Hrbek e Devisse, 2010: 420-421).

A intensificação dos contatos com indivíduos e grupos de origem berbere não autoriza que se hipervalorize a ideia de uma suposta conquista almorávida ao sul do Saara. Com efeito, desde as informações fornecidas pelo cronista Ibn Hawqal no século X sabe-se que os homens "que portam desde sua infância um véu que não deixa ver mais do que os seus olhos" circulavam com grande frequência através do deserto. Eram integrantes de diversos subgrupos dos povos zanata e sobretudo da grande confederação sanhadja, que se dividia em três grandes tribos (qabilas): os gudala, os lamtuna e os massufa, reconhecidos condutores de grandes caravanas através do sudoeste do deserto (Giri, 1994: 46).

Ainda que muito superficial e isolada, a presença islâmica já se fazia sentir em alguns círculos de governo desde o século X, e a islamização deverá ser buscada no proselitismo religioso que ocorria em paralelo às redes mercantis. A descoberta, no final da década de 1939, das estelas com inscrições cúficas em Gao-Saney, na margem esquerda do Djolibá/Níger, perto do sítio da antiga cidade de Gao, veio a constituir uma prova indiscutível das conexões estabelecidas nos séculos X-XIII, período em que parte delas foi produzida, entre comunidades e interesses espacialmente abrangentes. Fabricadas em oficinas de artesãos de Almeria, na Andaluzia, as estelas de mármore denominadas "Epitáfios de Gao" contêm inscrições mortuárias de reis, rainhas ou casais governantes que se orgulhavam da fé muçulmana, indivíduos que, na opinião de Dierk Lange (1991), seriam de origem sanhadja. Também produzidas em outras comunidades saarianas, como Essuk, Bentiya e Kukiya, encontra-se hoje bem demonstrado que tais inscrições epigráficas são testemunhos privilegiados de formas autóctones de registro da mensagem corânica, assim como dos modos particulares de apreensão do tempo na cultura tuaregue (Farias, 1990).

Em estudo detalhado, Hussain Monés identificou os principais eixos de ligação das rotas saarianas no sentido norte-sul, que se estendiam desde a área mediterrânica (entre, de um lado, o Marrocos, e de outro, o Egito) até áreas tropicais nas proximidades do Senegal,

Gâmbia e Alto Níger, projetando-se até o lago Chade. Uma das mais antigas dessas rotas "verticais" margeava a costa atlântica e era conhecida como "rota da costa" (tarik al-sahil); outra cortava perpendicularmente o deserto, desde o cinturão do Atlas/Aurés, atravessando todo o deserto na região de Tulul ou Tall. Em sentido oeste-leste, a rota caravaneira de Kiblas regulava o trânsito de pessoas entre comunidades e oásis desde Sdjilmasa, no Marrocos, próxima ao oceano Atlântico, até o Egito, desdobrando-se em vários trechos internos. Pouco abaixo, outra via, que Hussain Monés denomina "rota tropical saariana", se estendia a partir do litoral do mar Vermelho, sendo intercalada por diversos oásis e cursos d'água do rio Nilo no Alto Egito e do Sudão nilótico, do lago Chade, e dos rios Níger, Gâmbia e Walili já do outro lado do continente, às margens do Atlântico (Monés, 1971).

O intenso deslocamento de caravanas de camelos em sentido norte-sul através dessas rotas movimentava expedições de tamanho variável, envolvendo desde dezenas até centenas de animais de montaria e de carga até os confins do Sahel. Na bacia do Níger, o transporte das mercadorias nas movimentações em sentido sul-norte eram as pirogas, os asnos e mesmo pessoas escravizadas. A importância dos negócios deu origem a grupos especializados seja na condução de comboios, no abastecimento, seja na condução e na proteção dos caravaneiros por indivíduos de língua tamaxeque pertencentes ao grupo dos massufa. Em sua viagem ao Mandinga em 1352, Ibn Battuta fornece uma série de informações sobre os *takshif*, pessoas experientes a quem era confiada a tarefa de, adiantando-se ao grupo, deixar tudo preparado para a chegada em cada oásis ou comunidade de destino, ou pedir ajuda em caso de necessidade. Era preciso que fosse alguém com boa capacidade de relacionamento pessoal, perspicácia, com determinação e coragem para viajar só e em condições muito precárias (Cuoq, 1985: 292-293).

Também se pode observar a gradual especialização das caravanas e grupos de mercadores. Entre os artigos de valor para os negociantes árabe-muçulmanos e berberes vindos do norte estava, em primeiro

Circulação de pessoas, ideias e bens entre o Magrebe, a bacia do Níger e a floresta tropical

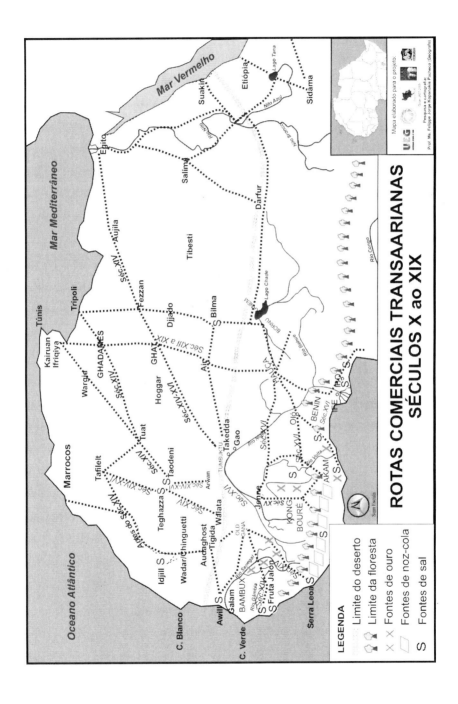

lugar, o ouro, e depois os escravos. Até os séculos XI-XII a principal área de exploração aurífera situava-se na região do Alto Senegal. O ouro era extraído dos depósitos aluviais do rio Falémé e das minas da região de Bambuk, sob controle local de governantes do reino de Gajaaga (Galam), na área e influência do antigo Gana (Bathily, 1989: 172-180). Dali, era escoado para a cidade saariana de Awdaghost, que servia de principal entreposto de Gana, sendo renegociado e transportado para Sdjilmasa, ao sul do atual Marrocos. Foi o ouro do Gajaaga que serviu de base para a extração de tributos dos *tunka* (governantes) de Gana, para a venda nos mercados marroquinos e para a cunhagem em larga escala do *dirham* almorávida e almôada – moedas de grande lastro transferidas para a península ibérica, onde deram origem aos marevedis e morabitinos – vigentes durante séculos no Ocidente medieval (Roux Corinne, 2000; Malowist, 1970). No interior do continente, além do ouro em pó, outros produtos de extração mineral, como barras de ferro e de cobre, além de tecidos, couro e porções de barras de sal, eram empregados como referenciais de valor nos negócios (Giri, 1994: 71).

Cumpre aliás destacar o valor diferencial do sal nas trocas de pequena e média distância em toda a área subsaariana. Ele era explorado por trabalhadores negros escravizados pelos massufa e lamtuna nas salinas saarianas de Aulic, Nteret, Idjil, Tagaza, e depois Taudeni. As placas de sal-gema, divididas em barras menores, eram transportadas em lombo de camelos e trocadas nos mercados de toda a África Ocidental por noz-de-cola, cauris, legumes e cereais, temperos, por escravos, marfim e sobretudo por ouro. Ao longo dos séculos, o sal teve lugar destacado em trocas diretas praticadas por negociantes berberes com os mercadores negros de origem wangara, e depois com os diulas, hauçás e com os negociantes kokoroko de Ouassoulou, que tinham acesso direto às áreas de fornecimento de escravos e de produtos da floresta tropical procurados em âmbito regional (Kane, 2010-2011: 25-7 e 61-4; McDougall, 1990).

Artigos de menor frequência, como o marfim, permitem por outro lado perceber a diversificação de interesses pelas matérias-primas do continente em diferentes partes do Velho Mundo. É bem sabido que as principais rotas de abastecimento desse valioso produto tinham sido desde muito tempo a costa Swahili e o mar Vermelho, que foram determinantes para o florescimento da escultura em marfim romana e bizantina. Estudos recentes com base em análise de laboratório e dos textos árabes comprovam que a circulação de marfim também se fez através do Saara antes do século XI, e esteve na origem da fabricação de adornos e caixas decoradas na cidade de Madinat al-Zahara, em al-Andalus, e na decoração de capas de códices cristãos manuscritos de Salerno e Amalfi, na atual Itália (Guerin, 2013).

Estudos monográficos baseados em pesquisa arqueológica permitem avaliar a capacidade de interação de determinadas comunidades saarianas num circuito intercontinental. Em um estudo sobre Tegdaoust, nome atual do sítio arqueológico da antiga cidade de Awdaghost, na Mauritânia, porta de entrada e saída de mercadorias e pessoas entre o Marrocos e o estado soninquê de Wagadu (Gana) no período anterior ao século XII, a arqueóloga Claudete Van Acker recolheu um conjunto de 415 pequenos objetos cilíndricos de vidro – objetos considerados valiosos devido ao seu uso com finalidade decorativa nas cortes de governantes da África Ocidental. Da análise de sua forma, composição e estilo, essa pesquisadora aventou a hipótese de que parte deles tenha sido fabricada no Magrebe, na península ibérica e no Oriente Médio, e que parte tenha sido produzida ali mesmo, provavelmente para que contas de vidro fossem empregadas nas trocas com os povos subsaarianos (Van Acker, 1984).

Investigações realizadas por diferentes missões arqueológicas internacionais confirmam a antiguidade e o vigor da antiga cidade de Gao, cujo assentamento duplo sugere o modelo clássico de comunidades separadas, ocupadas por população local e por comerciantes islamizados (Insoll, 2003: 222-4). No sítio de Gao-Saney as prospecções levam a crer que no período de 700-1000 da era cristã a comunidade estivesse integrada à circulação de mercadorias de valor comercial evidente, algumas delas importadas, como jarras, artefatos de ferro, cobre e sobretudo cerca de 800 contas de vidro cilíndricas de cor azul, azulada, verde e branca, cujo estilo de fabricação lembra o modelo das contas fabricadas nas oficinas de vidro da Síria e Palestina (Cissé, 2017).

Tadmekka era outro importante mercado controlado por povos de língua imazighen. Situava-se na borda meridional do deserto, na região do Adrar de Iforas, entre o 17º e o 20º paralelo, no grande maciço que se projeta para o sul e para o sudeste com formações de relevo que chegam a 300 e 500 metros de altura (Seck e Mondjannagni, 1967: 14). No período da hegemonia de Wagadu (Gana), antes do século XII, por ela passavam caravanas no sentido sul-norte em direção a Kairuan e Trípoli, e no sentido norte-sul em direção de Kumbi Saleh e Gao-Saney. Segundo o africanista polonês Tadeuz Lewicki (1979), Tadmekka era controlada por mercadores vinculados em grande parte ao grupo étnico zanata, adeptos do islã em sua versão ibadita – cujas implicações serão analisadas adiante –, e em menor proporção por pessoas do grupo sanhadja e/ou por grupos miscigenados berberes-sudaneses. As inscrições epigráficas ali produzidas, confrontadas com outras fontes, sugerem que a comunidade, na qualidade de importante centro comercial, tenha abrigado indivíduos vinculados a diferentes tendências islâmicas, como o caridjismo (em sua versão ibadita), o sunismo, tornando-se um centro de difusão do sufismo no século XV (Farias, 2003: CXLIV-CXLV).

Análises dos vestígios materiais do sítio atual de Essuk, onde antes se encontrava Tadmekka, revelaram ao arqueólogo Sam Nixon a intensidade dos contatos internacionais estabelecidos pelos mercadores que por lá passavam ou que lá se estabeleceram. Os dados relativos ao período de 1100-1400 sugerem a existência de objetos e artefatos incorporados à cultura material local – antes constituídos apenas de cerâmica simples –, como pequenos objetos cilíndricos de vidro, cerâmica esmaltada, cauris, tecidos de algodão e tecidos de seda – esses últimos associados ao mercado de trocas. Parece, todavia, que a população de Tadmekka tenha decrescido aos poucos, até que a comunidade foi abandonada de vez por volta de 1400. É provável que o paulatino decréscimo populacional e a perda de importância tenham ocorrido em virtude do aparecimento de outros centros comerciais mais atrativos, como Takedda e sobretudo a cidade de Tombuctu (Nixon, 2009: 246).

RECONFIGURAÇÕES: SÉCULOS XIV-XVI

Os estudos de caso apresentados anteriormente levam a crer que os movimentos periódicos das caravanas não se fizeram de modo regular e repetitivo, mas estiveram sujeitos a mudanças de rumo, rupturas e/ou inovações de acordo com os diferentes interesses dos sujeitos que os impulsionavam. O que ocorreu com Tadmekka, abandonada após um período de atividade crescente, demonstra que as conexões entre as atividades políticas, mercantis, intelectuais e religiosas também podiam sofrer alterações na longa duração da história das relações transaarianas. A emergência e a afirmação de Tombuctu como centro urbano ajudam a compreender as dinâmicas intra-africanas aqui sublinhadas.

No período de seu apogeu como centro comercial, político e intelectual, as elites que ocupavam Tombuctu souberam aproveitar a sua posição privilegiada, uma vez que a cidade estava situada na área de confluência entre o semiárido saheliano e era uma porta de entrada para as savanas da região da curva do Níger. Ponto obrigatório de chegada das caravanas que atravessavam o deserto a partir de Sidjilmasa, nos séculos XV-XVI ela dispunha de uma estrutura urbana bem organizada, dividindo-se em bairros para comerciantes, artesãos e o bairro dos letrados, conhecido com Sankoré, dispunha de uma zona artesanal onde se desenvolviam trabalhos de metalurgia com 27 fornos para fundição de ferro e uma população estimada em 25 mil habitantes (Igué, 2008: 35-36 e 46).

Desde o período colonial os(as) pesquisadores(as) tenderam a pensar que a afirmação de Tombuctu como entreposto das rotas saarianas teria ocorrido a partir do século XV, quando o mais importante núcleo saariano sob o controle dos mansas do Mali, Walata, assim como Tadmekka, teria entrado em acentuado declínio. Até então ela teria estado em segundo plano como centro de negócios de mercadores do Egito e do Magrebe (Ly Tall, 1977: 46-47; Cissoko, 2006: 34-35). Fundada provavelmente no século XI por povos tamaxeques do grupo Immaqqasharan (nomeados nas fontes como Maghcharen), uma fração do povo massufa, a comunidade evoluiu de simples acampamento de criadores de gado para um núcleo de negócios que já tinha papel digno de nota antes do século XV, quando abrigava migrantes originários de Gao e Walata, e quando funcionava como ponto de junção da via caravaneira, ao norte, com a via fluvial, ao sul, proveniente de outra comunidade urbana importante nos Estados Mandinga e Songai: Djenê. Além de destacado centro intelectual de formação islâmica, Tombuctu tornou-se o ponto de encontro "entre o camelo e a piroga", por onde circulava sal, ouro, cobre, tecidos, como também artigos de interesse local, como arroz, cevada, sorgo, legumes, temperos, peixe seco, carne seca e artigos de couro (Dedé, 2010: 71-79; Igué, 2008: 46-47).

O florescimento de Tombuctu ocorreu em paralelo à reconfiguração de outras antigas comunidades, entre as quais Djenê, que se afirmou como polo irradiador do islã no século XII levando ao desaparecimento o assentamento "pagão" de Jenne-Jeno – existente às margens do rio Bani desde o século III a.C. (McIntosh, 1981: 04). Ambas as comunidades se tornaram centros populacionais e centros comerciais expressivos quando foram incorporadas ou caíram sob influência de formações estatais militarizadas, centralizadas e englobantes. As mais influentes foram organizadas por lideranças de origem mandinga, que controlaram a região nos séculos XIII-XV, e por lideranças de origem songai, com influência em todo o Sahel e a bacia do Níger de meados do século XV ao final do século XVI. O fortalecimento dessas formações sudanesas, por sua vez, teve consequências de maior proporção nas relações internacionais relativas aos fluxos transaarianos.

Um acontecimento decisivo para que isso acontecesse, bem retratado nos textos de língua árabe dos séculos XIV-XV, foi a faustosa peregrinação de Mansa Musa a Meca nos anos 1324-1325, cujo impacto costuma ser considerado determinante para a popularização da imagem do mandinga no Egito, Oriente Médio, Magrebe e em menor proporção junto aos latinos da Europa Ocidental (Collet, 2019; Conrad, 2012a). Que esse evento tenha tido reflexos imediatos em toda a área sudanesa é algo fora de dúvida: o deslocamento do soberano está diretamente vinculado ao fortalecimento do islã na África Subsaariana, com a construção de mesquitas, madraças, e a identificação da corte mandinga com os preceitos muçulmanos (Abbou, 2016). Como se verá a seguir, a projeção do Mali ao norte do Saara teve também consequências imediatas e de médio prazo no plano internacional.

O trajeto da viagem de Mansa Musa seguiu o trecho da rota que ligava Walata e Tagaza, situadas em seus domínios já no deserto, com a comunidade do oásis de Touat, no sudeste da atual Argélia, e de lá a expedição rumou para Wargla, Ghadames e Tripolitânia, esta última na Líbia, antes de entrar no Egito e atingir o Cairo (Voguet, 2017). É possível que a escolha tenha sido deliberada, pois observa-se na sequência o fortalecimento de contatos com o Egito em detrimento do Marrocos – a quem os povos da África Ocidental estiverem ligados por laços históricos de dependência ou de disputa. Por outro lado, sabe-se que na metade do século XIV a derrota dos sultões marroquinos merínidas na Batalha de Salado contra a coligação de tropas castelhanas e portuguesas fez retroceder sua influência do lado de cima do Mediterrâneo. O domínio do Marrocos sobre Tlemcen e as vias de acesso ao Magrebe central diminuíram, enfraquecendo sua influência sobre os povos situados abaixo do deserto (Gubert, 2008: 442).

Ao retornar da peregrinação Mansa Musa cercou-se de eruditos de origem árabe, egípcia, magrebina e andaluza, com o intuito de difundir os fundamentos do islã junto ao seu povo. O mais conhecido deles foi Abu Ishaq al-Sahili, por vezes lembrado pelo etnônimo "al-Gharnati", isto é, "de Granada", "o granadino", poeta e construtor a quem é atribuída, impropriamente segundo certos estudiosos, a introdução do estilo arquitetônico "sudanês" em argila, a construção da mesquita de Djingereber e a construção de parte do palácio de governo dos mansas (Aradeon, 1989). Séculos mais tarde, no princípio do século XVI, ao fundar uma nova dinastia de governantes em Gao, áskia Mohammed valeu-se do mesmo expediente, realizando a peregrinação a Meca, trazendo consigo sábios ou autoridades islâmicas da Arábia, consultando conhecedores das tradições muçulmanas provenientes do Egito (al-Suyuti) e de Tlemcen e Touat (al-Maghili) sobre as regras do bom governo (Triaud, 1973: 199-200; Hunwick, 1991). Nos dois casos, os governantes do antigo Mali e do Império Songai valiam-se, no plano cultural e religioso, dos modelos muçulmanos sunitas, na busca por referenciais que lhes permitissem erigir ou centralizar os seus Estados.

Diversas iniciativas nas relações entre governantes marroquinos e mandingas durante a primeira metade do século XIV sugerem tentativas de reaproximação e de manutenção dos laços políticos de subordinação do Bilad al-Sudan ao Marrocos nas atividades comerciais da "rota ocidental" que ligava Tombuctu, Walata, Sdjilmasa e Fez. A julgar pelas informações fornecidas por Ibn Khaldun, uma troca de embaixadas e presentes ocorreu no período de governo de Mansa Musa e do sultão marroquino Abu Hassan, que governou entre 1331-1351. Os presentes, em artesanato e em eunucos, enviados ao Mali, teriam sido retribuídos com regalos de igual valor, ou então com presentes exóticos, como uma girafa que causou grande sensação em Fez. Mas a condução dessas negociações visava garantir a continuidade da supremacia marroquina: na descrição da recepção a uma das delegações sudanesas Ibn Khaldun afirma que o objetivo dela era "honrar o sultão, reconhecer sua autoridade e lhe prestar homenagem" (Cuoq, 1985: 355). Muito provavelmente não era esse o interesse dos mansas do Mali, que através da diplomacia pretendiam fortalecer sua própria autoridade na borda sul do Saara e garantir sua posição como intermediários privilegiados na intensa atividade mercantil que ligava cidades e comunidades das rotas do comércio saariano.

Embora a cidade de Touat estivesse sob controle de mercadores muçulmanos, ela funcionou também como ponto de articulação de redes de negociantes, integradas por pessoas de origem judaica ligadas umas às outras por laços religiosos e de parentesco em locais distantes entre si, como Almeria, Majorca, Fez e Sdjilmasa. Mercadores judeus radanitas praticavam o comércio de escravos brancos (*saqaliba*), negros (*sudan*) e eunucos, envolvendo-se igualmente em transações que incluíam a circulação do ouro (pelo financiamento e pelo comércio direto) e o artesanato – destacando-se como grandes ourives (Abitol, 1981). Vivendo sob a dependência de patronos muçulmanos, na condição de *dhimmis*, de "protegidos", os judeus de Tamentit, no oásis de Touat, atuaram com frequência nas rotas até o fim do século XV, quando suas comunidades tornaram-se objeto de ataque e perseguição sobretudo após as pregações de Muhammad al-Maghili, que levaram ao seu progressivo desaparecimento (Hunwick, 2006: 61-65; Ba, 2008).

Em conjunto, pode-se inferir que os deslocamentos de interesse aqui apontados, a partir de Touat e de Sdjilmasa para Tlemcen, se devesse também ao fortalecimento da presença de mercadores europeus de origem ibérica e italiana nos portos magrebinos (Dufourcq, 1970-1971: 49-50; Gubert, 2008: 444-445). Com efeito, aos negociantes marroquinos, líbios e egípcios deve-se acrescentar, a partir da segunda metade do século XIV, a participação de catalães, genoveses, florentinos e venezianos nas trocas de mercadorias por ouro sudanês – ao que consta, segundo o pesquisador polonês Marian Malowist, da Universidade de Varsóvia, devido à queda do volume de exploração das minas da Transilvânia e da Boêmia (Malowist, 1970: 1.630). Grandes casas comerciais e financeiras, como os Datini, da Toscana, e os Centurione, de Gênova, enviavam os seus agentes para o litoral do Magrebe e dali eles estabeleciam contatos com Touat (Michienzi, 2013).

As primeiras notícias diretas deixadas por um cristão latino acerca das condições em que se dava o comércio através do Saara encontram-se em uma extensa carta escrita em latim no ano de 1447 por

Antonio Malfante, que na ocasião residia em Touat e atuava a serviço da casa comercial dos Centurione. No relato constam dados sobre as famílias judaicas, saarianas e subsaarianas envolvidas na recepção do ouro e em sua distribuição. Em troca, estes ofereceriam grãos de cereais, cobre e sal proveniente do norte do Mediterrâneo, do Egito, e títulos de crédito empregados em tais operações com financiamento parcial de judeus seriam descontados tanto em Túnis quanto no Cairo ou em Marselha. Na extensa correspondência, consta que um dos seus informantes era irmão do comerciante de maior prestígio em Tombuctu (La Roncière, 1918; Fauvelle-Aymar, 2018: 258).

No momento em que Antonio Malfante escreveu sua carta, as realidades sociais e econômicas do Magrebe eram já afetadas por uma profunda e demorada crise. A presença portuguesa na Feitoria de Arguim, após a conquista de Ceuta em 1415, abrira aos cristãos vias de acesso aos mercados africanos – controlado desde longa data por muçulmanos –, tanto pelo litoral atlântico quanto pelo litoral mediterrânico, onde ibéricos e italianos fortaleceram suas posições até verem sua presença ser disputada pelo Império Otomano no início do século XVI. A *Description de l'Afrique* (Descrição da África) escrita por Leão, o Africano, e publicada na Itália e na França em 1565, apresenta provavelmente o quadro mais bem delineado das cidades, povos e portos magrebinos onde viviam berberes e árabes nas primeiras décadas do século XVI. O "País dos negros", que aquele erudito mal conheceu, aparece como uma miragem distante e imprecisa, rodeado de elucubrações e lugares-comuns da literatura árabe anterior (Épaulard, 1981, II: 461-485). O tempo forte do comércio saariano tinha passado. Perdera parte de sua importância diante do sistema de relações inaugurado no contexto da expansão europeia pelo litoral atlântico.

MERCADORES E POVOS DA FLORESTA

Na carta escrita em Touat, Antonio Malfante demonstra ter procurado descobrir a localização das áreas de extração do ouro, sem nunca ter obtido resposta, nem ele e nem pessoas que mantinham contato direto no "País dos negros". Um de seus informantes, após 14 anos no negócio, nunca vira ou ouvira nada certo sobre onde e como o ouro era extraído (Fauvelle, 2018: 261). Tempos antes, no Cairo, ao responder indagação similar do emir Abu al-Hasan, Mansa Musa manteve o silêncio, alimentando a imaginação ao afirmar que o metal era recolhido no verão, após as chuvas, no deserto ou na beira dos rios, das raízes de algumas plantas locais. Ele seria encontrado em uma região sob sua autoridade identificada como "País do ouro" (*Bilad Masafat al-Tibr*), que estava submetida ao pagamento de tributo. Seus habitantes são qualificados como *hamadj*, termo por vezes empregado para designar os não crentes no islã, os "infiéis" ou "pagãos". A seguir, Mansa Musa fornece uma explicação sobre o motivo da continuidade do paganismo: se pretendesse submetê-los, impondo-lhes a fé islâmica, o ouro diminuiria entre os conquistados e a exploração aurífera se deslocaria para outras terras em que vigorassem os antigos costumes dos tempos da idolatria (Cuoq, 1985: 272-273).

Com efeito, as áreas de exploração aurífera anteriores ao século XVI estavam situadas longe dos centros de poder político hegemônicos: nas proximidades do rio Gâmbia e do rio Falémé (minas de Gajaaga e Bambuk), em Burkina Faso (minas de Burém), às margens de rios e lagoas da Costa do Marfim e da atual República de Gana e, em menor proporção, em territórios dos atuais países de Guiné-Bissau, Serra Leoa, Benin e Nigéria. No período da hegemonia mandinga, as principais áreas de exploração aurífera estavam em terras dos povos falantes de língua akan – sobretudo na atual região de Abrem (Gana). O metal era extraído em filões encontrados dentro de cavernas, no subsolo ou em aluviões nos leitos dos rios. A julgar por informações retiradas de textos árabes, sua procura devia-se ao interesse externo, porque as populações locais atribuíam maior valor de uso e maior interesse pelo cobre. A julgar por estimativas gerais propostas por Raymond Mauny e Jean Devisse, a exportação oscilava entre 3.500 e 4.000 arrobas anuais, fornecendo grande parte das reservas minerais que iriam alimentar a economia mundial daquela época (Mauny, 1967: 294 e 304).

Nas últimas décadas, alguns projetos e missões arqueológicas envolvendo parcerias entre equipes de arqueólogos europeus, norte-americanos e africanos têm inovado os estudos sobre os povos ágrafos da floresta tropical ao estudar os vestígios materiais que atestam a existência de estruturas urbanas em toda a faixa intermediária entre a bacia do Níger e o Atlântico. Para o experiente arqueólogo Timothy Insoll (2003: 224), a similaridade da composição e forma das contas de vidro encontradas em Gao antiga e Gao-Saney produzidas nos séculos XI-XII, com aquelas encontradas nas escavações de Igbo-Ukwu, na Nigéria, no mesmo período, poderiam indicar que as comunidades sahelianas atuariam como distribuidoras na área situada mais ao sul da bacia do Níger (Insoll, 2003: 224). As muralhas de paliçadas de comunidades de língua igbo e yorubá anteriores ao século XV sugerem que os processos de urbanização da área florestal tenham produzido sociedades complexas e bem estruturadas, e o pesquisador Gerard Chouin (2013) argumenta que o abandono dos antigos sítios agora reencontrados pudesse de alguma forma estar associado com o impacto da peste bubônica na África, a partir de meados do século XIV. Por esta linha de raciocínio, seria possível estabelecer algum tipo de relação entre o que levou ao abandono das estruturas antigas da cidade yorubana de Ifé com o que levou ao abandono dos assentamentos antigos em Tadmekka, conforme indicado anteriormente a partir dos estudos do arqueólogo Sam Nixon (2009)? Tal hipótese decorre da admissão de que eles estivessem conectados às redes de comércio articuladas em sentido sul-norte até os mercados de distribuição das áreas sahelianas e saarianas.

Como quer que tenha sido, o certo é que entre os materiais de diversa natureza encontrados em sítios de área igbo-ukwu e yorubá referentes ao período entre os séculos XI-XIV, aqueles em maior quantidade e qualidade são contas de vidro de coloração azulada, esverdeada, avermelhada e amarelada, cilíndricas ou em forma de tubos, designadas na Nigéria como *koris* ou *akoris*. O valor simbólico e

Circulação de pessoas, ideias e bens entre o Magrebe, a bacia do Níger e a floresta tropical

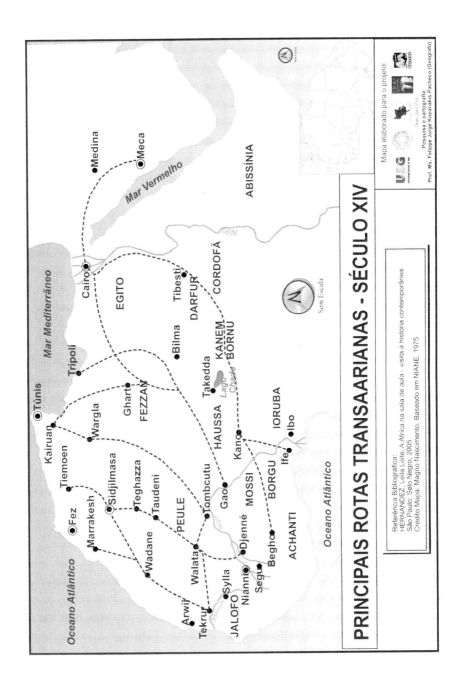

as funções diversificadas de miçangas feitas de pérolas e contas de vidro, por seu valor profilático e seu uso religioso, explicariam sua frequência no comércio transaariano e depois no comércio atlântico (Iroko, 1993). Encontradas em diferentes sítios, como a clareira de Olokun, nas circunvizinhanças da cidade de Ifé, por sua quantidade, qualidade e composição, tais evidências indicam, por um lado, os efeitos do comércio de longa distância e, por outro lado, a provável existência de um centro local de artesanato de vidro que seria negociado nas redes de comércio então existentes (Euba, 1982; Babalola, 2015).

Nos séculos XIV-XV, as portas de saída do ouro para o Deserto do Saara estavam sob controle político dos mansas do Mali, que impunham tributos sobre sua circulação. No período de apogeu desse Estado, as vias de passagem incluíam, no sentido sul-norte, Walata e/ou Tadmekka, Sdjilmasa e/ou Touat, para onde o metal era levado em pepitas ou em pó, junto com especiarias e outros bens no lombo de camelos. Nesses pontos de articulação das caravanas é que ele era fundido e renegociado com caravaneiros de diversa procedência e de diversa origem, do Egito, Magrebe e do próprio Bilad al-Sudan. Nessa perspectiva, as atividades mercantis estavam inseridas em um mundo bem ordenado, articulado aos fundamentos legais, éticos e morais da lei e da tradição muçulmana, a *xaria*, em sua versão oficial sunita (Vernet, 2013). Porém, poucos deram atenção ao papel dos africanos como intermediários ou protagonistas das atividades comerciais através das rotas saarianas, subestimando sua participação, conforme demonstrado em um estudo clássico de Paulo Fernando de Moraes Farias (2020). Um aspecto à primeira vista de menor importância, mas capaz de explicar as implicações e o alcance das dinâmicas internas africanas e da africanização do islã, diz respeito ao papel do karidjismo no Magrebe e na área sudanesa.

Roger Botte (2011) chama atenção para dois aspectos históricos das rotas transaarianas que ajudam a compreender a diversidade de seu funcionamento ao longo dos séculos: em primeiro lugar, destaca o papel das identidades familiares e/ou étnicas na formação e continuidade de caravanas – que estavam sob controle de mercadores de língua imazighen do grupo zanata e/ou sanhadja; em segundo lugar, sugere que se considere a identificação religiosa dos indivíduos pertencentes a essas redes familiares de comerciantes com o karidjismo, que deu origem a três grupos afro-muçulmanos muito influentes na área subsaariana: os ibaditas, mais numerosos e mais moderados em suas convicções de fé; os nukharistas (renieurs), que difundiram suas crenças a partir da cidade argelina de Tahert no período de governo da dinastia dos rustêmidas (séculos VIII-IX); e os sufritas, que se projetavam abaixo do deserto a partir de Sdjilmasa. Eram esses grupos sem qualquer compromisso com formas centralizadas de governo ou com ideologias unitaristas, ligados às tradições "tribais", que se envolviam em negócios com os judeus do Magrebe central e em meio ao Saara, ampliando o espectro de relações sociais e econômicas fora de interferências estatais.

As implicações da presença do karidjismo na África não devem ser subestimadas. Sua influência foi além dos séculos VIII-X, onde os(as) pesquisadores(as) costumam considerá-la fator de inspiração política das elites imazighen que governavam Tahert, na atual Argélia. O karidjismo é um movimento difuso, porém muito antigo e resistente na história do islã. Tem sua origem no Oriente Médio da metade do século VII, durante o período de formação do califado Omíada. Trata-se de um movimento de dissidência em face dos poderes estabelecidos, algo que se revela na própria denominação de seus adeptos: karidjitas, do árabe *khawarij*, os que se cindiram, os que se separaram. Ao rejeitar a legitimidade das linhagens que governavam o califado, os karidjitas consideravam que qualquer pessoa estaria apta a ocupar o governo desde que tivesse moral ilibada e manifestasse piedade religiosa. Esse caráter contestatário refletiu ao longo do tempo na recusa dos adeptos do karidjismo aos poderes centralizadores dos estados islâmicos, e muitos grupos, como os ibaditas, encontraram espaços de atuação longe dos centros de autoridade do poder califal, de emirados e sultanatos – como ocorreu, a partir do Magrebe, no Sahel, na bacia do Níger (Triaud, 1973: 207-213) e mesmo além, na região da floresta tropical do litoral atlântico.

Na medida em que, nos séculos XIII-XV, novos poderes foram constituídos no Magrebe e na bacia do Níger, o modelo preferencial das elites africanas tendeu a ser a tradição muçulmana maliquita difundida pelas escolas corânicas. Entende-se por aí a existência de uma conexão entre a circulação de bens materiais na rota entre Tlemcen-Touat-Tombuctu, que se afirmou a partir do século XV, e a difusão do maliquismo, através de obras e/ou do ensino de eruditos originários do Magrebe, formados em Fez, Túnis ou Tlemcen, ou na própria bacia do Níger, nas escolas corânicas de Tombuctu, Gao e Kano – no Sudão Central.

Ao que parece, um dos primeiros pesquisadores a perceber o alcance da africanização do islã nos diversos cenários abrangidos pelas circulações através do deserto e da bacia do Níger foi o antropólogo francês Pierre-Philippe Rey (1998). Em sua interpretação, os diferentes projetos, maliquita e ibadita, difundidos por comunidades em processos concorrentes de islamização, correspondiam, no plano político e social, a distintos modos de organização comunitária: o primeiro deles, vinculado a poderes englobantes, mais propenso a formas de centralização e unificação da fé, tendia a se impor por meio da guerra; o outro, mais propenso a interações com a organização tradicional dos povos berberes, tamaxeque e do próprio Bilad al-Sudan, não era sustentado por instituições de tipo estatal, mas alimentava-se em laços estabelecidos pelo parentesco, pela linhagem, pelo clã.

No que concerne especificamente aos processos observados na bacia do Níger, a afirmação do islã em seu viés maliquita ocorreu no período de apogeu do antigo Mali e no período de criação e desenvolvimento do Songai, e esteve ligada ao trabalho de formação intelectual, política e religiosa das madraças – as escolas corânicas. Ao mesmo tempo, verifica-se o gradual deslocamento e fixação de mercadores e líderes religiosos ibaditas para áreas periféricas situadas na região da floresta guineense, sobretudo a partir da cidade de Djenê – ela própria um centro intelectual que contou com a presença de grandes mestres ibaditas, como o sábio Mohammed

Baghayogo (1523-1593) (Cissoko, 2006: 211-212). Encontrar-se-ia, aqui, a relação entre tais formas religiosas dissidentes e a atuação de mercadores mandingas conhecidos como wangaras e/ou diúlas, a quem coube o contato direto com os povos "pagãos", qualificados como *lamlam*, termo que evocava a idolatria e o canibalismo nas áreas de exploração do ouro e de fornecimento de escravos (Ba, 2013; Hunwick, 2005: 114-115).

Em Djenê, uma das mais importantes cidades mercantis, o fluxo de mercadorias e pessoas era feito na direção da floresta, para onde os mercadores wangara/diúla levavam o sal e outros objetos em pirogas, em lombos de asnos ou nos ombros de escravos. Essas mercadorias seriam oferecidas em troca de ouro, escravos e noz-de-cola obtidos em comunidades que serviam de ponto de contato comercial com os povos da floresta. Entre tais povoados associados à expansão comercial dos wangara/diúla podem-se apontar Bitu (Bitou), Bonduku, Bobô-Dialossu e Kong, que ganhariam maior dimensão nos séculos seguintes desde os atuais Burkina Faso até a Costa do Marfim (Wilks, 1982; Terray, 1971; Meillassoux, 1971; Brooks, 1993: 68-69). Logo elas passaram a abrigar maior e mais variado número de pessoas vindas de outros locais, falantes do grupo linguístico akan, que se envolveram em atividades comerciais na direção do litoral atlântico, tornando-se parceiros dos negociantes europeus.

Apenas nas últimas décadas, tais interações, trocas econômicas e culturais intra-africanas têm recebido gradual atenção dos especialistas. Há que se reconhecer o caráter pioneiro das investigações levadas a cabo pelo pesquisador inglês Georges E. Brooks, que, na contracorrente do que era estabelecido pela historiografia africanista, atribuiu valor aos processos e dinâmicas endógenas de longo alcance, mantidas desde o século XI entre agentes do interior do continente (mercadores wangara, artesãos e ferreiros soninquê de língua mandê) e os povos do litoral atlântico – propondo uma interpretação das interações africanas a partir do modelo da reciprocidade baseada na troca de presentes e direitos de exploração entre comunidades locais e grupos adventícios, modelo que ele designou como "senhores da terra-estrangeiros" (1993: 59-73). Controlando o comércio do sal, tecidos, escravos, contas de vidro e noz-de-cola, ou servindo de intermediários no escoamento de artigos negociados junto aos mercadores árabe-berberes das rotas do Saara, no século XVI os diúlas e/ou wangaras atuavam em redes bem estruturadas e circulavam pela África Ocidental, atuando como fornecedores de grupos mercantis locais, entre os quais os jakhanké (djakhanké) do rio Gâmbia, os nominka (niominka) da região de Sine-Salum (Senegal), os bainuk e beafada dos rios da Guiné, os bobo e diúla do atual Burkina Faso (Triaud, 1973: 204; Kane, 2010-2011: 61-64).

A ação e a influência social dos mercadores wangara-diúla e o deslocamento de difusores do islã rumo ao litoral levaram a que, nos últimos tempos, o antropólogo alemão Andreas Massing (2000) advogasse a ideia da existência de uma "diáspora soninquê" na origem ou reforço de identidades africanas reconfiguradas na Costa do Ouro, Guiné e Senegâmbia dos séculos XVI-XVIII. Foram esses mercadores e homens de religião que, no período inicial da chegada de europeus na costa atlântica africana, atuaram como seus parceiros ou seus concorrentes (Brégand, 1998: 34-46; Sanneh, 2016: 78-80). Eles aparecem nomeados no *Manuscrito Valentim Fernandes*, redigido em Lisboa entre 1508-1510, como "ungaros", e Tombuctu (Tambuctu) é mencionada no *Esmeraldo de Situ Orbis*, escrito em 1508 pelo navegador e oficial Duarte Pacheco Pereira. Eram parceiros comerciais dos agentes da monarquia lusitana que na ocasião controlavam a fortaleza de São Jorge da Mina, no litoral atlântico (Macedo, 2018).

Não significa, porém, que os referidos mandingas tenham se fixado em Bitu e em Bonduku e abandonado o interesse ou os contatos com suas terras de origem na curva do Níger, ou que tenham deixado de participar dos fluxos comerciais, sociais e culturais das rotas transaarianas. A capacidade de circular entre diferentes ambientes e contextos parece explicar o surgimento de famílias influentes do litoral atlântico africano, como os Niakaté, os descendentes das famílias Saghanogho e da família Baghayogo – estabelecidas na atual Guiné (Massing, 2004: 907-908). No final do século XVI, o capitão luso-africano André Álvares de Almada, experiente negociante que frequentara a embocadura do rio Gâmbia durante a década de 1580 testemunha o alcance dessas redes que se projetavam para o interior do continente, às quais os negociantes europeus não tinham acesso. Ali, ele e outros trocavam com os mercadores mandingas cavalos, tecidos, contas de vidro, búzios, manilhas e artefatos de cobre por ouro vindo de Tombocutum (Tombuctu) (Brásio, 1964: 48-49; Farias, 2020: 347-351) – a localidade já lendária, que se tornara uma imagem distante rodeada de mistério nas margens atlânticas da África e que, em médio prazo, entraria para nunca mais sair do sistema-mundo criado pelas elites europeias.

CONSIDERAÇÕES FINAIS

O objetivo principal deste capítulo foi o de fornecer uma visão de conjunto das redes, áreas de contato e grupos econômicos, políticos e religiosos envolvidos em contatos através do deserto, das savanas e da floresta tropical. Como toda descrição introdutória ela contém generalizações sobre as inúmeras sociedades, ambientes e contextos particulares evidenciados, e o seu mérito, se ele existe, é o de tentar fornecer uma visão de conjunto com perspectivas diversas do que costuma ser proposto para apresentar a história das relações comerciais na África Ocidental no período anterior ao contato com os europeus.

Mais preocupados(as) com as conexões intercontinentais, os(as) pesquisadores(as) tenderam a apresentar as dinâmicas saarianas a partir de perspectivas alheias aos interesses das sociedades do continente. Thomas Vernet (2013: 25-27) tem razão em sua avaliação crítica ao afirmar que, no fundo, a história das sociedades saelianas foi e continua a ser vista a partir do norte, de uma perspectiva árabe-berbere e das cidades caravaneiras do Sahel setentrional e apenas em poucos casos, desde algumas grandes cidades situadas ao sul, como Tombuctu e Djenê, com seus mercadores, letrados, missionários e parceiros comerciais. Ao direcionar o olhar mais para o sul, além da cidade de Djenê, o que se pretendeu foi identificar, nas brumas do passado e nos silêncios da história, outros atores que acionavam os mecanismos de funcionamento da circulação das riquezas minerais em todas as direções da África Ocidental.

Além disso, ao incluir os "povos da floresta" nas dinâmicas trans-saarianas, o quadro resultante permite que se reavalie a maneira pela qual os compêndios de História explicam o protagonismo europeu no contexto da expansão marítima do século XV. Naquelas narrativas, tem-se a impressão de que o continente africano fosse um espaço vazio, desprovido de iniciativa histórica. Conquanto não se deva negar que tenha ocorrido a médio e a longo prazo transformações estruturais que levariam à constituição do sistema-mundo moderno e ao gradual enfraquecimento das dinâmicas endógenas apontadas neste capítulo, não seria o caso de problematizar a ideia, de resto absolutamente eurocêntrica, de uma expansão unilateral da costa atlântica da África Ocidental? Não seria também o caso de considerar, a partir dos contextos e processos aqui apresentados, a coexistência de uma expansão comercial portuguesa e de uma expansão comercial mandinga na formação do mundo atlântico?

Cor, etnicidade e escravidão no *Mi'raj al-Su'ud*, de Ahmed Baba de Tombuctu

> *"O negro que aceita a sua raça*
> *é um bom negro, mas se esquecer*
> *a nossa queda... esquece-se de si."*
>
> Stanislas Adotevi

Na década de 1990, alterações de diversa ordem afetaram a estabilidade dos Estados-nações criados no bojo da descolonização, muitos deles organizados em torno de partidos únicos ou governados por déspotas, populistas e ditadores, pondo a nu contradições internas, escândalos de corrupção e evidenciando de modo mais direto a importância dos setores da sociedade civil para a consolidação de regimes políticos baseados na livre expressão e em princípios democráticos. Os reflexos de tais mudanças também se fizeram sentir nas escolhas e posições dos pesquisadores das Ciências Sociais e da História, cuja independência e posicionamento crítico fizeram aumentar a distância entre a produção intelectual e os interesses dos Estados-nações, e um maior alinhamento do conhecimento com as realidades sociais.

Quem melhor esboçou o quadro geral das transformações operadas no modo de fazer história pelos historiadores profissionais da África Ocidental foi Mamadou Diouf. Para ele, a maior aproximação com os interesses coletivos, locais, da sociedade civil forçou os pesquisadores a repensarem o seu lugar e o seu papel na sociedade. A homogeneidade e a linearidade dos discursos anteriores, em geral vinculados ao ideário nacional, ao enaltecimento dos líderes da resistência ao colonialismo, aos fundadores da nação e à glorificação dos grandes Estados do passado, cederam lugar à problematização e tensionamento das versões "oficiais", em que a história era escrita "sem nós, e contra nós" (Diouf, 1999: 120).

O evento que melhor expressa esse deslocamento do ângulo de interpretação foi o III Congresso da Associação de Historiadores Africanos (AHA), realizado em Bamako no ano de 2001. Alguns trabalhos nele apresentados, em tom de crítica e revisão historiográfica, apontavam os limites e/ou silêncios das publicações da historiografia africanista produzida nos anos 1960-1980 sobre pontos sensíveis das hierarquias e desigualdades sociais das sociedades africanas antigas. No que se refere, por exemplo, aos povos e sociedades sudanesas dos séculos VIII-XVI, eis a avaliação do então jovem historiador Ibrahima Thioub:

> Nos trabalhos consagrados pelos historiadores africanos ao estudo de Gana, Mali e Songai, a existência da escravidão doméstica é assinalada e o seu papel central nos sistemas sociais, mencionado, mas no geral o seu estudo sistemático não aparece ou não recebe a devida atenção. Em *L'Empire du Mali* [O Império do Mali], Madina Ly Tall dedica menos de uma

> página para falar da presença de escravos de origens diversas a serviço do mansa. Em *Tombouctou et l'Empire Songhay* [Tombuctu e o Império Songai], Sekené Mody Sissoko estima que os escravos constituíam a maioria da população, cada família possuindo escravos recebidos dos áskias, que os receberam de Sonni, que os tinha subtraído aos mansas do Mali. Mas esse peso demográfico e econômico da população servil não mereceu da parte do autor mais do que duas páginas na obra. (Thioub, 2005: 275)

Em conformidade com os dilemas e desafios que se apresentam a essa produção historiográfica africanista recente, o tema a ser desenvolvido neste capítulo diz respeito ao debate sobre as formas de escravização e de hierarquização social na área subsaariana nos séculos XVI-XVII, durante o período de existência do Estado Songai, e aos fundamentos jurídicos da tradição erudita muçulmana acerca do aprisionamento e da remissão de cativos. A fonte de estudo é um tratado de jurisprudência composto por Ahmed Baba, um respeitado conhecedor do direito muçulmano da cidade de Tombuctu. Conforme se verá, o debate contido no documento diz respeito, de um lado, ao vínculo entre escravização e tráfico comercial, e, de outro, a formas específicas de sujeição mais ou menos enfatizadas pelo autor do texto jurídico que será estudado.

Para compreender a dimensão histórica da relação entre escravização, racismo e a elaboração de um sistema discursivo antinegro, que constitui um dos mais sólidos pilares do pensamento racista moderno e contemporâneo, recorremos às proposições teóricas do afro-cubano Carlos Moore, segundo as quais: 1) o racismo não é um fenômeno intrínseco ao capitalismo, mas já estava alojado em práticas sociais anteriores difundidas em várias partes do mundo, concebidos como protorracismos; 2) este fenômeno não decorre de outros componentes da organização social, mas goza de notável autonomia e capacidade de retroalimentação em diferentes sociedades; 3) em diversos contextos temporais e espaciais, há evidências de que existiu, em maior ou menor grau, um sentimento difuso, opaco ou, em alguns casos, mais explícito, de cunho racial antinegro; 4) o racismo se constituiu como fenômeno histórico específico, sendo mais do que uma ideologia da modernidade, e se desenvolveu em torno da luta pela posse e preservação monopolista dos recursos vitais da sociedade:

> A função do racismo é de blindar os privilégios do segmento hegemônico da sociedade, cuja dominância se expressa por meio de um *continuum* de características fenotípicas, ao mesmo tempo que fragiliza, fraciona e torna impotente o segmento subalternizado. A estigmatização da diferença com o fim de "tirar proveito" (privilégios, vantagens e direitos) da situação assim criada é o próprio fundamento do racismo. Esse nunca poderia separar-se do conjunto dos processos sistêmicos que ele regula e sobre os quais preside tanto em nível nacional quanto internacional. (Moore, 2007: 284)

A *FATWA*, O AUTOR E O CONTEXTO

O tratado de jurisprudência a ser examinado, datado de 1614-1615, denomina-se *Mi'raj al-Su'ud: aywibat Ahmad Baba hawla l-Istirqaq*. Ele encontra-se preservado em seis cópias manuscritas (em Niamey, Nouakchott, Rabat, Paris, Tariqrut e Tombuctu), sendo divulgado em traduções em francês e inglês. A versão inglesa propõe como tradução do título *Miraj al-Su'ud: Ahmad Baba's Replies on Slavery* (Escala para chegar à sentença: respostas de Ahmed Baba sobre a escravidão) (Hunwick e Harrak, 2000). Já em uma versão traduzida ao espanhol inserida como anexo em uma tese de doutorado, o título aparece como *Escala para llegar a la sentencia sobre la esclavización de los negros o explicación y aclaración de las distintas clases de cautivos en el Bilad al-Sudan* (Escala para chegar à sentença sobre a escravização dos negros ou explicação e esclarecimento das distintas classes de cativos no Bilad al-Sudan) (Novo, 2011: 249).

O seu autor, cujo nome completo era Abu al-Abbas Ahmed ibn Ahmed al-Takruri al-Massufi al-Tinbukti (1556-1627), nasceu em

Arouan, comunidade situada na região de Macina, na beira do Níger. Pertencia a uma linhagem de eruditos e líderes locais de língua imazighen, sendo identificado do ponto de vista étnico ao grupo berbere dos sanhadja. É lembrado pela posteridade como o mais destacado erudito de Tombuctu. Seu apego pelos livros, pelas sutilezas da teologia e do direito muçulmano e pelos diferentes campos de conhecimento que integravam a formação erudita logo o distinguiram no cenário intelectual, de modo que, quando tinha cerca de 30 anos de idade, sua reputação já se estendia para muito além da região sub-saariana (Wise, 2012). Eis como ele aparece retratado no *Ta'rikh al-Sudan* algumas décadas após o seu falecimento:

> O jurisconsulto, o sábio, o muito douto, joia de sua época e único em seu tempo, o homem remarcável em todos os ramos da ciência, Abu l-Abbas-Ahmed-Baba [...] demonstrou o maior zelo e a mais viva inteligência desde o início de seus estudos, de sorte que foi além de seus contemporâneos, ultrapassando-os muito em conhecimento... Todos os doutores das grandes cidades reconheciam sua superioridade em matéria de *fatwa*. Ele tinha um senso rigoroso de justiça mesmo em relação aos mais humildes dos homens; e não dissimulava jamais o que era justo, nem diante de emires ou sultões. (Houdas, 1900: 56-57)

Essa apreciação geral sobre o valor de sua obra e de seu perfil intelectual encontra confirmação na posteridade. No contexto das emancipações africanas, nas décadas de 1960-1970, Ahmed Baba entrou para o panteão dos grandes nomes do passado africano, sendo considerado "um dos personagens mais representativos da inteligência negra no alvorecer dos tempos modernos" (Kaké, 1966). Segundo Nsame Bongo, teria sido um "mestiço racial e cultural" por sua origem berbere e sua vivência no Sudão, e um teorizador da justiça social, um defensor da dignidade e da liberdade humana ao proclamar que todo muçulmano (indivíduo ou grupo) tornava-se livre por sua crença. Esse princípio renderia todos os muçulmanos intocáveis e sagrados uns para os outros: "Assim se torna selado entre eles um pacto tácito de paz e de unidade, fundado na identidade de sua fé" (Bongo, 2000: 273).

A reputação de Ahmed Baba devia-se ao volume de obras de sua autoria, cujo número é superior a 56 títulos, conforme o levantamento proposto pelos seus biógrafos (Zouber, 1977: 189-190). Algumas obras circularam através das redes intelectuais saarianas, sendo lidas e comentadas pelos mestres aos seus estudantes (talibés) em todo o Magrebe e mesmo no Egito. É o caso do *Tekmilet al-Dibadji*, composta em 1596, na qual se encontra um extenso repertório biográfico de "homens santos" e ulemás e o compêndio de livros considerados essenciais para a formação de um letrado muçulmano, além da apresentação sumária das principais questões em matéria de teologia e direito de acordo com a interpretação da escola maliquita (Cherbonneau, 1854).

O texto do *Mi'raj al-Su'ud* pertence ao conjunto de obras da segunda fase da produção intelectual de Ahmed Baba, posterior ao período de seu exílio no Marrocos.

No último quartel do século XVI, as pretensões marroquinas sobre áreas e comunidades situadas na parte ocidental do Saara, sobretudo as áreas de exploração do sal em Tagaza, integradas aos domínios dos governantes do Estado Songai, geraram um crescente clima de tensão diplomática e a disputa terminou em conflito armado na Batalha de Tondibi, ocorrida em 1591. Com a vitória marroquina e a consequente ocupação das principais cidades sudanesas, a administração passou ao controle dos paxás da linhagem dos Arma, que governou em Tombuctu a serviço dos sultões da dinastia saadiana e alavita do Marrocos até meados do século XVIII (Dramani-Issifou, 1982).

A família Aqit, a que Ahmed Baba pertencia, controlava o governo de Tombuctu desde a tomada de poder do Estado Songai pelos áskias de Gao. Compreende-se que tenha partido de integrantes dela os movimentos de resistência e rebelião nos primeiros tempos da conquista marroquina. A medida tomada pelos conquistadores para neutralizar sua influência foi mandar prendê-los e desterrá-los em

Marrakech, que na ocasião era a sede do governo dos sultões marroquinos. Em 1594, junto com cerca de 70 outras pessoas da elite intelectual ou do governo local, ele foi aprisionado e levado ao Marrocos, onde permaneceu na condição de exilado até 1608. Nos primeiros três anos, viveu como prisioneiro, depois foi autorizado a sair da prisão mediante a condição de não retornar à sua terra. Passou então a ensinar na madraça da Mesquita de Jami 'al-Shurafa', em Marrakech, onde também atendia a consultas jurídicas, atraindo a atenção de discípulos e admiradores (Hunwick, 1957: 324-325).

Essas conexões com o cenário magrebino, além de sua notoriedade como erudito e seu conhecimento do Bilad al-Sudan, explicam a escolha de seu nome para servir como consultor jurídico em matérias que envolviam o comércio de escravos sudaneses, que é sobre o que trata o documento aqui apreciado. Com efeito, o *Mi'raj al-Su'ud* insere-se em um gênero de literatura jurídica muito difundido no islã, a literatura das *fatwa*, textos de jurisprudência destinados a comentar, explicar e interpretar situações diversas a partir das determinações da *fiq*, a lei muçulmana. Era muito frequente que essas consultas jurídicas fossem endereçadas a doutores da lei eminentes (faqis; ulemás) do Magrebe no período anterior ao texto de Ahmed Baba, conforme se poderá ver, por exemplo, na coletânea conhecida em tradução como *A pedra de toque dos fatwas de Ahmed al-Wanscharisi*, do final do século XV, em que se pode encontrar explicações legais acerca de ocorrências as mais variadas, como as implicações da convivência com os "infiéis" e a obrigação da jihad, o casamento entre "fiéis" e "infiéis"; o modo de proceder em relação a direitos familiares, sucessão e herança, entre outros assuntos (Amar, 1908).

Formalmente vinculada a esse gênero da literatura jurídica, a *fatwa* de Ahmed Baba apresenta, contudo, uma particularidade. O assunto principal tratado por ele e seus interlocutores gira em torno da escravização de pessoas originárias do Bilad al-Sudan. Os pedidos de esclarecimento são encaminhados por dois doutores da lei da região do Oásis de Touat, no sudoeste da atual Argélia, de quem se sabe apenas os nomes: Said ibn Ibrahim al-Yirari e Yusuf ibn Ibrahim ibn

Umar al-Isi – este último poderia ter sido um de seus alunos durante o exílio em Marrakech. As perguntas são formuladas de acordo com o modelo usual, mas as respostas dadas a elas vão além da jurisprudência, incluem dados sobre os costumes dos povos mencionados e ao fazê-lo Ahmed Baba confere ao *Mi'raj al-Su'ud* valor etnográfico (Novo, 2010: 81).

DOUTRINA ISLÂMICA E ESCRAVIDÃO MERCANTIL NO *MI'RAJ AL-SU'UD*

Todo o conteúdo da obra gira em torno do estatuto de certas pessoas, alegadamente islâmicas, deslocadas na condição de escravas para os mercados de escravos de Touat. Muitas delas, segundo os interlocutores, reclamavam sua liberdade por já serem muçulmanas quando foram reduzidas em cativeiro. De maneira geral, as questões tratadas no *Mi'raj al-Su'ud* dizem respeito ao: 1) vínculo dos locais de captura no Bilad al-Sudan com a predominância, ou não, do islã; 2) obrigatoriedade, ou não, por parte dos proprietários, de proceder a uma investigação prévia para descobrir a identidade religiosa dos(as) cativos(as) adquiridos(as) em Touat; 3) atitude moral dos proprietários em face das alegações de cativos(as) sobre pertencerem ao islã quando foram reduzidos(as) em cativeiro; 4) existência de escravos e da escravidão de abissínios nos tempos iniciais do islã; 5) validade do argumento segundo o qual a escravidão dos negros adviria da "maldição de Cam" e, por extensão, lugar dos negros na comunidade muçulmana (Hunwick e Harrak, 2000).

A maneira como a erudição moderna interpreta as respostas dadas por Ahmed Baba a essas questões tende a ser de admiração por sua capacidade retórica e seu conhecimento formal das sutilezas da lei corânica. Segundo alguns escritores do período colonial francês, como Ernest Zeys, ele teria oferecido respostas para cada uma das questões, baseando suas opiniões em argumentos de fato e de direito, "com grande luxo de citações do Corão, aos tradicionalistas, aos conhecedores célebres da história, como Ibn Khaldun, aos jurisconsultos de renome" (Zeys, 1902: 123).

Na atualidade, os posicionamentos do ulemá de Tombuctu são vistos com menos entusiasmo pela crítica. De fato, ao ler suas respostas, uma constatação que se impõe é a de que o grande volume de remissões e citações de juristas e conhecedores do islã na maior parte das vezes não é seguido de um posicionamento pessoal. A resposta recorrente por ele oferecida aos ulemás de Touat é a de que só a impiedade, a infidelidade aos preceitos do islã, poderia justificar a escravização, desde que o indivíduo em causa não estivesse sujeito ao pacto (sulh) ou *dimma* (proteção mediante pagamento de tributo). Todo e qualquer muçulmano que se tivesse entregado ao islã não poderia ser capturado (Hunwick Harrak, 2000: 23). Essa solução, correta e precisa do ponto de vista formal, deixava contudo em aberto uma série de brechas legais que poderiam ser instrumentalizadas a serviço dos que praticavam a escravização, conforme se verá adiante.

As motivações que levaram os juristas afro-muçulmanos aqui considerados a debater tais assuntos obrigam-nos a refletir sobre a dimensão assumida pela escravização na área subsaariana antes e depois do apogeu dos Estados Mandinga e Songai da bacia do Níger. Desde o século XIII, que coincide com a ascensão do Mali como formação estatal englobante, e sobretudo durante o período de hegemonia política da formação estatal Songai, o comércio de pessoas escravizadas esteve intrinsecamente ligado ao processo de afirmação do islã.

Quando Ibn Battuta visitou a corte de Mansa Suleiman (1352-1353), a presença de populações escravizadas no Saara, Sahel e na borda nigeriana era vista por ele com (para nós, estranha) naturalidade. Não lhe causou qualquer estranhamento que, nas minas de sal de Tagaza, a extração fosse feita por escravos dos povos massufa que habitavam aquela comunidade; na corte do Mansa, ele identificou 300 escravos eunucos vindos do Egito a atuar na guarda pessoal do soberano; no retorno de sua viagem, recebeu de presente ou comprou criados para o seu serviço pessoal, inclusive um jovem rapaz que afirmava continuar com ele no momento em que narrou sua viagem ao Mali, e uma mulher que não o agradou – devolvida ao vendedor e trocada por outra (Cuoq, 1985: 316 e 318).

Em conhecido estudo, Claude Meillassoux examinou em detalhe os mecanismos de funcionamento da escravidão na área saheliana antes do século XIX. A circulação contínua de cativos(as) através das rotas demonstra que o fenômeno tinha alcance extracontinental e que sua continuidade dependeu da existência de Estados militarizados integrados a redes de ligação entre o Sudão e o Magrebe, que retiravam o seu prestígio e poder da capacidade de mobilização de numerosos contingentes militares, de organizar e deslocar tropas, de atacar inimigos e realizar raides contra adversários (Meillassoux, 1995: 39-41). Naqueles Estados, tornou-se frequente dirigir tais ataques e predações contra grupos desvinculados de relações de parentesco e aliança, e com os progressos do islã a justificativa ideológica tendeu a ser a idolatria, o paganismo (Lovejoy, 2004: 12-13; Fisher e Fisher, 1970: 18-19).

É provável que todas as caravanas que percorriam o deserto em sentido sul-norte levassem consigo certo número de escravos, porque na própria viagem os(as) cativos(as) eram usados(as) como carregadores(as). Tal prática, mencionada por al-Yacub como tendo existido no princípio do século IX nas rotas entre Zawila e Kawar, foi se projetando para toda a área subsaariana. O fluxo de carregadores(as) era contínuo entre os trechos do deserto que ligavam o Chade à Líbia e o Chade ao Egito, no Sudão Central, e que ligava as cidades mercantis do Sudão Ocidental (Awdaghost, Gao, Tombuctu) às do Marrocos e Argélia (Giri, 1994: 97-100).

O número de prisioneiros(as) revendidos às caravanas apresenta alguma regularidade: na metade do século XIV, a caravana em que Ibn Battuta retornou do Mali até o Marrocos levava consigo 600 mulheres escravizadas; na metade do século XVI Abdelouassi al-Mesarati, mercador originário da Tripolitânia estabelecido em Gao, tentou negociar 500 cativos(as) em troca de 5 mil meticais em ouro na corte de áskia Daúde (Houdas e Delafosse, 1913: 193); informações recolhidas por um explorador francês em 1853 indicam que uma caravana que se deslocava do Bornu a Morzouk levava entre 400 e 500 pessoas, na maior parte jovens meninas e meninos com idade inferior a 12 anos (Mauny, 1967: 378). Na ausência de documentação com informações detalhadas e precisas, as estimativas, muito gerais e discrepantes, oscilam entre resultados que variam entre 700 mil, 900 mil e mesmo 2 milhões de pessoas traficadas em cada século, o que, seja qual for a resposta, representa uma verdadeira sangria humana também nesta parte do continente (Mauny, 1967: 379; Lovejoy, 2002: 108-109; Giri, 1994: 100-101).

Em livro recente Michael Gomez avalia alguns aspectos diferenciais desse processo contínuo que levou a uma escravidão mercantil em massa através do deserto. O tráfico transaariano de cativos(as) produziu ao longo dos séculos certa homogeneização racial, criando uma associação entre a prática da escravização e certa espacialização ao vinculá-la ao "País dos negros". Através do filtro religioso, "sudan" tornou-se designativo genérico de "negro" e de "escravo". Na medida em que a preferência dos negociantes recaía nas mulheres (jawari) e em jovens (fityan), ao caráter racial somava-se uma tendência à erotização e hipersexualização de homens e mulheres negros africanos, que se tornaram alvo de estereótipos ligados à selvageria, ignorância e licenciosidade (Gomez, 2018: 51-54).

Alguns trabalhos dedicados ao estudo dos componentes ideológicos do vocabulário social empregado pelos autores dos textos de geografia árabe revelam particularidades significativas na elaboração de perspectivas racializadas desde o modo de nomear as populações de áreas não identificadas com a comunidade muçulmana, qualificadas como *Bilad al-kufr* ("País dos pagãos"). Nas lógicas mentais que orientavam o enquadramento geográfico nesses textos, os povos não islamizados aparecem mencionados pelos designativos genéricos de *dahdam, yamyam, damdam*, e com mais frequência como *lamlam*. Vistos como selvagens e exóticos, os olhares etnocêntricos e estereotipados associavam-nos à idolatria e à antropofagia (Ba, 2013).

Encontra-se na *Description de l'Afrique* (Descrição da África) de Leão, o Africano, uma eloquente síntese da visão depreciativa daquela parte do mundo na metade do século XVI em textos árabes e ocidentais, onde o grau de humanidade era medido pela cor da pele. Nesse momento, a tez negra já era tida como fator de inferiorização. Paralelamente aos conhecimentos livrescos, parte das impressões deste erudito marroquino posto a serviço do papa Leão X de Médici provém de uma experiência de sua infância, quando ele ainda muito jovem acompanhou o pai em uma missão diplomática em Tombuctu no ano de 1505. Mas sua opinião geral é a de que na "Terra dos negros", como ele designa, "os homens vivem como bestas, sem reis, sem senhores, sem repúblicas, sem governos, sem costumes" (Épaulard, 1981, II: 461). No Songai, os indivíduos "são muito negros e vis, mas muito amáveis, sobretudo com os estrangeiros" (Épaulard, 1981, II, 464). Mesmo um alto representante, o áskia de Kabara, chamado Pargama, a que Leão pretende elogiar, tem sua cor colocada em destaque como elemento restritivo: "era um homem muito negro, mas de grande valor por sua inteligência, e muito justo" (Épaulard, 1981, II: 470). Assim, as lógicas mentais que dão suporte ao texto encontram-se atravessadas por critérios de distinção racial.

Tudo leva a crer que, com o desenvolvimento da escravidão comercial transaariana, tivesse ocorrido em paralelo um gradual processo de racialização em que a distinção de cor se tornou marcador social predominante e fator de depreciação social. Já em meados do século XIV, momento de apogeu do antigo Mali, o marroquino Ibn Battuta demonstra sua autoidentificação como pessoa de cor "branca" (bidan), e em diversas passagens manifesta desagrado em relação aos costumes, comportamentos e atitudes das pessoas "negras" (sudan), ou então porque as considera arrogantes, mal-educadas, de quem não se devia esperar "nada de bom" (Cuoq, 1985: 294, 301). Não se tratava, ao que parece, de opinião individual: no Marrocos, a brancura era mais do que um indicativo de cor; simbolizava poder, pureza, e orientava os códigos e rituais dos sultões da dinastia merínida, que a adotaram como a cor oficial da monarquia. Por isso, branca era a cor de seu estandarte, de sua vestimenta em cerimônias, e a sua própria sede de governo, fundada em 1276

Desenho de um habitante da bacia do Níger, livremente inspirado em traços descritos no relato de viagem de Ibn Battuta.

em Fez recebeu o nome de Makhzen, sendo conhecida como "Fez, a branca" (Gubert, 2017).

As pesquisas de Bruce Hall oferecem uma contribuição significativa ao assunto, pois demonstram as nuances raciais e de cor na região situada ao sul do Saara antes do século XIX – quando ela tendeu a ser considerada de modo homogêneo como essencialmente "negra". Nesses paradigmas raciais que se poderia qualificar como endógenos, os modelos árabes-muçulmanos foram aos poucos sendo evocados pelas elites locais imazighen e tamaxeque para sua diferenciação e afirmação. Mesmo na região da bacia do Níger, cujas populações são em maior parte de pele escura, pelo menos a partir do período Songai, islamização e arabização tiveram conexões com uma valorização da brancura. Na língua songai, por exemplo, o adjetivo empregado para fazer alusão à cor "preta" (*bibi*) passou a ser usado para designar pessoas de baixa extração, camponeses ou escravos (*gaa-bibi*; *har-bibi*; *gabibi*), enquanto o adjetivo empregado para designar a cor "branca" (*korey*) tendeu a servir de designação para pessoas de alta posição na sociedade ou no governo, como as que integravam o grupo dos professores que lecionavam na principal mesquita de Tombuctu, Sankoré, de *san* + *korey*, que significa, literalmente, "mestres brancos", "professores brancos" (Hall, 2005: 341).

A essa tendência gradual de racialização, ligada ao fluxo contínuo de cativos através das rotas comerciais, soma-se um fator agravante na passagem do século XVI para o XVII, após a conquista de Songai pelos marroquinos. A consequência imediata da conquista foi um extraordinário aumento do número de cativos e do volume de ouro deslocado para o litoral mediterrânico. Entre 1593-1594, no mesmo período da prisão e transferência de Ahmed Baba a Marrakech, o paxá Mahmud enviou ao sultão al-Mansur mais de 1.200 pessoas escravizadas de ambos os sexos, 40 cargas de ouro em pó e 4 selas de ouro fino, o que levou alguns idealizadores da monarquia a afirmar que, por causa disso, aquele sultão ficou lembrado pelo povo como Eddzéhébi, quer dizer, "o áurico" (Dramani-Issifou, 1982: 173-174). Logo depois os escravos negros, aprisionados em sucessivas e periódicas raides, passariam a ser utilizados em grande quantidade em trabalhos agrícolas, nas salinas do deserto, em obras públicas e no palácio dos sultões, sobretudo na guarda palaciana e noutros serviços de caráter militar que nos séculos seguintes dariam origem ao grupo dos soldados-escravos conhecidos como *Abid al-Bukhari*, muito difundidos no governo do sultão Mulay Ismail (1672-1727) (Holst, 2016: 174-183; Ennaj, 1994).

A questão principal tratada no *Mi'raj al-Su'ud* dizia respeito, justamente, a situações em que pessoas escravizadas originárias das terras subsaarianas alegavam terem sido aprisionadas e vendidas apesar de serem muçulmanas, o que seria ilícito perante o direito corânico. Apoiando-se na autoridade de autores que o precederam, de seus conhecimentos da doutrina maliquita, a posição de Ahmed Baba é pelo cumprimento das determinações legais, segundo as quais a única justificativa admitida para a redução em cativeiro seria a impiedade (*kufr*). Sua obra mostra-se por vezes vaga no que diz respeito às nuances da aplicação da *fiq*, porém ele condena de modo direto o componente racial às vezes invocado para justificar a escravidão de pessoas negras. Interessa-nos em particular um trecho da parte final das questões formuladas por Said Ibrahim al-Yirari, em que argumentos de caráter jurídico cedem lugar a uma discussão sobre a ética e a moral religiosa. Esse interlocutor, valendo-se de elementos retóricos, explora aspectos que carregam consigo certa ambiguidade, e sobre as quais os doutores da lei divergiam: em primeiro lugar, que o profeta e seus companheiros possuíam escravos, em geral abissínios; em segundo lugar, que os escravos de cor negra fossem descendentes de Cam, e que a cor escura, marca visível da maldição divina que recaiu sobre Cam após a afronta cometida contra Noé, servisse de justificativa para a sua escravização. A questão é assim colocada:

> Segundo Ibn Jarir (al-Tabari) diz, "Nóe pediu a Deus para que da descendência de Sem proviessem os profetas e mensageiros, e amaldiçoou Cam, rogando que os descendentes deste fossem escravos dos de Sem e de Jafet". O que quer dizer "que os descendentes de Cam fossem escravos dos de Sem

119

e Jafet"? Se tivesse desejado isso apenas aos "infiéis" dentre eles, não teria referido especificamente a sua descendência, nem a de seus irmãos, Sem e Jafet, porque é lícita a escravização do infiel, seja ele negro ou branco. Então, por que restringir a escravidão aos negros ao designá-los como escravos, quando outros compartilham com eles a causa da escravidão? (Hunwick e Harrak, 2000: 16-17).

O tema da "maldição de Cam", é bem sabido, encontra-se entre os mais difundidos nos textos judaicos, cristãos e muçulmanos, podendo ser considerado um dos principais argumentos da ideologia da escravidão. Tem sua origem na tradição judaica, remonta provavelmente ao século X a.C., e refletia as circunstâncias do embate entre os povos hebreus e os cananitas da Palestina, associados com a descendência de Cam, o filho "amaldiçoado" de Noé. Deslocado de seu contexto original por sucessivas leituras, exegeses e incorporações dos textos rabínicos, da literatura cristã e muçulmana, o tema da "maldição de Cam" foi instrumentalizado para justificar ideias de superioridade étnico-racial através de uma lente religiosa, sendo difundido do Oriente Médio à Europa, América e África, desde a Antiguidade até os dias atuais (Evans, 1980).

A justificativa moral baseada em argumento da tradição veterotestamentária tem sido examinada em maior profundidade no contexto euro-cristão moderno. Sobre ela, David Goldenberg efetuou análises exaustivas de conteúdo retirado dos textos antigos judaicos e cristãos e identificou os fios condutores dos prejuízos raciais associados aos povos negros em fontes díspares como o *Targum*, os Evangelhos Apócrifos, tratados cristãos greco-latinos e o pensamento rabínico (Goldenberg, 2003). Em outro notável trabalho, Benjamin Braude realiza estudo comparativo do argumento racial da passagem bíblica aqui tratada, observando convergências, divergências e ambiguidades no uso retórico da "maldição de Cam" por intérpretes das três religiões monoteístas. Coube a esse autor chamar atenção ao papel singular desempenhado por escritores muçulmanos, desde al-Tabari e al-Masudi, na transmissão do argumento de natureza teológica (Braude, 2002: 100-108). Tal posicionamento contrasta com o de outros autores, como Ibrahima Baba Kaké (1982), que, ao não incluir no debate o papel central do islã na disseminação das justificativas religiosas da escravidão negra, deixa entrever que o problema tenha ocorrido apenas na era moderna, quando tem raízes bem mais profundas na história.

Décadas atrás, Bernard Lewis, em publicação bem conhecida entre os orientalistas, demonstrou a existência no pensamento muçulmano clássico de uma progressiva racialização dos negros, que essa mudança de atitude teve ligação com os processos constitutivos do Império Muçulmano e, principalmente, ao desenvolvimento do tráfico internacional de escravos. A coexistência de cativos brancos de origem eslava (*saqaliba*) ou turca (*mamluk*) com escravos negros de origem africana (*zanj, sudan*) não encontra correspondência no desprezo e inferiorização que recaiu apenas sobre os indivíduos de tez escura (Lewis, 1968).

Antes do advento do islã, certos autores, como o poeta Antara ibn Shaddan (525-615), primeiro escritor de língua árabe, ele mesmo filho de mãe abissínia, não ocultavam sua ascendência materna e assumiam a defesa dos negros contra quem os menosprezava, apontando suas qualidades morais e o caráter heroico de seus feitos (Khanou, 2013). Nos séculos seguintes, com o aparecimento dos primeiros rótulos e estereótipos desqualificantes, outros escritores, como Yahiz de Basora (776-869), assumiam a defesa dos negros (Lewis, 1968: 15). Na sequência, todavia, prevaleceram os signos e imagens de caráter derrogatório que reduziam a humanidade das pessoas de cor escura ao associá-las com o paganismo, a selvageria e o canibalismo, ou as hipersensualizavam (Gomez, 2018: 53).

O caso dos "mamelucos" (*mamluk*), soldados de origem turca que, no século XIII, passaram a ocupar os cargos de decisão no sultanato egípcio, constitui um bom exemplo de valorização étnico-racial. O termo que os designava tinha no princípio sentido pejorativo: equivalia a "escravo", "serviçal", e expressava subordinação e obediência. Considerado ofensivo, teve o sentido alterado para os qualificativos positivos de "soldado", do "guerreiro", que se mantêm até o presente (Yosef, 2013). Em contrapartida, determinados nomes de lugares ou de povos, como Barbara (da Barbaria, da Berbéria) e habasha (abissínio), perderam nos textos árabes o valor geográfico, cultural ou histórico que tinham no início, ganhando sentidos sociais gerais ligados à condição servil ou escrava. Outros vocábulos acompanhados de sentido depreciativo nos textos árabes foram: *bukm*, pelo qual eram indicados os povos cujas línguas fossem consideradas incompreensíveis, uma vez que a palavra significa, literalmente, "mudo"; *ginawa*, cujo campo semântico se estendeu englobando os derivados *jinawa, Ginea, guinea*, com o sentido racial de "pessoa negra"; e *zanj*, termo empregado na costa swahili para designar os povos negros que logo ganhou sentido social ampliado para designar "escravo" (Ba, 2013; Meouak, 2007; Farias, 1980; Hunwick, 2005: 120-123).

Os prejuízos raciais contra pessoas negras encontravam-se muito divulgados em obras de diferente procedência na cultura árabe-muçulmana, inclusive em títulos consagrados da literatura popular, como *As mil e uma noites*. Na literatura persa, Nasir al-Din Tûsi, em seu *Tasawwurat*, do século XIII, argumentava que os negros encontravam-se no mesmo nível que os animais quadrúpedes e que sua inteligência seria inferior a das abelhas (Lewis, 1968: 52-53). Baseando-se em al-Masudi, o geógrafo al-Quazwini (1203-1283) afirmava ser a "maldição de Cam" a causa da inferioridade dos negros e incluía entre os descendentes de Kush, filho de Canaã, os povos zanj, zaghawa, kanim, do Songai, de Gao e de Gana (Southgate, 1984: 14).

A cor escura, portanto, passou a ser um marcador social a dividir escravos e homens livres no mundo islâmico. Os elementos degradantes que lhe foram sendo associados funcionavam, neste caso, como índices de deturpação da honra e, por este meio, constituía instrumento de morte social – condição inerente ao processo de predação, aprisionamento e escravização de pessoas consideradas forasteiras, estrangeiras, inimigas ou, no caso do islã, "ímpios", "infiéis" (Patterson, 2008: 73). De todo modo, não se deve considerar da mesma forma as implicações de tais elementos e argumentos nos contextos geográficos e culturais a que o *Mi'raj al-Su'ud* faz referência. Seja em Touat e Marrakech, onde provavelmente estavam os interlocutores, ou em Tombuctu, onde estava Ahmed Baba ao responder as questões que lhe foram endereçadas, a presença de pessoas negras não era minoritária, nem a cor negra era sinônimo apenas de escravidão.

Ao levantar a questão sobre o fundamento religioso da "maldição de Cam", Said Ibrahim al-Yirari sugere que tal argumento era conhecido no Magrebe, onde vivia, e ao indagar sobre uma provável associação entre os escravos abissínios, existentes já no período de surgimento do islã, e os escravos sudaneses, fica subjacente a possibilidade de pensar que existisse, mesmo no Magrebe, uma tendência à homogeneização da visão da condição da escravidão como inerente aos negros.

Na extensa resposta de Ahmed Baba, sua posição é coerente com as determinações legais: os abissínios dos tempos iniciais do islã eram infiéis, o que tornava lícita sua escravização. Sobre a "maldição de Cam", após citar longa lista de autores que tratavam do tema, encontra em dois eruditos norte-africanos argumentos contrários ao vínculo da cor negra com o pecado descrito no Gênesis. De al-Suyuti, prestigiado ulemá egípcio, retira a citação de um *hadith* onde a origem daquela cor aparece vinculada à criação da humanidade: Deus teria criado Adão de um punhado de terra, e os seus descendentes foram modelados a partir de diferentes matérias, tendo os negros sido feitos de argila, de onde sua cor escura. E do tunisino Ibn Khaldun destacou o argumento "científico" que corrigia a equivocada leitura da Torá judaica, onde não aparece mencionada a cor negra de Cam, mas apenas a condição de escravidão imposta aos seus descendentes, e que as diferentes cores dos povos vincularam-se aos variados ambientes e climas em que viviam (Hunwick e Harrak, 2000: 32).

A explicação de Ibn Khaldun aceita por Ahmed Baba desloca o ângulo do discurso, mas não o isenta de juízos de valor igualmente depreciativos em relação aos povos de cor escura. Para Khaldun, o excesso de calor, próprio do ambiente em que os "sudaneses" viviam, afetava o seu comportamento, dilatando-lhe o espírito, levando-os a serem frívolos, inconstantes, muito expansivos, afeitos a danças e excentricidades. Nesta avaliação determinista, a expansão das atitudes gerava descontrole, algo considerado temerário (Cuoq, 1985: 363; Menezes, 2017: 84).

Em que pese Ahmed Baba ter nascido e vivido ao sul do Saara, na bacia do Níger, seus vínculos com a tradição imazighen, seu pertencimento familiar ao grupo sanhadja, condicionaram ao menos em parte sua autoidentificação. Não obstante seja lembrado e enaltecido como um sábio negro pelos intelectuais africanos contemporâneos, conforme apontado anteriormente, o seu ponto de vista sobre os negros parece ter sido afetado pela ideologia racial aqui examinada. Mesmo tendo rejeitado o ideário religioso racista inerente ao tema da "maldição de Cam", reserva em sua extensa obra humanística pouquíssimo espaço aos eruditos negros, de modo que, entre as suas cerca de 800 biografias de mestres, doutores da lei e homens santos, inseridas no *Nayl al-Ibtihas*, apenas um desses, Mohammed Baghayogo, aparece retratado – devido muito provavelmente à sua enorme respeitabilidade em Djenê e Tombuctu (Cleaveland, 2015: 55).

Como se verá a seguir, há além disso algumas circunstâncias que envolviam a sujeição e a dominação social no mundo Songai que não aparecem em seus argumentos.

ETNICIDADE E DESIGUALDADE NO ESTADO SONGAI

Teria sido por causa de seu domicílio, em Tombuctu, que os ulemás magrebinos recorreram aos conselhos de Ahmed Baba? Pois, junto com as perguntas de teor jurídico, religioso e moral, há outras que se referem diretamente ao vínculo de povos inteiros com a religião muçulmana, o que poderia livrá-los da escravidão. Nas respostas dadas a essas questões, o erudito de Tombuctu esboça um quadro através do qual se pode entrever uma classificação étnica dos grupos mais ou menos influenciados pelo islã e, por consequência, mais ou menos sujeitos a predação e inclusão nas rotas do tráfico transaariano. Tal aspecto reserva ao documento aqui estudado, além de valor teórico, um valor prático como prova legal que podia ser utilizada para justificar a guerra contra não muçulmanos, recurso adotado até o princípio do século XIX por Usman dan Fodio e Cheikhu Amadu durante as *jihads* que presidiram a fundação do califado de Sokoto e do Estado teocrático do Macina (Novo, 2011: 142; Hunwick e Harrak, 2000: 135).

Sabe-se o quão complexa é a definição dos conceitos de etnia e seu derivado, a etnicidade, em contextos africanos (Mamdani, 2005; Amselle e M'Bokolo, 2017), porém insistimos em empregá-los porque são os que mais se aproximam da realidade pretendida nas menções aqui referidas, extraídas do *Mi'ray al-Su'ud*. De modo preciso, ou não, ao citar os nomes de povos que habitavam as margens do Níger, Ahmed Baba imprime neles marcas e caracteres impossíveis de serem comprovadas porque decorrem do poder de definição detido pelo erudito, da posição privilegiada que lhe garantia o direito exclusivo de nomear, qualificar e classificar grupos inteiros – que passam, por meio desta lente exterior à sua própria organização social, a fazer parte da história. Sabemos deles o que Ahmed Baba diz, não quem de fato foram.

O enquadramento simbólico ligado ao poder de nomear, dimensão presente no fenômeno da etnicidade (Fenton, 2005: 35; Poutignac e Streiff-Fenart, 1998: 142-145), obedece aos referenciais identitários da comunidade muçulmana com a qual o autor se autoidentifica. Os grupos assinalados no *Mi'raj al-Su'ud* aparecem mencionados por vocábulos usuais da linguagem política aplicada ao mundo muçulmano, como "habitantes" (*ahaha*), "os de", "gentes de" (*shu'ub*), "povos" (*shir'ub*), "nação" (*imma*), "gênero", "grupo" (*al-zahwa*), "categoria" (*asnaf*), e a sua identificação e enquadramento obedecem aos critérios de duração, enraizamento e grau de vinculação ao islã. Considerando apenas as respostas dadas por Ahmed Baba (pois tais nomes aparecem em parte nas questões levantadas pelos consulentes da *fatwa*), entre os crentes plenamente integrados aos ideais muçulmanos estavam os povos do Bornu, Kano, Gao, Katsina, Jolof (Yolof), Songai, Kabura, Gobir. Em casos como os de Zakzak e dos fulas, a identificação é apontada como parcial ("alguns crentes"), o que sugeriria inserção superficial, ou mais recente, na *umma* (Boulegue e Dramani-Issifou, 1989: 47). Esse critério de pertencimento é empregado para distinguir, julgar e classificar aqueles grupos cuja identificação aos preceitos do islã não era ainda completa. Os fulas, por exemplo, seriam muçulmanos, "embora alguns de forma não satisfatória, pois predomina neles a maldade, as incursões depredadoras e ameaças de ataques" (Hunwick e Harrak, 2000: 46).

A comprovação do vínculo religioso tornava-se, nesse caso, um elemento importante porque, conquanto vários povos mencionados pelos alfaquis de Touat pertencessem formalmente ao islã, guerreavam entre si, aprisionando e vendendo os derrotados como cativos, o que não era permitido. Citando decisões tomadas por jurisconsultos de al-Andalus e pelo cadi de Tombuctu Mahmud Aqit, seu tio-avô, Ahmed Baba, mostra-se favorável a que se admitisse em certos casos o testemunho de cativos sem a necessidade de requerer prova de que procedessem de tais regiões, transferido aos prováveis proprietários responsabilidade moral por sua decisão, e arremata: "quem desejar estar em paz consigo próprio deve comprar apenas aqueles de origem conhecida, examinando se provêm de regiões do islã ou da dos infiéis" (Hunwick e Harrak, 2000: 30).

Os povos das áreas situadas além dos limites de Djenê, projetados mais para o sul, estão arrolados na lista dos "ímpios" (*al-kufr*). Entre eles encontravam-se os afnu, gurmi, busa, bambara, zamfara, borgo, dagomba, kotokoli, tombo, bobo, yorba, kurma, kumbe, também parcialmente os hombori e os da'naica (Hunwick e Harrak, 2000: 44-46). Em mais de uma vez são mencionados os mossi, adversários de longa data dos soberanos mandingas e songais, várias vezes retratados nos *ta'rikhs* de Tombuctu em conflitos armados e raides organizados pelos áskias de Gao, ataques por vezes qualificados como "guerra santa" (*jihad*) (Houdas, 1900: 122-123; Kaba, 1983: 7). Vistos como "infiéis" e seu equivalente árabe, "cafres", os povos mossi que ocuparam partes da bacia do rio Volta e da curva do Níger, em territórios dos atuais Burkina Faso e o norte da Costa do Marfim, Gana, Togo e Benin, fundaram a organização política conhecida como Mogho ou "país mossi", situado entre as rotas de comércio de ouro, escravos e noz-de-cola que atravessavam a floresta tropical. As sedes de poder de seus governantes, no final do século XV em Mamprussi, Dagomba, e depois em Uagadugu e Iatenga, no século XVI, se fez sob a pressão crescente dos Estados islamizados da bacia do Níger no período da hegemonia dos mandingas e da formação estatal songai, cuja guerra incessante se fez em nome do islã (Izard, 2010: 253-258). Dali provinham importantes contingentes de cativos de guerra dos exércitos a serviço dos áskias de Gao, que posteriormente seriam distribuídos através das rotas do Saara (Bazemo, 2006: 176).

Chama atenção o número de grupos localizados na área da floresta tropical, dos atuais países Burkina Faso, Gana, Togo e República do Benin, entre os quais os bobô, dagomba, gurma e kotokoli, que os textos de geografia afro-muçulmana desde al-Bakri até Ibn Khaldun consideravam canibais e identificavam pelo apodo desqualificante de *lamlam* (Ba, 2013: 142-143). Se admitirmos que o etnônimo yorba corresponda a yorubá, como tem sido traduzido pelos estudiosos do *Mi'raj al-Su'ud* (Hunwick e Harrak, 2000: 46; Novo, 2011: 276), compreenderemos melhor as modalidades de inserção das cidades de Ifé e do Benin antigo nos circuitos do eixo transaariano, conforme apontado no capítulo anterior. Convém, aliás, lembrar que o fortalecimento político do Estado Edo a partir da cidade do Benin, sobretudo no longo período de governo de Ewaré, o Grande (1440-1473), se deveu ao volume extraordinário de conquistas militares, seguidas de imposição de tributos e de vendas de escravos e escravas de guerra, algo que já estava consolidado no período dos primeiros contatos com os negociantes portugueses (Ryder, 1977: 34-35).

Até aqui tem-se tratado do que diz respeito aos fundamentos do direito islâmico maliquita acerca da escravidão, que incide na

Antigas sociedades da África negra

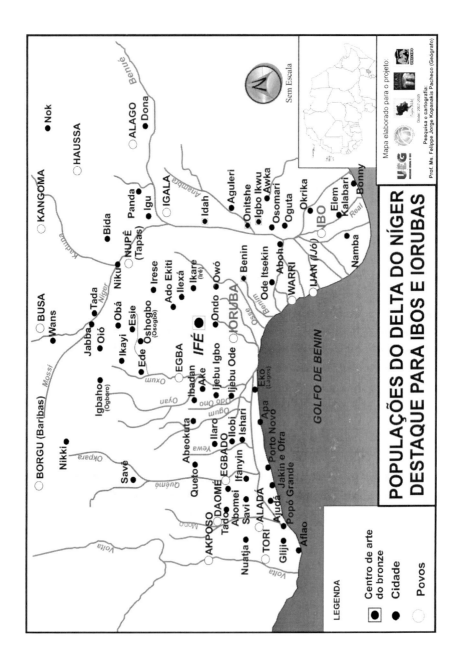

escravidão mercantil alimentada pelas redes do tráfico transaariano, assunto em que por vezes Ahmed Baba mostra-se efusivo e noutras, relutante e mesmo evasivo. Questionado sobre o direito de cativos que se autodeclaram muçulmanos colocarem em causa a licitude de sua condição, ele considerava ser de foro íntimo a decisão dos proprietários, por escrúpulo religioso, libertar ou não tais indivíduos.

Além do mais, haverá ainda a considerar o que Ahmed Baba não diz acerca dos modos de sujeição social e de exploração do trabalho no interior da sociedade songai. Isso porque desde o período de formação daquela composição estatal, o direito de propriedade sobre populações conquistadas foi reconhecido pelos ulemás muçulmanos aos áskias de Gao. Estes acumularam sob o seu governo grande número de "cativos imperiais", que podiam ser ao seu desejo distribuídos a aliados, parentes e aos letrados e líderes religiosos das madraças e mesquitas (Bouzid, 1995: 351 e 357; Paré, 2014: 100-102). A essa forma de dominação sobrepunha-se outra, assentada em tradições locais, que se baseava na distinção entre grupos livres e não livres, estes últimos por vezes denominados impropriamente de "tribos servis" porque deviam pelas regras fixadas na tradição a prestação de diversos tipos de serviço em propriedades sob controle dos soberanos. Por isso, Olivier de Sardan sugere que se considere a existência de dois sistemas ideológicos em presença descritos nos textos árabes de Tombuctu, um deles amparado nas determinações legais islâmicas, aplicado aos "cativos de guerra", outro sustentado pela tradição, que alimentava a prática dos "cativos de casa" ou "cativos da coroa" vinculados ao mundo rural (Sardan, 1975: 112-113).

Em detalhado estudo sobre os grupos mantidos sob controle do Estado Songai, Niamkey Kodjo aponta a existência de diversos povos cuja dependência era reconhecida mediante o pagamento de tributos, dentre os quais estavam os ferreiros de Diam-Ouali, Diam-Temé, as comunidades de Soborana, Komé, Samatsello e Diam-Kiria, os bambaras e os fulas do Macina, mas estes eram considerados homens livres. Sua condição era distinta de outros grupos, como os sorkô, os arbi, dezenas de aldeias cujos integrantes eram tidos como "cativos da coroa"; e de crianças enviadas ao palácio como "reféns de guerra". Uma informação de caráter etimológico torna esse quadro ainda mais complexo: o termo "*arbi*", adjetivo empregado com a acepção de "negro", era um termo depreciativo equivalente a "*gabibi*", que na língua songai designava tanto indivíduos de cor escura quanto "agricultores" (Kodjo, 1976: 796) – marcando por este meio a relação entre condição social e categorização racial de grupos subalternos. Em todo o período anterior à colonização francesa, a sociedade songai-zarma foi atravessada pela dicotomia radical que separava os "homens livres" considerados "nobres" (borcin) dos "escravos" ou "cativos" (*banniya*; *tam*), hierarquização cujos resquícios persistem até os dias atuais (Sardan, 1984: 24).

Nos séculos XVI-XVII, no topo da pirâmide social, junto com os altos dignitários, chefes militares, estavam os letrados muçulmanos, cadis e ulemás de Djenê, Gao e Tombuctu, que constituíam, nos termos do consagrado estudo de Elias Saad (1983), um patriciado urbano cujos integrantes tinham parte ativa no comércio de toda espécie, com participação ativa nos negócios do tráfico transaariano de cativos. O período de governo de áskia Daúde (1549-1582), quando o sistema de exploração dos camponeses adstritos às terras do palácio ganhou contornos definidos, coincide com o momento de maior influência dessa elite religiosa, que era beneficiada por muitas doações piedosas. Essas doações eram feitas tanto aos mestres quanto aos escribas encarregados de copiar manuscritos, e ao cadi de Tombuctu, a quem o governante concedia periodicamente sacos de grãos para a alimentação dos estudantes (talibés). Daúde teria mandado fazer e manter uma horta em que 30 escravos cultivavam legumes com a mesma finalidade (Kaba, 1983: 12).

A família Aqit, a qual Ahmed Baba pertencia, situava-se entre as mais prestigiadas linhagens de Tombuctu. Com base nos próprios dados que ele registrou em suas obras, como o *Nayl a-Ibtihai*, tem-se que dela provinham os qadis que governavam Tombuctu. O tio-avô, Mahmud ibn Umar ibn Muhammad Aqit (1463-1548), que governou a cidade Tombuctu de 1498 a 1548, tinha influência junto ao áskia Mohammed, assim como o pai dele participava do círculo restrito de áskia Daúde (Dedé, 2010: 359-366). No momento da ocupação marroquina, foi com eles que as autoridades saadianas negociaram a rendição da cidade, e seria com eles que os paxás posteriores tratariam dos assuntos relativos a Tombuctu. A revolta da cidade contra os conquistadores teve muito provavelmente nos aqit sua inspiração, e Ahmed Baba era o mais cotado sucessor da linhagem, o que explica sua deportação ao Marrocos, e depois o seu reconhecimento pelos magrebinos (Hunwick, 1957: 316).

Parte integrante da elite dirigente do principal centro urbano do Estado Songai, teria sido esse o motivo das reticências notadas nos comentários de Ahmed Baba sobre a escravidão? Sua frequente alusão à impiedade, como justificativa única para o cativeiro, numa posição "legalista", e o seu silêncio ou pouca atenção às nuances e às diferentes situações que envolviam os indivíduos caídos em situação de cativeiro não poderiam ser compreendidas como uma posição de defesa do *status quo*? Enfim, qual o significado de sua aparente ambiguidade em relação à legitimidade da escravidão? Marta Garcia Novo emite a seguinte opinião sobre esta última questão, com a qual concordamos, e que parece estar em consonância com as definições e debates levantados no início deste capítulo. Diz ela:

> A resposta a esta pergunta aponta de maneira direta para os interesses econômicos que seu grupo social, a oligarquia de origem berbere, teve seguramente no comércio de escravos transaariano. Não seria surpreendente que, além de uma obra de grande valor literário e de um elaborado arrazoado contra a difundida crença de que os negros seriam escravos por natureza, o *Mi'raj al-Su'ud* de Ahmed Baba fosse também um instrumento mediante o qual a legitimidade outorgada pelo conhecimento da religião islâmica fosse posta a serviço das elites. Não são poucos os detalhes nela que nos fazem pensar que quem faz a lei, ou, neste caso, quem a interpreta, a manipula com a finalidade provável de obter benefícios econômicos. (Novo, 2011: 196)

CONSIDERAÇÕES FINAIS

O *Mi'ray al-Su'ud* revela-se testemunho particular da maneira pela qual a camada letrada afro-muçulmana compreendia, do ponto de vista religioso, a legitimidade da escravidão e das relações escravistas. É um dos poucos textos a tratar de tal assunto a partir das realidades saarianas e subsaarianas, e o valor nele contido está em revelar pontos de vista de atores sociais que vivenciaram, ou mesmo participaram, direta ou indiretamente, do ambiente em que se davam tais relações.

Decepcionaria pensar que, por terem nascido e vivido no Magrebe ou no Bilad al-Sudan da literatura geográfica árabe, os consulentes e o consultor manifestassem opiniões divergentes do que era usual em relação ao direito de escravização e redução em cativeiro. Comprova-se por aqui o quanto a doutrina jurídica islâmica, assim como a doutrina cristã em outros tempos e lugares, funcionava como referência cultural, mas também como ideologia de teor racial, a serviço de elites – fossem quais fossem (mercantis, políticas, intelectuais) e onde quer que estivessem (fora ou dentro da África).

Tendo vivido em um momento de profunda instabilidade política em decorrência da ocupação marroquina da área antes controlada pelos governantes songais, Ahmed Baba retratou no *Mi'raj al-Su'ud* as contradições sociais inerentes ao tipo de formação social ao qual ele estava inserido. O incremento do tráfico de escravos que se seguiu à Batalha de Tondibi acelerou o ritmo da circulação de cativos para o Magrebe, mas estes, já pelo grau de enraizamento do islã ao sul do Saara, não mais podiam ser com facilidade identificados à idolatria e à impiedade, condição admitida pela lei, o que gerava tensão entre objetivo econômico e moral religiosa. Aqui, o velho argumento racista da "maldição de Cam" e da naturalização da escravização dos negros, contra o qual o autor reagiu, ofereceria uma saída cômoda, porém eficaz, daí ter sido recorrente tanto em ambiente cristão quanto em ambiente muçulmano, desde o Oriente Médio ao Magrebe e mesmo além.

Este contexto de passagem do século XVI-XVII anunciava alterações de longo prazo aos povos do Bilad al-Sudan. Nos tempos que se seguiriam, com a ocupação efetiva primeiro dos marroquinos, depois dos povos tamaxeques, por fim, dos franceses, a clivagem racial e de cor já existente, a separar "brancos" de "negros", se tornaria menos perceptível aos olhos da dominação estrangeira. Doravante, as relações que afetariam todos os grupos sociais, livres e não livres, muçulmanas ou não, homogeneizariam atores tão diversificados cada vez mais em uma mesma categoria, a do "negro".

Sundjata Keita e Alexandre Magno: interações entre oralidade e escrita na África Subsaariana

"Um homem deve ser medido pelo que faz, não pelo que diz."

Provérbio wolof

Em outro estudo, discutimos a importância de *Sundjata ou a epopeia mandinga* para o conhecimento das tradições orais da África Ocidental junto ao grande público. Apontamos a singularidade dessa obra, que mescla elementos da oralidade e da criação literária, pois resulta do encontro entre um djéli, o respeitado detentor das tradições, Mamadou Kouyaté, originário da Guiné-Conacri, e o

135

historiador Djibril Tamsir Niane, também guineense, um como narrador e outro como anotador e organizador da narrativa semilegendária do herói-fundador e unificador dos povos falantes de língua mandê da África Ocidental. Tivemos a oportunidade de mostrar como, ao ser corporificada em uma narrativa escrita e publicada em livro, a epopeia mandinga atualizou e diversificou as formas de popularização das tradições orais junto ao grande público, em obra cinematográfica, música e livros de literatura infantil (Macedo, 2016).

Quando desenvolvíamos aquele estudo um detalhe chamou nossa atenção, mas não tínhamos condições naquela ocasião, dados os objetivos gerais do trabalho que estávamos preparando, de ir mais fundo na elucidação de um problema histórico com o qual nos deparamos. Tal problema, à primeira vista um detalhe, reveste-se, como pretendemos demonstrar agora, de grande complexidade.

Ei-lo: no prólogo da epopeia, valendo-se de sua autoridade moral e do prestígio que desfrutava, Mamadou Kouyaté apresenta-se como o continuador de uma antiga linhagem de griots, a quem cabia o privilégio de narrar a história da dinastia Keita, que governou o antigo Mandinga. A seguir, enumera as qualidades do protagonista de sua narrativa, arrolando uma série de virtudes pessoais do fundador de um vastíssimo império na savana, como intrépido e invencível guerreiro cuja liderança era reconhecida em toda parte e, para acentuar ainda mais a grandeza do líder africano, afirma ter Sundjata igualado em feitos e conquistas a *Djul Kar Naini*, ninguém menos do que Alexandre Magno.

A comparação levanta questões conceituais e metodológicas sobre os processos de interação cultural e as formas de emissão, recepção e transmissão de elementos extraídos das tradições orais. Pareceu-nos ao menos paradoxal à primeira vista encontrar, em uma mesma proposição retórica de natureza argumentativa, uma comparação entre dois personagens de contextos históricos, ambientes geográficos e culturais completamente estranhos entre si. Ainda mais em se tratando de uma narrativa cujo valor se assentava, em grande parte, no fato de ter sido recolhida diretamente das tradições ancestrais mandingas.

Então, o que faziam ali emparelhados Alexandre Magno, protótipo ideal do herói desde os tempos helenísticos, e Sundjata Keita, modelo heroico do mundo africano? Como aquele velho sábio que se orgulhava de ser iniciado nos segredos imemoriais de seu povo teria podido acessar referências eruditas, escritas, relativas ao mundo da Antiguidade greco-latina? Teria sido uma aquisição pessoal, a partir de leitura ou informações acerca do conquistador macedônico circulavam entre os griots africanos? Independentemente das respostas, a evocação de Alexandre Magno pareceu-nos um caso em que se poderia pensar no "paradigma indiciário" proposto e defendido no conhecido ensaio do historiador italiano Carlo Ginzburg (1989).

O presente capítulo pretende oferecer alternativas de resposta a essas questões.

FIGURAS HEROICAS E A EPOPEIA MANDINGA

Admitamos que a relação entre os dois personagens que para nós representam modelos heroicos distintos pudesse ter ocorrido durante a primeira metade do século XX, no período da colonização francesa da África Ocidental. O conquistador macedônico, afinal, era parte integrante das "figuras de proa" da escola colonial que, neste ponto, seguia de perto o programa escolar típico dos "nossos antepassados, os gauleses" (Ferro, 1994: 37-40). Alexandre encontrava-se, sem dúvida, entre os personagens paradigmáticos desse saber escolar colonial.

Foram também nas primeiras décadas do século XX que, em contexto colonial, a figura de Sundjata saiu da oralidade, âmbito até então exclusivo da perpetuação de sua memória, e entrou para o âmbito da história escrita pelos franceses – primeiro pelos administradores-etnógrafos, depois pelos eruditos "africanistas". Coube a eles a elaboração de uma história política dos antigos povos africanos aos moldes do que se fazia na Europa, com a fixação de quadros cronológicos, periodização e delimitação espacial precisos que passaram a constituir uma base empírica dos "grandes reinos" de Gana, Mali e Songai. Esses estudiosos tiveram acesso direto aos detentores locais das tradições orais sobre o fundador do Estado Mandinga e puderam anotar e comparar os dados recolhidos dos tradicionalistas com informações retiradas dos textos árabes, mesmo que continuassem a considerar Sundjata uma figura semilegendária (Ceppolaro, 1967).

A circulação da imagem desse personagem entre eruditos europeus que se interessaram pelos dados das culturas tradicionais africanas, desde Heinrich Barth até Leo Frobenius, encontra-se bem estabelecida nas pesquisas realizadas por Stephen Bullman (2017). O que mais surpreende é constatar que, em paralelo a esta apropriação estrangeira, o herói mandinga tivesse se tornado também uma referência para jovens intelectuais "nativos" de várias partes do "Sudão francês", dispostos a encontrar nele referenciais positivos de um passado grandioso. Diversos estudantes da École Normale William Ponty, situada no atual Senegal, promoveram a imagem de Sundjata Keita em textos literários, biografias e mesmo em peças teatrais nos anos 1930-1940, o que também ocorreu em outras escolas situadas no Daomé e em Bamako, no Mali. Veremos que no mesmo ano da publicação da narrativa oral de Mamadou Kouyaté e Djibril Niane um artigo de Mamby Sidibé (1959) de uma importante revista da divulgação da África Ocidental francesa tratava de diversos elementos da legenda de Sundjata em perspectiva histórica.

Por conta talvez dessa potencialidade simbólica, o primeiro pesquisador que, salvo engano, dedicou-se a interpretar o significado da relação entre as figuras de Alexandre e Sundjata, o sul-africano Adrian Tronson insistiu em ver nela uma metáfora política contemporânea. Os argumentos desse historiador, apresentados pela primeira vez em um artigo de periódico de divulgação em 1982, foram retomados, ampliados e mais bem fundamentados vinte anos depois em estudo inserido na única publicação acadêmica específica sobre a ressonância da imagem de Alexandre no continente africano.

Nos dois textos, Tronson defende a ideia segundo a qual a imagem de Alexandre teria sido emulada por Sundjata na epopeia narrada por Mamadou Kouyaté a Djibril Niane. O conquistador africano ali apareceria descrito tendo por base um modelo heroico inspirado em Alexandre Magno, e a correspondência entre ambos poderia ser observada em três níveis: primeiro, na repetição de *topoi* convencionais da literatura heroica; segundo, na admiração apontada e na repetição, por Sundjata, de traços da personalidade do herói macedônico; terceiro, na similaridade entre as trajetórias e carreiras de ambos os heróis.

A hipótese aventada por Tronson sugere de modo sutil que a "epopeia mandinga" tenha sido incentivada e difundida com fins políticos. O momento da publicação do livro de Djibril Niane pela editora Présence Africaine, em 1960, coincide com o ano da independência política da República do Mali, cujo primeiro presidente, Modibo Keita, governante entre 1960-1967, sentia-se herdeiro e continuador da obra do conquistador mandinga que unificara o antigo Mali no século XIII. A valorização da memória de Sundjata teria tido reflexos imediatos no prestígio de seu longínquo sucessor no século XX. Havia, portanto, uma implicação política na difusão de uma "versão oficial" de uma história heroica – seja a do passado, seja a do presente (Tronson, 1982; 2014).

Não há como negar que a imagem de Sundjata tenha sido utilizada com finalidade política. Isso já ocorria antes mesmo da publicação de *Soundjata ou l'épopée mandingue* (*Sundjata ou a epopeia mandinga*). Autores vinculados ao movimento da negritude como Maximilien Quenun (1911-1988) ou Mamby Sidibé (1891-1977) tinham escrito, respectivamente em 1942 e em 1959, versões da legenda do unificador do Mali com a finalidade de valorizar o passado africano (Bullman, 2017; Sidibé, 1959). Ao que parece, Modibo Keita valeu-se da imagem desse passado glorioso. A epopeia de Sundjata inspirou a composição da letra do hino nacional maliano que foi acolhido e aprovado pela Assembleia Nacional em 1962 (Lacroix, 2018: 50-52). Mas em outros países o texto literário com temática antiga podia ser um meio não de enaltecimento, e sim de crítica aos poderes estabelecidos, como se pode notar em *Le maitre de la parole*

Kouma Lafôlô Kouma, de Camara Laye, de 1978, em que, a julgar por certas interpretações, haveria uma intenção deliberada de crítica ao regime instituído na Guiné-Conacri sob o governo de Sekou Touré – por vezes identificado com o adversário de Sundjata, o conquistador Sumaôro Kanté (Kouyaté, 2014).

Adrian Tronson levanta outra questão que merece atenção. Segundo ele, Mamadou Kouyaté é o único djéli a evocar Alexandre Magno, e isto em diversas partes da narrativa, o que de fato pode ser comprovado com facilidade no texto publicado por Niane. Devido à vastíssima transmissão da epopeia de Sundjata na tradição oral, e mesmo em versões escritas (Bullman, 1997), não há como confirmar se a afirmação do pesquisador sul-africano é verdadeira, mas, de fato, da consulta a outras versões bem conhecidas da epopeia, narradas por tradicionalistas de renome como Wa Kamissoko, Lansine Diabaté e Djanka Tassey Condé (Cissé e Kamissoko, 2009; Jansen, 1995; Conrad, 2004), nenhuma alusão similar foi encontrada. Isso levou a que Tronson advogasse não apenas a ideia de que a versão da epopeia transcrita por Niane a partir da narrativa de Mamadou Kouyaté seja única, mas também que não seria o testemunho autêntico haurido da tradição ancestral, e sim o fruto de uma criação (Tronson, 2014: 151) – o que leva a pensar que o peso da mão do historiador guineense tenha sido maior do que em geral se considera.

Com efeito, logo no prólogo do texto, quando Mamadou Kouyaté apresenta-se como detentor das tradições e continuador de uma extensa linhagem de griots, anuncia aos leitores as proezas que iria narrar sobre Sundjata, antepassado do Grande Mandinga, aquele que teria ultrapassado em feitos a Djul Kara Naini, mas é o historiador Djibril Niane quem, em nota de rodapé, esclarece: "Trata-se de Alexandre, o Grande, que o islã chama de Dul Kar Nain. É frequente surgir, entre os tradicionalistas dos países malinquês essa comparação entre Alexandre e Sundjata. Opõe-se o itinerário Oeste-Leste do primeiro ao itinerário Leste-Oeste do segundo" (Niane, 1982: 12).

Ora, conforme argumentado antes, tal comparação não é frequente. Além disso, e a partir daqui nos distanciamos das interpretações propostas por Adrian Tronson, não foi o djéli quem comparou Sundjata a Alexandre, mas o historiador, um erudito que talvez pudesse intuir com maior probabilidade o alcance retórico do paralelo estabelecido. Ao dar continuidade a esta suposta relação com base em dados retirados de versões mítico-literárias do Romance de Alexandre do Pseudo-Calístenes, ou das *Antiguidades judaicas* de Flávio Josefo, as coincidências temáticas e os *topoi* identificados pelos historiadores Niane e Tronson produziram um efeito de verdade inexistente, ao que parece, nas tradições orais africanas.

Assim, ao considerar a evocação do Djéli como um indício, como uma pista válida para a formulação de um problema histórico, a operação de análise deve incidir não na personalidade histórica de Alexandre Magno, mas em sua projeção legendária, em que ele assume as feições de Dul Kar Nain, expressão que significa literalmente o "homem de dois chifres", o "bicornudo".

ALEXANDRE NO LABIRINTO MÍTICO-LITERÁRIO

Afigura-se temerária a tarefa de sintetizar a extraordinária influência de Alexandre Magno na história como modelo de líder político e como forma de inspiração espiritual. Por motivos que não valem a pena explorar devido aos objetivos restritos deste livro, sua miragem encontrou espaço de ressonância desde a Antiguidade aos dias atuais, em diferentes meios de transmissão (escrito, oral, pictórica) e de estilo narrativo (crônicas, romances, poemas, textos dramáticos, produção poética). Haverá, em primeiro lugar, que distinguir entre os temas e problemas que dizem respeito ao personagem histórico que, da periferia do mundo grego, projetou os modelos do helenismo para a África, o Oriente Médio e as fronteiras do Extremo Oriente, em que cada iniciativa militar, política, e por vezes cada gesto, tornou-se objeto de reflexão na posteridade e deu azo a comparações, especulações e interpretações de caráter variado.

A este Alexandre histórico, sujeito às regras do campo movente da pesquisa com base em dados objetivos, empíricos, mais ou menos sujeitos a comprovação, vem se juntar ao longo do tempo o Alexandre lendário, romanesco, cujos contornos imaginários resultam de um demorado processo de elaboração e transmissão mítico-literária que tem início já na Antiguidade grega. Com efeito, elementos de sua biografia encontram-se dispersos em textos de autores tão diferentes entre si quanto Quinto Cúrcio, Diodoro da Sicília, Plutarco, Arriano e sobretudo o romance de Alexandre atribuído a Calístenes, no século III d.C., por isto identificado como Pseudo-Calístenes, que viria a se tornar uma das mais fecundas fontes de inspiração da legenda alexandrina posterior (Sidarius, 2012: 139) – o que levou o pesquisador David Ross, do Warburg Institut, a preparar um guia documental e bibliográfico dos estudos sobre a literatura alexandrina apenas no contexto da Europa medieval (Schmidt, 1991: 133-136).

Em face de tal magnitude, não será possível considerar, mesmo no plano da literatura, os inúmeros ângulos de abordagem possíveis de serem observados no universo temático alexandrino. Para se ter uma ideia do alcance e diversidade dessa empreitada, nos limitaremos a informar, com base na exaustiva pesquisa bibliográfica realizada pelo antiquário Guillaume Favre nos anos 1829-1830, que o inventário da literatura alusiva ao herói macedônico, apenas nos limites territoriais da Europa, encontrou ressonância na França, Inglaterra, Itália, Escandinávia e península ibérica, onde teve maior e mais persistente difusão em textos de línguas neolatinas (provençal, francês, castelhano) e germânicas (teutônico, old norse, médio-inglês), mas também em áreas culturais diversas como a Moldávia e a Polônia e em textos de línguas eslavas (Favre, II, 1856). Muito lembrado na tradição cristã e muçulmana, a fortuna de Alexandre não foi menor na tradição judaica, pois aparece citado no Livro dos Macabeus, nas *Antiguidades judaicas*, de Flávio Josefo, e na literatura rabínica do período da Idade Média europeia, onde é retratado como fazendo parte do plano de Deus para salvar o povo de Israel em seu longo exílio na Terra (Donitz, 2011).

Deixando de lado toda a fortuna lendária alexandrina no Ocidente cristão, onde o herói foi evocado em primeiro lugar como modelo de cavaleiro e de guerreiro, mas também de governante ideal, cumpre sublinhar ao menos que, em virtude de tal profusão, era inevitável que Alexandre viesse a se tornar referência moral (positiva ou negativa) em textos variados da literatura religiosa e da literatura ascética. Assim, o encontraremos mencionado ou personificado como protagonista de aventuras ou desventuras em contos monásticos exemplares do *Gesta Romanorum* (Fatos dos romanos) ou do *Alphabetum Narrationum* (Narrações em ordem alfabética) ou em apontamentos das viagens de Jean de Mandeville (Bunt, 1994: 76).

Parte dessa enorme popularidade se deve ao impacto provocado pelo *Roman d'Alexandre* (Romance de Alexandre), versão latina livremente inspirada no Pseudo-Calístenes colocada por escrito em 1180, em que o vemos rodeado de uma aura mística, como o herói predestinado ao domínio universal, comparado a reis ideais como o Salomão da tradição veterotestamentária (Custódio, 2005). A morte repentina do conquistador invencível, ainda muito jovem, abriu, todavia, outra possibilidade de exploração de sua imagem. Conforme sugere François de Polignac, a lenda tornou-se um meio de completar o inacabamento de sua figura de líder universal: "seu desaparecimento repentino e o inacabamento de seus projetos criaram para a imaginação uma zona de atração para além dos limites que o conquistador não conseguiu ultrapassar no espaço e no tempo de sua vida" (Polignac, 2000: 11). A ultrapassagem desses limites e o preenchimento desses vazios explicarão a enorme diversidade temática no plano da imaginação em todas as civilizações e em todas as épocas em que ela floresceu.

Ao contrário do que se poderia pensar, a lenda alexandrina gozou da mesma importância, ou até mais, nas culturas orientais. Também nesse caso observa-se extraordinária difusão e permanência dos *topoi* associados à memória do conquistador universal. Sua história permeia diversos gêneros da literatura árabe, siríaca e persa em narrativas de caráter histórico, geográfico, enciclopédico, sapiencial, em textos ficcionais de caráter romanesco, na poesia e em obras de caráter exegético do texto corânico e das tradições associadas à vida do profeta. Sua evocação aparece, por exemplo, em al-Tabari (838-923), quando ele retrata em tom moral no seu *Ta'rikh* (crônica) a guerra contra Dario e a conquista da Pérsia (Gad, 2012: 32), e quando se dedica a temas legendários e místicos, em seu *Tafsir* (comentários) – que é um tratado exegético do Corão (Zuwiyya, 2011: 73; Gad, 2012). Aqui também se pode constatar excepcional difusão de obras em que aspectos de sua história, ou episódios romanescos que envolvem suas conquistas, aparecem retratados. No mundo persa, já no século X, Abu al-Qasem Fidursi (940-1020) escreveu em pahlavi o texto em prosa e verso denominado *Schah-Nameh* (Livro dos Reis), em que o herói, nomeado Iskander, assume papel de protagonismo (Casari, 2010), e alguns séculos mais tarde outras obras foram dedicadas a ele, como o *Iskender-Nameh* e o *Aineh Iskender* (Favre, 1856: 40).

Parece não haver dúvida quanto ao fato de que a popularização da imagem de Alexandre ocorreu, em primeiro lugar, atrelada aos elementos narrativos presentes na obra romanesca do Pseudo-Calístenes, composta no século III d.C. e disseminada em pelo menos 80 versões posteriores em diversas línguas. Sua popularidade se deveu, todavia, em grande parte, ao trabalho de tradução do texto original em grego para a língua siríaca no século VI, de onde ela foi transmitida ao árabe e ao pahlavi, e depois ao copta e mesmo o geêz, como se verá a seguir. O texto sírio-oriental do romance de Alexandre, nomeado de *Tas'ita d'Aleksandros*, teve posteridade muito fecunda em meios islâmicos e cristãos, e acrescentou ao repertório até então existente novos elementos ficcionais de inspiração religiosa, hermética e mágica (Monferrer-Sala, 2011: 60-61). Junto com essa versão siríaca, de orientação nestoriana,[1] uma outra versão de inspiração cristã denominada *Neshana dileh d'Aleksandros* (Gloriosas conquistas de Alexandre), datada de cerca de 629-630, conferiu ao personagem um tom apocalíptico ao explorar o tema do confronto entre Alexandre e os povos selvagens do Gog e do Magog (Sidarius, 2012: 144).

Para facilitar a compreensão de um processo de circulação cultural complexo como o que se apresenta, pode-se afirmar a influência da versão siríaca sobre a tradição árabe posterior e também sobre a difusão da lenda alexandrina em literatura copta antiga, em que se conheciam já nos séculos VI-VII fragmentos de literatura homilética em forma de cartas trocadas entre Alexandre e seu mestre Aristóteles, e entre Alexandre e seus pais, Felipe e Olímpia, escritos com finalidade ascética e moral. Data, porém, dos séculos X-XI a elaboração de texto inspirado na versão siríaca do Pseudo-Calístenes, que recebe o nome de *Huratu la-Eskender* (Viagem ou carreira de Alexandre), em que o personagem assume as feições de um asceta cristão. Essa obra copta, por sua vez, constituiria a referência para as versões manuscritas em geêz que remontam ao século XIII e estão na origem do romance abissínio *Zênâ Eskender* (História de Alexandre), recolhido e traduzido ao inglês em 1896 pelo orientalista britânico E. Walis-Budge (Asirvatham, 2014).

Cumpre assinalar alguns traços distintivos da literatura copta e geêz dedicada a Alexandre. Nos manuscritos etíopes, alguns pontos constituem inovações e reconfigurações em relação à matéria lendária aqui examinada: sua castidade e ascetismo são enfatizados; ele é caracterizado inimigo implacável da magia e dos mágicos, ao contrário do que por vezes ocorre na cultura muçulmana; nele é exaltada a realeza cristã, realçada com acentos proféticos e apocalípticos; suas atitudes são tomadas como a medida ideal do bom soberano, do guerreiro invencível, do protetor dos pobres e amigo da ascese monástica; entre suas conquistas, uma delas diz respeito ao mar Vermelho, no território dos "ismaelitas", isto é, os muçulmanos (Colin, 2007: 11-13).

ALEXANDRE E O *QISSAT DHUL QARNAIN* DE TOMBUCTU

Não deverá surpreender que, tal qual apontado na seção anterior, a legenda alexandrina tenha encontrado espaço de difusão na área subsaariana, algo revelado ao mundo erudito ocidental apenas nos últimos anos. Data de 2009 a identificação pelo orientalista Georges Bohas de um manuscrito redigido em árabe no acervo da Biblioteca Mamma Haidara, em Tombuctu, identificado com o nome de *Qissat Dhul Qarnain* (História do bicornudo), relatada por autor desconhecido, possivelmente Abu Abdel Malik. Este, por sua vez, teria sido um erudito magrebino do século XVIII, Abu Abdel Malik al-Mashuni, e o texto, escrito em 1736, teria sido baseado no romance de Pseudo-Calístenes, em informações do Corão e outras fontes islâmicas, incluindo compilações de *hadiths* (Skudaven e Ahmed, 2017). O manuscrito encontra-se digitalizado na íntegra e disponibilizado no site eletrônico da World Digital Library.[2]

Embora o manuscrito de Tombuctu seja único, ele é parte integrante de um conjunto de textos que levam o mesmo nome, cujos exemplares encontram-se espalhados em diversas áreas do Ocidente muçulmano. Ao que parece, a obra tem origem na adaptação do Pseudo-Calístenes ao siríaco, depois vertido para língua árabe por Abd al-Rahman Ibn Ziyad. Acredita-se que este tenha sido cadi na Ifriqia, falecido em 778. O texto foi a seguir copiado por al-Mashini, e exemplares dele podem ser encontrados nos acervos da Biblioteca Real e da Biblioteca Nacional de Rabat, no Marrocos, e no setor de textos árabes da Biblioteca Nacional de Madri (Zuwiyya, 2011: 76-78).

Sobre a identificação de Alexandre com Dhul Qarnain, o "bicornudo", é provável que a explicação provenha de sua representação iconográfica. Já em antigas moedas, como as tetradracmas do rei Lisímaco da Trácia, cunhadas no século IV a.C., a efígie de Alexandre por vezes aparece ornada de ramos cuja disposição sugere a imagem de chifres retorcidos (Salac, 1960: 42). Essa caracterização, por sua vez, vincula-se ao fato de que, após conquistar o Egito e fundar Alexandria, em 332 a.C., ele teria sido alçado à condição de semideus ao se colocar como filho de Amon durante sua visita ao Oráculo de Amon em Siwah, no deserto da Líbia (Bowden, 2014: 43-52). Sua representação com os dois chifres seria, nesse caso, uma referência ao vínculo com aquela divindade, que, como se sabe, costumava ser representada com dois chifres de carneiro.

Com certeza não foi esse o significado atribuído ao duplo chifre na tradição muçulmana, que rejeitava em absoluto qualquer traço de infidelidade e de paganismo. No *Qissat Dhul Qarnain* de Tombuctu, assim é apresentada a explicação para os seus dois nomes: "ele tem este nome (Alexandre) por causa da cidade que mandou construir, Alexandria, mas passou a ser chamado de Bicornudo porque nele Deus reuniu os dois chifres do Sol, o do Oriente e o do Ocidente" (Bohas, Saguer e Sinns, 2012: 23). Certa vez, atacado pelos ímpios, seus chifres foram arrancados e quebrados, o que provocou sua morte, porém "Deus o ressuscitou, tirando-o do sono profundo, substituindo os chifres por tufos espessos, grossos e duros como o ferro, que acabaram por lhe cobrir toda a cabeça, de modo que nenhum sabre podia cortá-los, a não ser com a ajuda divina" (Bohas, Saguer e Sinns, 2012: 18).

A simbologia dos dois chifres assume forte conotação religiosa, como se vê. De fato, a imagem do Bicornudo significa bem mais do que uma evocação legendária ou mítico-literária na tradição muçulmana, que lhe conferiu um sentido religioso profundo e o associou aos eventos apocalípticos. Sem que se possa afirmar ter isso ocorrido em virtude de uma influência direta da legenda alexandrina, o fato é que a figura de Dhul Qarnain aparece retratada na Surata 18 do Corão na qualidade de defensor da fé e castigador dos ímpios que habitariam os quatro cantos da terra. Ele teria lutado contra os povos selvagens do Gog e do Magog, que habitavam entre duas grandes montanhas as quais foram, com sua força e autoridade, isoladas do resto do mundo por forte barreira feita de ferro e de cobre que os manteria aprisionados até o momento em que o fim dos tempos fosse anunciado (Alcorão, 2003: 285-287).

Muito explorado na literatura apocalíptica muçulmana (e também na cristã), o tema do aprisionamento por Alexandre dos povos de Gog e Magog recebeu tratamento muito variado, mas sempre o pano de fundo teve conotação política, e o feito coube a alguém cuja autoridade espiritual era reconhecida em toda parte (Ferrari, 2019: 124-138). Por isso, no Ocidente, a figura de Alexandre deu origem à longa tradição da liderança messiânica vinculada ao "Imperador dos Últimos Tempos", anunciado pelos oráculos sibilinos e profecias desde o texto atribuído ao bispo Metódio de Patara – identificado como Pseudo-Metódio (Carozzi e Taviani-Carozzi, 1982: 19-33). No Oriente e na África, como resultado de uma mescla entre elementos romanescos de origem grega e siríaca, elementos proféticos vinculados ao Corão e aos *hadiths*, e aos episódios da vida do Profeta Maomé, Dhul Qarnain assume feições espirituais muito marcadas, com caráter profético e messiânico, uma vez que a derrubada do muro que mandara edificar nos limites do mundo para aprisionar os povos do Gog e do Magog desencadearia os eventos apocalípticos (Abumalham, 1991: 88).

Por isso, nos debates e interpretações de caráter exegético, o nome de Alexandre, grafado por vezes como *Iskender* e noutras como *Aleksandr*, recebe interpretações do elevado sentido espiritual. Com efeito, o próprio nome "Alexandre" poderia significar "homem bom", pois resultaria dos vocábulos Alex + Andros, que significaria, literalmente, "o que protege os homens" (Bacqué-Grammont e Polignac, 2000: 120). Essas interpretações, todavia, não eram aceitas por diversos teólogos e imãs, para quem Dhul Qarnain não seria de origem grega, muito menos teria qualquer vínculo com o paganismo, mas seria alguém misterioso originário do Iêmen, conhecido por isso como o Himiarita (Favre, 1856: 44). Alguns, como os eruditos Jamal al-Din al-Qasimi, falecido em 1914, e Muhammad al-Tabback, falecido em 1951, entendem que a expressão Dhul Qarnain designa um dos títulos aplicados aos antigos governantes iemenitas, e que, por consequência, o personagem em causa seria de origem árabe, ou mesmo um anjo (Skudaven e Ahmed, 2017).

Decalcado do repertório literário siríaco adaptado no mundo muçulmano, Dhul Qarnain agrega os diversos aspectos da legenda alexandrina, e nele não se pode detectar algo que seja específico da erudição afro-muçulmana subsaariana. O texto de Tombuctu mostra-nos o jovem protagonista por vezes como conquistador implacável a serviço do islã contra idólatras, ímpios e infiéis da Pérsia, Índia, Magrebe, China, Andaluzia, entre tantos outros lugares; como explorador e andarilho em busca de maravilhas, prodígios e limites desse mundo, percorrendo sem descanso territórios habitados e inóspitos, mares e ilhas; como construtor de fortalezas, mesquitas e cidades, na condição de herói civilizador (Bohas, Saguer e Sinns, 2012: 83-84). De todo modo, representa quase sempre a cultura frente à natureza, a civilização frente à selvageria e à barbárie. Nesse aspecto, o texto reproduz elementos típicos da literatura de viagens que era muito apreciada e difundida nos meios letrados islâmicos, em tom depreciativo quando se refere a povos e costumes não muçulmanos, como se poderá detectar no trecho abaixo:

> Em seguida chegamos a uma vasta terra onde encontramos uma gente de grande estatura, do tamanho de palmeiras, negros como madeira queimada, cuja língua não podíamos compreender. Achamos que eles habitavam em casas no deserto, como bestas selvagens e leões. Quando se aproximaram de nós, jogaram pedras, e ao lutar com eles percebemos que tinham os pés semelhantes às patas de camelos e de jumentos, de avestruzes e outros animais. Fugiram de nós e esconderam-se em cavernas para escapar de nossos projéteis. (Bohas, Saguer e Sinns, 2012: 73)

O trecho contém, como se vê, tópicos recorrentes dos relatos de viagem, com a descrição de povos exóticos cujos costumes e aparência colocavam-nos na esfera da animalidade, e o fato de que o manuscrito aqui considerado tenha sido copiado em Tombuctu não minimiza em nada o caráter exclusivista, etnocêntrico e racista da narrativa. Como era usual na literatura de viagens, tal qual na literatura enciclopédica e sapiencial produzida de acordo com os parâmetros culturais do islã, inclusive na área magrebina e saariana, a cor negra era tida como indício de inferioridade e os povos negros ali ocupavam os lugares mais baixos na escala ascendente à humanidade (Lewis, 1968; Hall, 2005) – conforme demonstrado no capítulo anterior.

Talvez por causa disso, um traço distintivo da figura de Dhul Qarnain tenha sido a busca de aprimoramento espiritual através do conhecimento e da experiência mística. Em certos episódios, a sua sede de poder é motivo de admoestação da parte de sábios e ascetas considerados "homens santos". Tais resquícios da figura do Alexandre histórico, do grande conquistador macedônico, permitem aos leitores e/ou ouvintes identificar o orgulho, a soberba, como grave falta moral e de caráter, algo, aliás, frequente em diversas obras do ciclo de Alexandre Magno do universo euro-cristão (Harf-Lancner, 2000). Noutros trechos, ele próprio aparece como a encarnação da busca do conhecimento profundo, hermético, revelado apenas aos iniciados, que o aproximam da ciência, do esoterismo, da alquimia (Alfonso-Goldfarb, 1999). Ele é levado às fronteiras entre este e o outro mundo, ao universo dos espíritos, dos anjos e dos gênios (*djinns*), a bosques e castelos encantados, fontes e pedras com propriedades mágicas (Bohas, Saguer e Sinns, 2012: 42-45).

Como que por uma fatalidade, o manuscrito encontrado em Tombuctu não tem as últimas páginas; é um manuscrito interrompido. E, o que o torna ainda mais curioso, o desfecho do último episódio descrito, relativo aos contatos entre Dhul Qarnain e a rainha Qandafa, que, conforme se sabe, constitui a adaptação em língua árabe do nome de Candácia, a rainha Núbia de Meroé, está incompleto. Aqui, ela é confundida com a rainha das amazonas, que, desde a gestação da lenda alexandrina, aparece como uma adversária à altura do grande conquistador.

Esse motivo lendário remonta aos textos da Antiguidade greco-romana. Já nas obras de Quinto Curcio, Julius Valerius, Diodoro da Sicília, Plutarco e Arriano, consta que Thalensis, a rainha das amazonas, ao saber das conquistas de Alexandre, é tomada de desejo por ele, de quem espera gerar um filho (Daumas, 1992; Gautier-Bougassas, 1991). O desenvolvimento dado ao tema pelo Pseudo-Calístenes, recolhido em textos persas, tem sentido diferente, eminentemente militar: aqui não se trata das fabulosas amazonas, mas da rainha Candácia que, ao ser advertida da aproximação de Alexandre, aguarda o conquistador montada em um elefante, e Alexandre recua (Rubanovich, 2016).

Os materiais de divulgação que alimentavam a lenda alexandrina nos domínios do imaginário muçulmano reservavam espaço para reinos fabulosos dominados por mulheres. No relato de viagem do andaluz Abu Hamid al-Gharnati (1080-1169), chamado *Tuhfat al-albab wa nukhbat al-aja'ib* (Um presente de segredos e seleção de maravilhas), depois de dizer que no Sudão havia "povos sem cabeça", o viajante afirma que nos desertos do Magrebe havia uma comunidade exclusiva de mulheres, "filhas de Adão". Os homens não eram admitidos entre elas, e as crianças nasciam por efeito de uma fonte de água que fertilizava apenas meninas, nunca meninos. A localização da comunidade era na Terra das Sombras, que apenas Dhul Qarnain tinha conseguido alcançar e experimentar da "água da vida" (Levtzion e Hopkins, 2000: 134).

Às vezes, os destinos do grande conquistador e da poderosa governanta cruzavam-se, mas o seu encontro é narrado de acordo com perspectivas diferentes, e divergentes. No *Hadith Dhul Qarnain*, de autor anônimo, ele teria morrido envenenado no Iêmen por aquela soberana, que recebe o nome de Juman. Também no *Qisas al-Anbiya*, coletânea de contos e anedotas sobre a vida dos profetas do islã, colocada por escrito no princípio do século XI por Ahmed Ibn Muhammad al-Thalabi, o conquistador lança um desafio à rainha das amazonas, aqui nomeada Candafa (Zuwiyya, 2011: 81 e 92). Mas no *Zênâ Eskender* abissínio, não apenas ele desiste da guerra contra a poderosa adversária, mas casa-se com ela e tem dois filhos: Kandarôs e Kanira (Kotar, 2011: 171).

No caso do *Qissat Dhul Qarnain* de Tombuctu, o resultado do encontro é incerto. Diante dos emissários de Alexandre que lhe anunciam as condições para sua submissão, Qandafa envia ao conquistador presentes e uma carta em que lhe diz:

> Esperamos que afaste de nós os guerreiros e os inimigos. Não podemos crer que conduzirás teus exércitos contra nossa terra porque te enviaremos presentes e riquezas. Mas se não aceitares o que te oferecemos, nós te combateremos e te moveremos guerra e não nos submeteremos às tuas ordens até o fim dos tempos. (Bohas, Saguer e Sinns, 2012: 95)

Insatisfeito, o conquistador marcha com suas tropas em direção aos domínios da rainha, mas antes que se possa deduzir o resultado, acaba o texto manuscrito...

SUNDJATA, DHUL QARNAIN E OS CIRCUITOS DE TRANSMISSÃO ORAL

Temos agora condições de reavaliar a questão levantada no princípio deste capítulo sob outro prisma. Espera-se que, com os dados apresentados nas seções anteriores, fique demonstrada a superficialidade da interpretação proposta por Adrian Tronson sobre a evocação de Alexandre Magno na epopeia de Sundjata. Compreende-se que aquele historiador não tenha tido acesso na ocasião de sua primeira publicação sobre a relação entre Sundjata e Alexandre ao texto do *Qissat Dhul Qarnain* de Tombuctu, mas este já estava publicado antes da aparição do trabalho mais recente, lançado em 2014. A existência de uma narrativa em árabe sobre a versão legendária islâmica de Alexandre, copiada na mesma área cultural em que transitavam detentores de tradições orais do antigo Mandinga, inverte os termos da equação em geral colocada pelos estudiosos ao nos permitir refletir não apenas sobre as prováveis influências de dados orais sobre textos escritos, mas também o contrário, isto é, as prováveis influências do escrito sobre o oral e a oralidade.

O conteúdo do manuscrito de Tombuctu não deve ser tomado como uma evidência de que a imagem de Dhul Qarnain gozasse de popularidade na primeira metade do século XIII, época provável da vida de Sundjata Keita. Não se advoga aqui a ideia, de resto fácil, de uma influência direta do modelo heroico helenístico representado por Alexandre sobre o modelo heroico africano representado por Sundjata. Deve-se considerar, porém, que, como Dhul Qarnain, Alexandre tenha sido, e continue a ser, em ambiente muçulmano, bem mais do que uma evocação mítico-literária. Ali ele também pode aparecer na qualidade de profeta, de anunciador do fim dos

Registro visual de ambiente palaciano no antigo Marrocos. Na imagem, um narrador transmite a um copista a descrição de suas experiências de viagem.

tempos. Por isso, a probabilidade da existência de colisões, confluências, aproximações entre os dois líderes potencialmente abertos a idealizações é grande.

Se à primeira vista a inquietante correlação proposta por Mamadou Kouyaté parece constituir um beco sem saída da história, parecendo "invenção" de uma tradição como Adrian Tronson quer fazer crer, outro indício, não menos revestido de complexidade, revelou-se a nós através dos estudos do antropólogo Michael Jackson nas aldeias da região de Kuranko, situada nas proximidades do rio Níger. Na linhagem dos chefes locais da cidade de Barawa, comunidade fundada no século XVII pelo clã autodenominado Maraha – termo originário do etnônimo Kamara, do antigo Mandinga –, os tradicionalistas denominam o mais antigo ancestral, um poderoso senhor da guerra, com o nome de Yilkanani ou Wasiru Mansa Yilkanani, enquanto outros informantes do pesquisador identificam o fundador da cidade guineense de Kankan pelo nome de Djurukaraneni. Em todos os casos, estes e outros nomes, como Yurulhenani, seriam, na opinião do antropólogo, deformações do termo árabe Dhul Qarnain, o "Bicornudo" (Jackson, 1987: 236 e 240).

Encontramos em uma conferência proferida por Michel Cartry a síntese de uma exposição oral feita pelo então jovem pesquisador Tal Tamari, em que este pesquisador argumenta sobre a popularidade de elementos da cultura islâmica nas tradições africanas e afirma ter existido influência dos *hadiths*, da *Sira* (Vida do Profeta) e das *Qisas al-Anbiya* (Vida dos Profetas) em diversas versões da epopeia de Sundjata. Para ele, o nome aplicado ao subchefe de um grupo falante do mandê em Serra Leoa, Yilkanani, teria sido inspirado em Sundjata e, indiretamente, no romance de Alexandre Magno (Cartry, 1981: 80). Noutro estudo acerca da influência da imagem de Sundjata nas altas linhagens do Sahel, Mamadou Diawara identifica entre os zarma, entre os povos do reino de Jaara e os povos do Bondu, famílias de distinção que se afirmam descendentes de Julxarnayni ou Julu Kara Nayini – nomes pelos quais Sundjata era também lembrado entre os mandingas e songais (Diawara, 1999: 113-114; 135).

Ainda que frágeis, essas indicações contribuem para fortalecer a ideia de que a comparação proposta por Mamadou Kouyaté, e chancelada pelo historiador Djibril Niane, não é desprovida de sentido. Elas confirmam a proximidade entre as duas personagens heroicas aqui consideradas na memória coletiva dos povos vinculados ao mundo mandinga, e sua conexão com o islã. Não significa, porém, que as imagens de Alexandre, de Dhul Qarnain e de Sundjata tenham ficado confundidas e misturadas, e que os povos sahelianos e nigerianos não tivessem condições de distinguir os elementos de sua própria cultura daqueles provenientes do islã.

Afirmamos no início do presente capítulo que, ao consultar outras versões publicadas da legenda de Sundjata, nenhum dos seus narradores tenha mencionado diretamente Alexandre Magno ou *Dhul Qarnain*, o que é verdade. Não significa, porém, que eles não tenham dado atenção aos modelos heroicos muçulmanos. A narrativa feita na aldeia de Fadama, ao noroeste da Guiné-Conacri, pelo respeitado *djéli ngara* (mestre superior) chamado Djanka Tassey Condé ao estudioso David Conrad em 1994, começa com a evocação de Allah, Maomé e os profetas (*Alamusanda*) do islã, e a genealogia de Sundjata o coloca na linha de descendência de Sedina Bilali, mais conhecido nas tradições orais como Bilal ibn Rabah. O mesmo ocorre com a ancestralidade de algumas famílias distintas do Mandinga, como os Bereté, que teriam sido descendentes de Farisini Hejaji, originário de Meca. Outras, como os Kaba, seriam originários dos tempos de Maomé. Muitos dos fundadores de famílias aparecem identificados pelo qualificativo étnico *suraka*, empregados para designar os "árabes" (Conrad, 2004: 2, 4; Humblot, 1918: 540).

A identificação com ancestrais de prestígio originários da Arábia, sobretudo de Meca, e, dependendo do grau de importância pretendido, pertencentes ou próximos do círculo familiar de Maomé, constitui uma estratégia de afirmação político-cultural bem conhecida em diversos contextos africanos (Luffin, 2006). No Mali, a fundação da linhagem Keita é atribuída a Bilal ibn Rabah (Conrad, 1985), e a epopeia de Sundjata tida como de maior prestígio, preservada pela linhagem dos djéli da família Diabaté, reserva grande espaço a esse personagem. Ao ser narrada pelo *kumatigui* (mestre da palavra) conhecido como Lansine Diabaté, inclusive nos rituais septenários do Kamabolon de Kangaba, a história do Mandinga começa a ser contada a partir dos eventos ocorridos durante a vida de Maomé, em Meca, com a conversão daquele escravo negro, aqui identificado com o nome de Asse Bilali, que viria a se tornar o primeiro muezim do islã e o fundador do *mansaren*, o ramo dinástico dos Keita. A própria tradição de Kela é fundada e mantida na coabitação dos Diabaté, importantes tradicionalistas, com os mestres corânicos da família Haidara, destacados representantes da tradição islâmica na área mandinga (Jansen, 1995).

No âmbito da análise das relações culturais, o que está aqui em questionamento é a ideia de uma suposta autonomia do oral, ou de uma separação entre as esferas de influência do oral e do escrito. Estudos recentes têm demonstrado que, sem cair na cilada epistemológica de estabelecer níveis de influência entre essas esferas, elas foram marcadas por relações de reciprocidade e mostram alta capacidade de reconfiguração, ressignificação e circulação, sem deixar por isso de serem "genuinamente africanas". A evocação de um personagem como Dhul Qarnain, cuja difusão se deu em meio ao processo de difusão de uma cultura escrita árabe, em uma obra recolhida da oralidade, encontra explicação nas interações ocorridas durante a difusão das tradições relativas a Sundjata, em que o suporte escrito não parece ter sido negligenciado pelos detentores das tradições.

Ralph Austen chamou atenção para um aspecto em geral pouco explorado pelos interessados nas tradições ancestrais mandingas: o épico de Sundjata aparece em variados gêneros narrativos e da poesia oral que foram se transformando ao serem inseridas no gênero moderno do romance – em que se inclui o texto de *Sundjata ou a epopeia mandinga*, aqui examinado. Segundo esse pesquisador, no próprio espaço cultural do Mandê, Sundjata participa de diferentes gêneros ou subgêneros narrativos, em peças curtas que podem ser consideradas panegíricos (*faasa*), contos breves (*tare*) e narrativas épicas de caráter histórico denominadas *tariku*. Ao pretender historicidade, confiabilidade e estabilidade à descrição da história de Sundjata, este último gênero, o mais respeitado e o mais difundido, aproxima-se do gênero histórico das narrativas árabes escritas, denominado *ta'rikh* (crônica, história) (Austen, 1999: 69-72).

Essas explicações problematizam a limitadora associação entre os detentores das tradições, a oralidade plena e a ausência de elementos da cultura erudita em sua formação. O fato de que tenham sido detentores privilegiados dos segredos reservados aos iniciados, por meio da oralidade, não implica que os djéli fossem por consequência analfabetos. Com certa frequência, em suas narrativas, eles indicam como fonte de informação os seus *tariku* – como se pode observar em depoimentos de renomados tradicionalistas, entre os quais o sábio Bala Kanté e Hamidou Soumalia, da região de Kela no Alto Níger (Jansen e Diarra, 2006: 87; Soumalia, Hamidou e Laya, 1998: 37). Em um desses *tariku*, cujo manuscrito foi recolhido e traduzido em 1918 pelo administrador colonial Paul Humblot, um griot anônimo da aldeia de Teliko, situada perto de Kankan, na atual Guiné-Conacri, começa a narrativa com louvações a Allah e com rememorações sobre a origem da humanidade pelos "filhos de Adão". A seguir, explica as origens dos nomes das famílias e clãs mandingas em sua vinculação com a história corânica, mas adverte: "nenhuma nação pode se vangloriar e dizer 'eu sou de uma raça superior', pois todos saímos da Terra, e não importa quem sejamos, de Aba Diali ou de Abu Taleb, todos estamos sujeitos a morrer" (Humblot, 1918:537).

O pesquisador Seydou Camara vai ainda mais longe ao afirmar que a versão dita oficial da gesta de Sundjata, preservada pelos djéli de Kela, leva o nome de *tariku* porque se assenta em um texto colocado por escrito a mando de Siramori Balaba Diabaté em língua maninkankan mediante caracteres árabes. O texto, conhecido como *Sunjata ya maana*, encontra-se em dois manuscritos conservados em Kela, que servem de referência para a transmissão do seu conteúdo aos jovens djéli durante o ritual do Kamabolon. O acesso a eles é restrito aos *kumatigui*, os "mestres da palavra", os únicos autorizados pela tradição a recitar o conteúdo dessas fontes durante as cerimônias públicas ocorridas de sete em sete anos no santuário de Kamabolon (Camara, 1996: 777-781). Embora outros especialistas das tradições mandingas relativas a Sundjata discordem desta interpretação e defendam a preeminência da oralidade na transmissão da história do fundador do antigo Mandinga, admitem que em Kela existam *ta'rikhs*, e que os mesmos djélis encarregados de narrar a história das linhagens reais sejam admiradores e recitadores de passagens do Corão (Jansen, 2000: 183-184).

Na mesma linha de argumentação de Seydou Kamara, as pesquisas realizadas por Tal Tamari contribuem para reorientar o debate sobre as relações culturais de matriz islâmica em contexto africano pelo viés interlinguístico e intercultural. Ao identificar a presença de personagens, obras populares (como o *Kalila e Dina*, de origem indiana; contos inspirados nos *hadiths* e no *Qisas al-Anbiya*, e mesmo do ciclo de Alexandre e os contos de *As mil e uma noites*) em epopeias, lendas e reconstituição oral de genealogias na África Ocidental, Tamari nos desafia a repensar a configuração dos processos e dinâmicas de difusão cultural. Ele propõe a existência de "circuitos de transmissão oral" em línguas regionais a partir de camadas narrativas de base escrita que, ao serem apropriadas e realimentadas, dariam origem a novos circuitos de transmissão tanto por via oral quanto por via escrita. Os meios de transmissão se dariam através do ensino corânico, em comentários aos textos religiosos feitos em público, e mesmo de forma aleatória, pois em diferentes momentos os letrados podem ler, traduzir e explicar publicamente textos árabes, vertendo-os à língua mandinga ou à língua songai. Para exemplificar, cita o caso de *As mil e uma noites*, conhecidas no Mali como *Mansa Haruna Nsiirin* (Contos do rei Haruna), em referência ao califa Harun al-Rachid[3] – que figura como personagem em diversos daqueles contos (Tamari, 2013).

Antes de finalizar, vale a pena retornar ao ponto de partida deste estudo e reler, à luz dos debates anteriormente colocados, as circunstâncias em que Djul Kara Naini aparece citado em *Sundjata ou a epopeia mandinga*. Além da evocação inicial, em que o djéli compara os dois heróis, nos é informado que Sundjata ouviu com arrebatamento em sua infância da boca do ancestral dos Kouyaté, Balla Fassekê, a história daquele grande rei "do ouro e da prata, aquele cujo sol brilhou sobre a metade do mundo" (Niane, 1982: 42), e nas derradeiras páginas da epopeia, após a descrição da Batalha de Kirina e a unificação dos povos na assembleia em Kurukan Fuga, entre as cidades anexadas ao Império Mandinga aparece citada Wagadu, a capital do Gana, "onde reinava a descendência de Djulu Karo Naini" (Niane, 1982: 121). Além da familiaridade entre os personagens, o que se revela é uma ideia de continuidade: Sundjata e Dhul Qarnain parecem voltados a um mesmo destino, o de fundar grandes impérios. Jamais saberemos, todavia, desde quando tal paralelismo passou a ser reconhecido nas regiões ao sul do Saara.

CONSIDERAÇÕES FINAIS

Ao longo deste capítulo, valemo-nos de alegorias que expressam a dificuldade de apreensão do sentido das evocações aqui examinadas, sobretudo as imagens do "labirinto" e do "beco sem saída". A existência do manuscrito em que a história legendária de Alexandre Magno é dada a conhecer aos letrados de Tombuctu não permite supor que era conhecida por esse meio em tempos recuados, mas também não impede que se pense terem existido outros textos como o atual em períodos anteriores. O que mais importa assinalar aqui é a impossibilidade de se chegar a uma resposta definitiva ao problema examinado, e talvez não seja isso o que mais importa.

Ao que tudo indica, na primeira metade do século XIII qualquer relação entre os dois personagens esbarra em dificuldades de comprovação. Aquilo que é dito ao fim da epopeia de Sundjata, que Dhul Qarnain teria sido o fundador da linhagem dos governantes de Wagadu, sede do governo dos antigos governantes de Gana, parece provir de uma antiga tradição que atribui a Alexandre a fundação de Sijilmassa e outros locais dos oásis do deserto (McCall, 1961: 18). O antropólogo

Michael Jackson atribui ao estudo de Charles Monteil a identificação de um governante de Wagadu do período de 1200-1218, cujo nome seria Djurukaraneni (Jackson, 1987: 239), o que comprovaria o que aparece narrado na epopeia. Mas a informação não confere, por incorreção ou má-fé do estudioso: o nome indicado por Monteil para o governante do período aludido é Nara fa Maghan (Monteil, 1929).

Tudo levaria a crer que, como supõe Adrian Tronson, a identificação aqui discutida resultasse de uma "invenção" do griot Mamadou Kouyaté, ou, o que parece ser a sua suposição, do historiador Djibril Tamsir Niane. Mas isso não parece fazer sentido por duas razões: primeiro porque se o objetivo era enaltecer Sundjata para reforçar a autoridade dos governantes africanos do século XX, seus herdeiros, que sentido teria o enaltecimento de Modido Keita, presidente do Mali, quando a recolha da tradição oral ocorreu em 1958 numa aldeia da região de Siguiri, no nordeste da República da Guiné, governada por Ahmed Sekou Touré de 1958 a 1984 (Bullman, 2017: 4)? Segundo, como explicar a existência do nome Dhul Qarnain em genealogias de famílias de origem mandinga e songai que remontam, pelo menos, ao século XVII, conforme apontado por Michael Jackson, Tal Tamari e por Mamadou Diawara?

Acreditamos que o melhor seria aceitar os limites de acesso a informações cujos circuitos de transmissão e circulação nem sempre são registrados ou apropriados pela cultura escrita, o que não quer dizer que não tenham existido ou que não existam. Em se tratando das culturas africanas, convém sempre reservar algum espaço para as dimensões do intangível e do inexplicado.

Notas

[1] Dissidência religiosa considerada herética pelo cristianismo ortodoxo, com igreja autônoma no Oriente Médio e na Ásia.
[2] Disponível em: <https://www.wdl.org/en/item/9674/>. Acesso em: março de 2020.
[3] Quinto califa abássida, reinou no período de 786-809 da era cristã. A ele é atribuída a criação da lendária Casa da Sabedoria.

PARTE II
Poder, instituições, sociedade

Sobre a autoridade compartilhada nas antigas sociedades mandingas

"Síntese do universo e articulador das energias vitais, o ser humano é assim chamado a se tornar o ponto de equilíbrio onde se poderão conjugar, através dele, as diversas dimensões das quais ele é portador."

Amadou Hampâté Bâ

Em conhecida obra de antropologia política, Meyer Fortes e Evans-Pritchard coordenaram estudos sobre o funcionamento e a organização de oito sociedades tradicionais africanas e propuseram uma tipologia que se tornou bastante utilizada para o conjunto dos povos da África Subsaariana, distinguindo, primeiramente, as sociedades *sem* e *com* Estado, e classificando-as em três

163

tipos principais: um, em que a estrutura política confundia-se com a estrutura parental; outro, em que a estrutura política apoiava-se em agrupamentos de linhagens; e o último, em que a estrutura política assentava-se em uma unidade territorial, dispondo de aparelho administrativo centralizado. Enquanto as sociedades não estatizadas teriam o seu funcionamento baseado em relações diretas de parentesco, as sociedades estatizadas disporiam de mecanismos de funcionamento mais complexos, ligados à influência de linhagens, grupos de descendência unilinear que moldavam a estrutura política. Esse tipo de explicação assenta-se na ideia de uma evolução de organizações simples para organizações mais complexas, associando o processo ao fenômeno da unidade e centralização do poder (Fortes e Evans-Pritchard, 1981).

Para as sociedades antigas da África Ocidental, conforme já foi discutido no primeiro capítulo, a interpretação que se impôs na historiografia foi proposta pelo africanista Maurice Delafosse, para quem as organizações políticas sahelianas e da bacia do Níger tinham formas de organização monárquica, seguindo uma ordem de complexidade a separar grupos segmentares simples, organizados em "cantões" (aldeias; chefaturas), e grupos mais complexos, reunidos sob a autoridade superior de um mesmo chefe (reinos). Para ele, a reunião dos chefes de diversas aldeias para discutir assuntos de interesse comum daria origem a uma confederação. Quando o Estado se baseava no sistema monárquico, a forma predominante lembrava uma "monarquia feudal" e era "análoga às monarquias europeias medievais". O tipo de organização política superior seria o "império", resultante de conquistas militares, expansionismo e incorporação de povos conquistados. Kumasi, Abomé e Sikhasso constituiriam exemplos de "impérios modernos"; Gana, Mali e Gao, por sua vez, exemplificariam "impérios antigos" (Delafosse, 1912, III: 137).

Charles Monteil, outro administrador-etnógrafo influente na gestação dos modelos de interpretação das sociedades sudanesas antigas, demonstra perceber a existência de discrepância entre o vocabulário social e político europeu e as realidades a que tais termos procuravam designar na África. Ainda que designe a antiga formação mandinga pelos qualificativos de "reino" e "império", estava ciente que, na organização política africana, eram os clãs e as relações de parentesco, e não instituições estáveis, uniformes, centralizadas, que definiam os termos em que se davam as relações de poder. As sociedades mandingas teriam sido muito influenciadas por algo que, na falta de vocábulo melhor, ele denominou de "comunismo", e tudo o mais resultaria de interpretações artificiais (Monteil, 1929: 322). Em outro trabalho ao qual não foi possível ter acesso direto, o artigo "L'œuvre des étrangers dans l'empire soudanais du Mali" (A obra dos estrangeiros no Império sudanês do Mali), publicado na *Revue des Études Islamiques* (nº 2, 1929), numa autocrítica das terminologias e conceituações etnocentradas, afirma que o uso inadvertido do vocábulo "império" encobriria a existência de um tipo de poder vigente no Sudão que seria, na realidade, oligárquico, superposto a outros organismos locais preexistentes (Monteil apud Collet, 2017: 133).

Teorizações posteriores de cientistas sociais africanos deram razão às ponderações do antigo estudioso francês, pondo em discussão tipos de enquadramento similares aos propostos por Fortes, Evans-Pritchard e Delafosse. Para o sociólogo senegalês Pathé Diagne (1981: 51-52), interpretações de caráter monista, monosubstancialista ou evolucionista não seriam capazes de dar conta de formas sociais vigentes nas sociedades africanas "pré-coloniais", que eram multicêntricas, com regimes paralelos de organização que ora se imbricavam, ora se sobrepunham uns aos outros. O funcionamento das relações políticas encontrava-se, além disso, ancorado em bases comunitárias onde atuavam poderes e contrapoderes que, em diversas instâncias, apresentavam soluções que equilibravam o acúmulo de poder ou processos de centralização. O filósofo beninense Honorat Aguessy (1983: 19), por sua vez, chama a atenção para a noção de subsidiariedade que orientava as relações entre grupos e instituições nas formações estatais "pré-coloniais". O traço distintivo por excelência dessas organizações teria sido que a aquisição de poder por um Estado não eliminava as estruturas sociais e culturais anteriores: clãs, linhagens, grupos conquistados não perdiam sua identidade em face da supremacia de um grupo conquistador predominante, podendo manter parte de seus elementos constitutivos agregados a outros dos detentores da autoridade política e do poder militar superior.

Neste capítulo, recorreremos ao conceito de "formação social" ou "formação estatal" tal qual foi sugerido pelo antropólogo sul-africano Archibald Mafeje (2001) para designar os elementos constitutivos da organização social predominante no antigo Estado Mandinga. O objetivo é evitar a contaminação do conceito "ocidentalizante" de "Império do Mali", inerente a uma postura epistemologicamente eurocentrada, ou a expressão "sultanato do Mali", que corresponde a uma percepção "orientalizante" da história sudanesa. O emprego dos conceitos apontados permitirá analisar os fenômenos encontrados nas realidades locais a partir, tanto quanto possível, da materialidade ou da subjetividade próprias dos sujeitos diretamente envolvidos, em função dos processos que deram sentido aos contextos históricos evocados. Os referenciais específicos de análise dirão respeito à caracterização da sucessão da linhagem Keita, que controlou o antigo Mandinga, de acordo com os dados fornecidos por eruditos magrebinos contemporâneos (Ibn Khaldun, al-Umari, Ibn Battuta), por eruditos sudaneses (al-Sadi, Ibn al-Mukhtar) e pela tradição oral.

HEGEMONIA MANDINGA E MANSAIA

De acordo com os registros escritos, é provável que a existência de um microestado integrado por povos de língua mandê (identificados em francês e inglês pelos etnônimos *mandenka*, *mandingo*, *malinké*, e em português por *mandinga* ou *malinquê*) remonte ao século VIII, e que até o final do século XI tenha sido tributário do antigo Estado de Gana. Em seguida, mandingas e sossos disputaram espaço de influência regional, tornando-se sociedades englobantes, até que em 1235, na Batalha de Kirina, Sundjata Keita[1] (c. 1205- c. 1255) venceu os sossos de Sumaoro[2] Kantê e criou as bases de um Estado integrado por povos aliados e povos conquistados (Conrad, 2012b). Os princípios e normas que regeram este Estado Mandinga permaneceram durante diversos séculos na memória dos detentores das tradições orais, os djéli ou griots, e foram compilados e fixados por escrito no documento denominado *Charte de Kurukan Fuga* (Carta de Kurukan Fuga) ou Carta Mandinga (Celhto, 2008; Souza, 2018).

Nos séculos XIII-XIV, a hegemonia do Mandinga era reconhecida por vários povos da África Ocidental: estendia-se desde a área situada na curva do rio Níger ao Sahel, no norte, à área de floresta, no sul, e se projetava em direção ao oceano Atlântico, na Senegâmbia. Informado por sábios muçulmanos que lá estiveram, em 1339, o erudito al-Umari indica as seguintes comunidades que rendiam tributos ao soberano mandinga, que vivia em uma cidade palatina denominada Niani (ou Yani): Gana/Wagadu, Zafun, Turnka, Takrur, SanaGana, Bunbughu, Zarfirta, Tanbara, Darmuda, Zagha, Kabara, Baraghuri e Kawkaw (Gao) (Cuoq, 1985: 263-264). Ao que parece, os povos de língua mandê ocupavam pequenas chefaturas, como os reinos de Do e de Kri, comunidades cuja história tem sido recuperada pela combinação de dados extraídos das tradições orais, combinadas com evidências de natureza arqueológica e com informações de fontes escritas em árabe (MacDonald, 2018). Pode-se pensar que esse núcleo inicial irradiou a partir de Do-Dugubani, em uma confederação de comunidades aldeãs (kafo) que evoluiu no século XIII para um tipo de poder centralizado de base eminentemente militar.

As razões apontadas para explicar o acúmulo de poder e prestígio dos governantes mandingas são de diversa ordem: do ponto de vista militar, controlavam um poderoso exército composto de arqueiros, lanceiros e cavaleiros; do ponto de vista econômico, controlavam as áreas de extração do ouro, que lhes garantiam posição privilegiada na circulação das caravanas transaarianas; do ponto de vista político, criaram e mantiveram uma estrutura administrativa, com representantes locais chamados *faama*, *farba* ou *farin*, e jurisconsultos ou conhecedores da lei muçulmana, chamados *cadi*. Integrado por diversos povos além dos mandingas, como os soninquês, fulas, dogons, sossos, bamanan (bambara), kizi, gerze, djalonké e bozô, o antigo Mali evoluiu para uma condição que o aproximava de um império, impondo-se politicamente ou militarmente e extraindo tributos dos povos vencidos. Era constituído por núcleos distintos de clãs, aldeias, chefaturas e submeteu organizações políticas maiores e mais complexas, como os Estados de Gana/Wagadu, Kaniaga e Diarra. Havia duas categorias de povos englobados: a dos povos aliados, cujos chefes conservavam seus títulos (caso de Gana/Wagadu e Nima); e a dos povos conquistados, em que, ao lado dos chefes tradicionais, era destacado um representante militar (Niane, 2010; Quigley, 2002: 24-26; Cissoko, 1983: 57-58). O controle era estabelecido de forma direta ou indireta por um poder gradualmente centralizado, representado na figura do governante a quem se atribuía o título de *mansa*.

O título atribuído aos detentores do poder superior, *mansa*, deriva de *ma*, que equivale a "senhor". Os mansas personificavam os ancestrais e nessa condição eram rodeados de carisma e tratados com grande reverência, conforme será estudado no capítulo "Encenando o poder: as audiências públicas no Bilad al-Sudan" desta obra. Ligados à figura mítica dos caçadores (*simbon*; *donsó*), reconheciam-se neles poderes excepcionais, capacidade de dominar a natureza e os seres humanos devido a conhecimentos ocultos que detinham (Konaré, 1981: 141-143). O tipo de poder que personificavam é designado pelos tradicionalistas e estudiosos locais pelo vocábulo *mansaia* – termo de origem mandinga que evoca um poder senhorial reconhecido pela coletividade e transmitido através dos membros de uma linhagem. A soberania, autoridade e prestígio não precisavam se assentar, todavia, em bases administrativas organizadas e centralizadas, nem em instituições e regras políticas fixas. Isso, entretanto, começou a ocorrer nos séculos XIII-XIV, quando os mansas passaram a adotar os modelos de organização muçulmana.

Na língua latina, o vocábulo *imperium* era empregado com dois significados distintos e complementares: no primeiro, evoca mando e autoridade, de onde o verbo "imperar"; na segunda, sugere, como decorrência da primeira definição, o mando e autoridade sobre

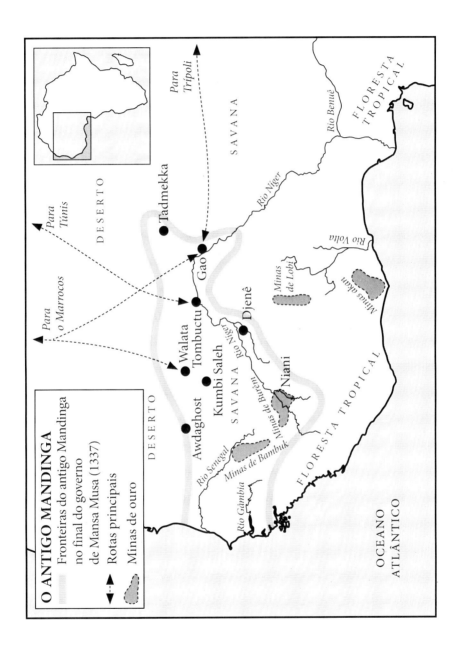

outrem, e, por extensão, o domínio territorial sobre províncias conquistadas. Dessa dupla acepção, apenas a primeira lembra vagamente o tipo de poder instaurado por Sundjata Keita e mantido por seus sucessores. Com efeito, a conquista e unificação de territórios e províncias nunca foram fator determinante para a soberania nas formações políticas africanas antigas. Como tem sido com frequência demonstrado, naquelas organizações o exercício da autoridade dependia de um conjunto de fatores em que a territorialidade era apenas um dos componentes de um poder superior (Cocquery-Vidrovich, 2005: 39-40). Assim, se vários componentes do poder imperial (domínio territorial, poderes centralizados, imposição de normas unificadas a diversos povos conquistados e/ou anexados) não encontram correspondência no funcionamento de Estados africanos como o antigo Mandinga, não basta, como fez Michal Timowsky (2003-2004: 21) sublinhar esta incoerência e tentar resolvê-la pela criação da noção de "pré-império", como se o qualificativo da autoridade máxima do modelo latino-europeu fosse a única referência possível para qualificar a grandeza e importância de uma formação política.

Não se trata também, como se verá a seguir, de pensar que a renúncia ao vocabulário político ocidental ou ao vocabulário político árabe seja a resolução do problema metodológico de abordagem das formações políticas africanas. O que está em causa não são os termos, mas a realidade histórico-social que eles encobrem. A autoridade dos *mansas* assentava-se em parte no potencial bélico que dispunham e em parte na capacidade de imposição de tributos aos povos submetidos; na eficácia da distribuição e aplicação da justiça e, sobretudo, no prestígio e desempenho pessoal dos soberanos. Na medida em que, na sucessão, a ocupação do poder supremo era reconhecida a apenas uma família, a família Keita, é preciso examinar com mais atenção a existência, ou não, de normas sancionadas pela tradição, de instituições originárias e/ou introduzidas após o momento em que as elites políticas mandingas passaram a adotar o islã como religião e a xaria muçulmana como referência de conduta.

O apogeu da hegemonia mandinga na África Ocidental ocorreu no decurso do século XIV, quando sua existência passou a ser conhecida no Magrebe, Egito, Oriente Médio e mesmo na Europa Ocidental. A personalidade política que melhor representa esse momento é Kanku Musa, que governou entre 1307-1332, também lembrado pelo nome de Mansa Musa, a quem se atribuem inúmeras qualidades pessoais e grande habilidade política (Conrad, 2012a). Ele foi o responsável pela introdução de sábios muçulmanos de origem andaluza, marroquina, egípcia e do Oriente Médio nas primeiras escolas corânicas de Gao e sobretudo de Tombuctu, que nos séculos seguintes viria a constituir importante centro de produção de uma cultura escrita autóctone islâmica (Cuoq, 1984: 79-85; Levtzion, 2000: 66-67). Isso levou a que os pesquisadores considerassem o enraizamento acelerado do islã como um traço inquestionável do projeto de centralização e unificação política promovidas por aquele monarca. A comunidade de religião, ao menos nas esferas sociais dominantes, teria reforçado a coesão de um "império", e Mansa Musa passa a ser lembrado como o grande islamizador do Sudão (Triaud, 1973: 106).

Porém, o processo político que deu legitimidade inicial aos detentores do poder foi endógeno, e se baseou no sistema de organização das comunidades aldeãs da curva do Níger. As instituições da *mansaia* resultam de sucessivas aglutinações e sobreposições operadas a partir das comunidades aldeãs, designadas pelo termo *dugu*, controladas pelos chefes locais (*dutigi*) e seus descendentes ou dependentes – chamados *dudenw*. Constituído de famílias extensas, poligâmicas, o núcleo da sociedade mandinga era atravessado por disputas entre irmãos de um mesmo pai (*fa*), mas de mães diferentes (identificados pelo nome coletivo de *fadenya*) e pela solidariedade entre irmãos de uma mesma mãe (identificados pelo nome coletivo de *badenya*). A esses conflitos intrafamiliares sucediam-se outros, entre linhagens e clãs, pelo título de *dugutigi*, o chefe da aldeia, e pela posição de *kafotigi*, o chefe de uma confederação de aldeias (*kafo*). Era esse último quem realizava a arbitragem de conflitos entre famílias ou entre aldeias e intervinha em determinados casos em nome da coletividade (Bagayogo, 1989).

171

Na comunidade aldeã, base primária de poder do Mandinga, o *fa*, o chefe de família, era cercado de parentes de sangue, aliados e dependentes. Entre essa domesticidade encontravam-se pessoas livres que a ele se ligavam por laços de parentesco, e pessoas não livres ou que pertenciam ao mundo dos ofícios artesanais. Em torno dele organizavam-se cultos aos espíritos ancestrais, representados por ídolos, e ele próprio passava a ser objeto de culto pelos que o sucediam. A propriedade da terra cabia, portanto, aos ancestrais, e a gestão dos frutos dela extraídos dependia da autoridade dos chefes de aldeia (*dutigi*), que, desse modo, acumulavam prestígio social e autoridade religiosa. Mesmo após a afirmação do poder da linhagem mais importante, integrada pelos Keita, esses chefes locais continuaram a ser "senhores da terra". Significa que a autoridade superior atribuída aos Keita não implicava que detivessem o domínio pleno dos espaços integrados à sua esfera de autoridade (Diagne, 1981: 30).

A existência da *mansaia*, isto é, de uma comunidade mais vasta, surgiu no início do século XIII, quando Sundjata Keita teve sua autoridade reconhecida pelos mais notáveis chefes de clãs mandingas e outros aliados que lutaram a seu favor na Batalha de Kirina (1235). De acordo com os tradicionalistas, após a vitória contra os povos sosso, Sundjata teria reunido uma assembleia na clareira de Kurukan Fuga, na comunidade de Ka-ba (Kangaba), da qual participaram os chefes de Do, Tabon, Mima (Mema), Wagadu, Bobô, e muitos outros que o apoiaram; e teria firmado a paz e a aliança entre o clã dos Kamaras, Kondês, Koromas e Konatês com o clã dos Keita. Ali foi entregue a Sundjata a lança que personificava a chefia suprema e ele foi sentado nos "couros" ocupados pelos governantes anteriores do Mandinga, isto é, nos tapetes ou símbolos em que se assentava a ideia de autoridade respeitada pelos demais (Cissé e Kamissoko, 2000: 239). Ali, o guerreiro vitorioso teve a autoridade publicamente reconhecida, reinstalou cada chefe no governo de suas comunidades e clãs e selou a amizade entre os povos colocados sob o seu domínio mediante uma aliança entre os clãs, que se uniram em relações artificiais de parentesco designadas pelos antropólogos europeus como "amizade jocosa" ou "parentesco jocoso" (*parenté à plaisanterie*). E o griot Mamadu Kouyatê, que recitou ao historiador guineense Djibril Tamsir Niane a epopeia de Sundjata, conclui o relato deste evento com a seguinte ponderação: "Desde então, sua palavra respeitada tornou-se lei, a regra para todos os povos que estiveram representados em Ka-ba" (Niane, 1982: 115).

A expressão "parentesco jocoso" ou "aliança jocosa" tem sido empregada para qualificar uma forma de relação entre grupos determinados que podem ser famílias, aldeias, regiões e povos inteiros, portadores de nomes e situações diferentes entre si. Após a realização formal de pactos de aliança conhecidos na língua malinquê pela expressão *sananku ya*, os pactuantes trocam presentes e firmam acordos de ajuda mútua e assistência em casos de necessidade (Paulme, 1939). Em Kurukan Fuga, diversas afinidades simbólicas de parentesco foram instituídas: por exemplo, os homens do clã Condê tornaram-se tios dos do clã Keita, os Tunkaras e os Cissê tornaram-se primos, de modo que em tais alianças é que passariam a repousar a afinidade e solidariedade entre os grupos constituintes do núcleo político do Estado Mandinga, e fora daqueles que participaram do grande pacto, da grande aliança, ficaram os povos sujeitos ao pagamento de tributo (Niane, 1982: 112-114; Tamari, 2006: 232).

Convém sublinhar, além disso, que as normas reguladoras do parentesco foram projetadas em relações de maior alcance coletivo, estabelecendo parâmetros de autoridade e subordinação. As implicações etárias inerentes às relações entre pais, tios, filhos, sobrinhos e, sobretudo, entre irmãos mais velhos, primogênitos, e mais novos, caçulas, indicam bem mais do que posições pessoais, sugerem posições no interior das comunidades aldeãs, clãs, confederações e Estados englobantes. Nas tradições mandingas, inclusive nas lógicas narrativas da epopeia de Sundjata, o papel de governo cabe ao irmão mais velho, e o papel do chefe de guerra cabe ao irmão caçula – como era o caso do unificador dos povos mandingas (Jansen, 1996: 127-137).

173

REGRAS DE SUCESSÃO E LINHAGEM

O islã ofereceu aos ramos familiares da linhagem dos Keita dispositivos capazes de conferir regularidade, centralidade e autoridade de um novo tipo de poder vinculado ao universo político muçulmano. Conquanto essa família seja reconhecida por todos como a única linhagem soberana desde a origem do Mandinga, a partir do século XIII, observam-se alterações nas formas tradicionais que orientavam as regras de sucessão e mesmo que conferiam legitimidade aos governantes. Como se sabe, na memória preservada pelos detentores das tradições, inclusive entre os djéli de Kangaba, principal centro de formação e preservação das tradições mandingas, a origem da família Keita é identificada ao personagem Sedina Bilali, também conhecido como Bilal ibn Rabah ou Bilali Bunama, escravo negro de origem abissínia que na tradição muçulmana aparece como o mais fiel seguidor de Maomé e o primeiro muezim (Conrad, 1985; Luffin, 2006).

Também as tradições eruditas foram condicionadas pela "biblioteca islâmica", isto é, por categorias mentais e conceitos inspirados, orientados ou decalcados dos princípios religiosos, morais, jurídicos e políticos do islã. Os nomes e as circunstâncias de ascensão ao poder dos governantes mandingas dos séculos XIII-XIV devem sua identificação e caracterização sumária ao sábio tunisino Ibn Khaldun, que nas obras *Mukaddimah* (Prolegômenos) e no *Kitab al-Ibar wa diwan al-mublada wa l-khabar* (História dos berberes) fornece informações geográficas, históricas e sociológicas relativas não apenas aos povos magrebinos e saarianos, mas também aos povos negros (sudan). Ao contrário de outros escritores da comunidade erudita árabe, Khaldun fez um trabalho de cunho etnográfico ao consultar e recolher informações dos povos sudaneses junto a eruditos e homens de ciência originários da área subsaariana, como xeique Uthman, um doutor da lei nascido em Gana que ele conheceu no Egito em 1396-1397.

Essa base de informação lhe permitiu ter uma ideia da continuidade dos governantes mandingas desde a época daquele que teria sido, conforme classifica, o "rei" mais poderoso que venceu os sossos, conquistou os territórios deles e lhes tomou o poder, governando por 25 anos. O nome desse governante é apresentado como Mari Djata, com a seguinte explicação: "Entre eles, Mari significa o emir que é da descendência de um sultão; Djata quer dizer leão e Takan, filho mais novo ou servo" (Cuoq, 1985: 344; Levtzion e Hopkins, 2000: 333). O personagem em referência é ninguém menos do que Sundjata Keita, e essa é a única menção histórica escrita da existência do unificador do antigo Estado Mandinga.

Na descrição sumária da cadeia de transmissão do poder durante os séculos XIII-XIV da era cristã, Khaldun ofereceu uma contribuição inestimável para a reconstituição da história do Mandinga. De acordo com ele, Mari Djata teria sido sucedido por seu filho, Mansa Wali, que, por sua vez, deu lugar ao seu irmão Wati, depois ao seu irmão, Khalifa, "um tolo sem educação". A seguir veio um sobrinho de Mari Djata, Abu Bakr, que era filho de uma irmã dele "segundo o costume dos não árabes". Na sequência o poder passou a um liberto, de origem servil, Sakura ou Sabakura, que promoveu uma política de expansão. A autoridade política voltou a ser restaurada por um filho de Mari Djata que a legou ao filho, Mohammed ibn Kaw. Em nova transferência de linha de sucessão, o governo passou ao controle dos filhos de um outro irmão de Mari Djata, Abu Bakr. Mansa Musa, filho de Abu Bakr, permaneceu no governo durante 25 anos, sendo substituído pelo filho, Mansa Magha, "equivalente entre eles a Mohammed". Este teve por sucessor Suleiman ibn Abu Bakr, irmão de Musa, que reinou por 24 anos e legou a função de governo ao seu filho, Kasa. Este, por sua vez, permaneceu no poder por apenas nove meses, e depois de sua morte ascendeu ao governo Mansa Magha, neto de Mansa Musa, que teria sido "um príncipe de muita má índole que infligiu ao seu povo violência, opressão e corrupção moral". Para completar, diz que a sua fonte de informação, o sábio Abu Abd Allah Mohammed ibn Wansul, lhe teria garantido ter sido este Mari Djata que "arruinou o reino, dilapidando suas riquezas e levando-o quase ao desaparecimento" (Cuoq, 1985: 348-349; Levtzion e Hopkins, 2000: 336).

A ordem de sucessão descrita, proposta por Ibn Khaldun, definiu a forma como os(as) estudiosos(as) modernos(as) conceberam a evolução política dos acontecimentos e das instituições do antigo Mandinga. Ela é reproduzida em grandes linhas pelos administradores etnógrafos do período colonial (Delafosse, 1912, III: 198-202; Monteil, 1929: 357-428). O mesmo não ocorre entre africanistas de origem africana, como Djibril Tamsir Niani (1959) e Madina Ly Tall (1977), que a questionam ou acrescentam a ela dados recolhidos entre os detentores das tradições orais que ampliam a lista, fazendo-a recuar antes do século XI, quando teve início o processo de islamização.

O certo é que o quadro político resultante da cronologia de Ibn Khaldun acentua o vínculo dos "sultões" do Mali com o islã. Pelo menos três dos nomes indicados, a saber: Mansa Wali, Sakura e Mansa Musa, segundo ele, teriam feito peregrinação a Meca, demonstrando com isso sua aproximação com o universo islâmico. Mas não é só isso; as lógicas temporais, espaciais e mentais de base muçulmana orientam a própria organização das informações fornecidas. Observe-se que a referida descrição sugere a coexistência de formas conflitantes de transmissão de poder: uma, horizontal, por via fratrilinear ou colateral, de irmão para irmão; outra, vertical, por via patrilinear, de pai para filho, e, no caso específico de Abu Bakr, em linha agnática, isto é, de tio para sobrinho (Bell, 1972).

Como se sabe, no mundo muçulmano o sistema de transmissão do poder monárquico baseia-se na sucessão pelo filho mais velho do soberano defunto, de maneira que a hereditariedade por via paterna se impõe como regra geral (Ly Tall, 1977: 134). Já de acordo com as tradições mandingas a transmissão do título de *mansa* obedecia a critérios diferentes. Ao que parece, a admissão de um novo líder pela comunidade se fazia mediante a aclamação dele pela assembleia dos chefes de clãs, que o reconheciam como governante de acordo com o princípio da colateralidade, em tese na seguinte ordem de relações de parentesco: 1) preferencialmente o falecido seria sucedido por seu irmão consanguíneo mais velho; 2) na ausência desse, pelo seu filho ou seu sobrinho mais velho; 3) na ausência daqueles, por um membro qualquer de sua família (Konaré, 1981: 139).

A regra de sucessão em via colateral vinculava-se ao culto dos ancestrais, que atribuía ao indivíduo mais velho, portanto mais próximo do defunto em idade, o direito de sucedê-lo. Era a forma mais frequente de sucessão nas organizações políticas da África Ocidental, entre os mossi do atual Burkina Faso e os wolof do atual Senegal, por exemplo. Tal sistema de sucessão estava também em conformidade com sociedades de tipo matrilinear, que prevaleciam em toda essa região do continente, inclusive na mais antiga formação estatal da bacia do Níger: o antigo Estado de Gana/Wagadu – embora não haja consenso entre os pesquisadores nesse último caso (Diop, 2014: 61-64; Levtzion, 1972). Como tem sido assinalado, sua prática tornava mais difícil a continuidade de uma linhagem, pois impunha aos pretendentes a necessidade de sucessivas negociações, barganhas, disputas e conflitos durante a ascensão ao poder.

Indo além da esfera religiosa, os sistemas jurídico-políticos assentados na xaria muçulmana podiam vir a representar um potente dispositivo de uniformização, institucionalização e centralização, portanto um modelo alternativo de legitimidade e sustentação do poder monárquico. Isso explica a lenta transformação que foi se impondo nas regras de sucessão do governo, que, de um sistema de transmissão horizontal-colateral tendeu a se transformar em um sistema de transmissão vertical-patrilinear, seguindo o princípio da hereditariedade por primogenitura – de acordo com a prática usual na comunidade muçulmana (Bell, 1972: 231). A tendência se observa na primeira metade do século XIV durante os governos de Mansa Musa (1307-1337) e de seu irmão Suleiman (1341-1360).

Até aqui as informações recolhidas por Ibn Khaldun e transmitidas por ele estão sendo consideradas como reflexos da realidade a que elas se referem. Há, porém, que submetê-las ao crivo da crítica documental, de modo a avaliar sua pertinência e confiabilidade. O fato de que provenham de depoimentos orais de pessoas provenientes da bacia do Níger não significa que correspondam aos modelos sociais vigentes nos locais de origem dos informantes. Em detalhado estudo sobre a cronologia dos antigos governantes do Mandinga, os linguistas Jan Jansen e Ralph Austen (1996) argumentam que a maneira pela qual os nomes dos governantes e as circunstâncias que cercam os momentos de transmissão do poder aparecem mencionados no texto produzem sequências cuja evolução sugere a decadência no lapso de quatro gerações. Significa que mesmo estando amparado em fontes oculares, o quadro genealógico resultante reproduz e confirma a teoria da decadência cíclica dos Estados cara ao pensamento khalduniano (Austen e Jansen, 1996).

Com tal ressalva metodológica, cumpre relativizar a validade estrita das sequências de governantes da lista fornecida por Ibn Khaldun ou por seus tradutores, e mesmo desconfiar de parte das informações contidas em seus livros. Não confere, por exemplo, a informação de que Mansa Musa seria filho de Abu Bakr. Por um erro de tradução cometido pelo primeiro tradutor ocidental do *Mukaddimah*, o barão de Slane, o nome de Abu Bakr é indevidamente inserido na lista de governantes, quando na realidade ele teria sido um irmão de Sundjata de cujo ramo familiar Mansa Musa descendia (Levtzion, 1963: 346; Ly Tall, 1977: 137-138). Noutro equívoco, agora de responsabilidade direta de Ibn Khaldun, Suleiman aparece como filho de Mansa Musa, quando de fato era o irmão dele (Cuoq, 1985: 346 e 353). Além disso, o condicionamento cultural que impregna o olhar de Khaldun dificulta a sua percepção de todos os elementos presentes no jogo das relações pessoais durante os momentos de disputa pela sucessão. Diversos sinais considerados por ele como fruto da desordem ou de desagregação dinástica ligam-se ao princípio da hereditariedade por via colateral que ele não explora por não perceber que se tratava de uma regra válida (Austen e Jansen, 1996: 26). Mesmo em relação aos períodos de governo dos mansas Musa e Suleiman, quando parecem prevalecer tentativas de imposição do princípio da hereditariedade por via paterna, algumas indicações tornam confusa a reconstituição do cenário político, e certas omissões ou desconhecimentos obscurecem pontos que a longo prazo foram sendo apagados durante o enraizamento das instituições muçulmanas.

As informações de Ibn Khaldun sugerem que a sucessão patrilinear tenha ocorrido na transmissão de poder com Mansa Musa (1337), quando, para substituí-lo, o seu filho Mansa Magha ascendeu ao poder e governou por quatro anos. O governante seguinte, Suleiman, irmão de Mansa Musa, pode ter reivindicado para si o direito de sucessão por via fratrilinear. Sem indicar com precisão qual sua fonte para a argumentação, Nehemia Levtzion (1973: 66) diz haver a suspeita de que Magha tenha sido derrubado por Suleiman em um contexto de crescente desestabilização da dinastia. O grau de tensão teria aumentado após a morte de Mansa Suleiman (1360). Seu filho, Kasa (Qasa), conseguiu se manter no governo apenas por nove meses enquanto lutava contra o seu concorrente, Mari Djata II, filho de Mansa Magha, que reivindicava a continuidade da linhagem pela via de descendência de Mansa Musa. A ideia de uma gradual instabilidade e degeneração da instituição monárquica, com incessante disputa entre ramos diversos da linhagem Keita, reforça a avaliação negativa emitida por Ibn Khaldun, para quem na segunda metade do século XIV o Mali "encontrava-se em plena confusão e divisão e seus príncipes se batiam pelo poder e se matavam entre si" (Cuoq, 1985: 354; Levtzion e Hopkins, 2000: 342).

Essa realidade multifacetada, carente de dados que possam dar maior consistência às interpretações generalizantes que procuraram explicá-la, desafia os enquadramentos conceituais e teóricos até aqui aplicados para se tentar compreender o funcionamento do antigo Estado Mandinga. Eles foram pensados e formulados a partir de modelos de organização social (europeus, árabe-muçulmanos) em que a homogeneidade, a linearidade e a unidade tendem a ser vistas como parâmetros de valor positivos e ideais – influenciando os referenciais de análise dos intérpretes, inclusive os pesquisadores. Do lado africano, mais precisamente, do lado das antigas formações mandingas, a pluralidade étnica, linguística e política não constituía um problema, mas era a forma normal de funcionamento das relações entre os grupos diversos que o compunham. Era contra essa aparente "anarquia" social – o "comunismo" a que Charles Monteil fazia menção – enfim, contra essa diversidade de regras de funcionamento social coetâneas e simultâneas que o princípio de uniformização inerente ao islã parecia constituir uma alternativa.

AUTORIDADE COMPARTILHADA

Um detalhe à primeira vista banal pode não ter chamado a atenção dos(as) historiadores(as): o nome do filho e sucessor de Suleiman, Qasa (Kasa, Cassa), é o mesmo nome de uma de suas esposas. Dessa informação Ibn Khaldun não dispunha, mas ela é fornecida por Ibn Battuta, outra fonte histórica fundamental para a reconstituição da organização social mandinga. Teria sido por isso que os tradutores de Ibn Khaldun apontam, sem contudo mencionar qual a fonte de consulta, que o referido nome teria como variantes "Qanba" ou "Fanba" (Cuoq, 1985: 348; Levtzion e Hopkins, 2000: 424), o que levou Maurice Delafosse (1912, III: 201) e Djibril Tamsir Niane (1959) a designarem o monarca que governou por apenas nove meses em 1360 pelo nome de Kamba. Porém, conforme se argumentará a seguir, Qasa pode de fato não ter sido filho de Suleiman, mas sim a esposa dele, que lutou para permanecer no poder depois da morte do marido. Se essa hipótese estiver correta, ou se ela for ao menos plausível, uma outra possibilidade de se pensar a autoridade política na sociedade mandiga deverá ser considerada.

Na parte final da descrição de sua viagem ao Bilad al-Sudan, ocorrida nos anos 1352-1353 da era cristã, Ibn Battuta afirma ter presenciado durante sua permanência na cidade-sede do governo um desentendimento entre Mansa Suleiman e sua esposa principal, Qasa, que resultou na prisão dela e em sua substituição por outra esposa, que não era de descendência real, chamada Bandju. Isto gerou rumor e desaprovação do povo, e protestos da parte de mulheres do círculo familiar de Qasa, de modo que o governante se viu forçado a libertá-la. Mas as intrigas continuaram. Ao ser informado de uma conspiração urdida pela primeira esposa, Suleiman mandou prender e conduzir uma das servidoras pessoais dela "com as mãos presas ao pescoço e os pés presos por cadeias", e soube que um plano estava em andamento para derrubá-lo do poder. Qasa teria prometido ajuda militar a Djatil, "primo paterno do sultão" que vivia exilado na região de Kanburni, colocando-se às suas ordens contra o próprio marido.

Enquanto os conselheiros pressionavam Suleiman a tomar novas medidas, inclusive sugerindo que Qasa fosse executada, ela procurou refúgio na casa do pregador muçulmano porque, conclui o viajante, entre eles vigorava o costume de se buscar segurança na mesquita e, não sendo possível nela, na casa do pregador (*khatib*) (Cuoq, 1985: 310; Levtzion e Hopkins, 2000: 295).

Até o momento os(as) pesquisadores(as) subestimaram o potencial histórico deste episódio, não vendo nele mais do que um desentendimento entre o casal governante, não vendo mais do que uma "briga de casal". Essa é a compreensão de Maurice Delafosse (1912, II: 201), para quem a esposa principal de Suleiman teria protagonizado uma "revolta", um "complô" contra o marido. Também esta é a percepção de historiadores recentes, para quem a intriga palaciana protagonizada pela governanta encontraria explicação na rivalidade entre Suleiman e Djatil, rivalidade inaugurada no momento da ascensão do "sultão", uma vez que Djatil era filho de Mansa Magha, o sucessor legítimo de Mansa Musa. Nesse caso, Djatil poderia estar foragido em Kanburni porque era um dos pretendentes derrotados na sucessão, e a revolta de Qasa oferecia a ele uma oportunidade para sua revanche na disputa pelo poder (Gomez, 2018: 149). Nessa leitura, o foco da tensão seria a reivindicação de legitimidade entre o modelo patrilinear e o modelo colateral da transmissão do poder.

A partir daqui, argumentar-se-á em favor de outra hipótese, a de que o episódio em exame contenha dados sobre um componente da autoridade política entre as sociedades tradicionais mandingas até aqui desconsiderado: o papel reservado ao polo feminino do poder. Na continuidade do que aparece afirmado anteriormente sobre o papel determinante da projeção das relações elementares de parentesco na esfera pública de poder, convém ressaltar que disputas intrafamiliares se revestem de alcance muito maior do que a esfera individual. Chefes, representantes e grupos orientavam e davam sentido às suas ações valendo-se de um vocabulário familiar, sem que por isso o resultado dessas ações ficasse restrito ao plano individual e do pequeno grupo. Um detalhe fornecido por Ibn Battuta devolve ao episódio o

181

seu significado preciso, e não foi devidamente levado em conta pelos intérpretes, tradutores e estudiosos. Qasa – e, por extensão, as variantes deste nome, Kasa, Kassa, Cassa – não é um nome próprio. Não é o nome pessoal da cônjuge de Suleiman. É um título de governo e autoridade: "Qasa, entre eles, significa rainha. Ela é associada ao sultão no poder, segundo o costume dos sudaneses. Seu nome é mencionado junto com o dele no local de orações" (Cuoq, 1985: 309; Levtzion e Hopkins, 2000: 294).

Essas informações não fazem qualquer sentido na perspectiva de poder em vigor no islã, onde a presença de mulheres governantas não é reconhecida. Conforme assinala Joseph Cuoq (1985: 309), a simples menção do nome de uma esposa do sultão no recinto da khutba, reservado às orações rituais dos crentes, pareceria um fato surpreendente aos árabes. Teria sido por isso que Ibn Battuta evitou empregar o qualificativo "sultana", optando pela indicação "rainha"? Entretanto, essas mesmas informações estão em conformidade com as disputas intrafamiliares desenvolvidas nos espaços de poder das comunidades mandingas, anteriormente apontadas. Elas ligavam ou faziam se opor, em primeiro lugar, parentes por hereditariedade ou por aliança dos governantes. Mas elas revelam aspectos menos visíveis nas tradições preservadas, relacionados com as esferas de atuação masculina e feminina no interior dos grupos.

Os dados relativos a Sundjata Keita preservados pelos djélis confirmam a hipótese apontada, relativa ao papel diferencial do polo feminino nas concepções do parentesco e das relações familiares alargadas vigentes nas sociedades tradicionais. É bem sabido o quanto figuras femininas míticas, como Do-Kamissa, a mulher-búfalo de Sankarani reconhecida como ancestral de Sogolon Kedju, a mãe do herói, ocupam lugar destacado na caracterização da linhagem dos Keita, (Cissé e Kamissoko, 2000: 65-68). Sogolon, lembrada como "a escrofulosa", com anomalias físicas e repleta de bossas, é tida como a detentora de saberes e conhecimentos secretos transmitidos ao filho, e ambos são lembrados nas esculturas em terracota produzidas pelos artesãos mandingas dos séculos XIII-XV (Bouttiaux e Chysels,

2015). Outra figura feminina de prestígio foi Kamkoumba Kanté, que nas tradições legendárias aparece retratada como irmã de Sumaôro, o rei-ferreiro, e mãe do herói Fakoli Doumbiya, braço direito de Sundjata (Ganay, 1984). Mesmo a primeira esposa que é a adversária de Sogolon, chamada de Tassouma Bereté – descrita como personagem arrogante, maldosa, ardilosa, ocupa posição de destaque na parte inicial da legenda de Sundjata. Além disso, coube à irmã deste último, Nana Triban, revelar a ele o segredo da invencibilidade do poderoso adversário, o rei-feiticeiro Sumaoro Kantê, segredo obtido na intimidade, pois a jovem tinha sido tempos antes entregue como esposa ao governante dos sossos (Niane, 1982: 15, 36-37, 86-87).

Outra indicação de Ibn Battuta merece atenção. Qasa, a primeira esposa de Suleiman, era filha do tio paterno dele, portanto, sua prima. Pertencia a um dos ramos da grande família Keita. Não estava ao lado do marido por uma escolha pessoal, mas ocupando uma função e desempenhando um papel no jogo das relações de parentesco que davam sustentação à *mansaia*. Pois, conforme demonstrado em estudos anteriores, dependendo da posição na estrutura familiar poligâmica dos clãs, as mulheres dispunham de diferentes graus de influência. Se tivessem filhos que ocupassem posições de poder, passavam a desfrutar de privilégios atribuídos frequentemente às rainhas-mães – instituição de resto muito difundida nas antigas sociedades da África Ocidental. Outra posição diferencial era ocupada pelas favoritas dos governantes, independente ou não da descendência. O título de *baramuso*, isto é, de "preferida", conferia *status* diferencial porque só essa pessoa tinha acesso aos recantos mais íntimos do recinto familiar e, inclusive, tinha o privilégio de ser a confidente do *mansa*, a quem nada era ocultado, nem mesmo os segredos que podiam colocar em risco a vida do esposo. Era assim que, na história tradicional mandinga, o sucesso na disputa pelo poder dependia muitas vezes da capacidade dos envolvidos em atrair a atenção dessas mulheres e despertar sua simpatia (Pala e Ly, 1983: 209; Keita, 2005: 102-103).

Maior prestígio era reservado nos primeiros tempos do Mandinga às primeiras esposas, que se encontravam em posição privilegiada em relação às demais esposas do governante, seja qual fosse o número delas. Tratava-se aqui, ao que parece, de uma instituição política diferente do que se conhece em outras sociedades africanas, inclusive da situação da rainha-mãe, porque nesse caso a condição feminina era parte estruturante da concepção do poder aqui examinada. O melhor é evitar uma leitura orientada pelas percepções de gênero usuais no Ocidente e no mundo muçulmano, pois, ao que parece, tem-se um forte indício de que, nas matrizes originárias da cultura mandinga, sucedia algo parecido com o que a teórica nigeriana Oyèrónké Oyewùmí (2017: 83-110) demonstrou ocorrer na antiga sociedade oyó, isto é: não era o gênero ou a identidade sexual que definiam as relações e as posições das pessoas, mas a situação delas no interior da estrutura familiar. Interpretado por este ângulo, entende-se na cena narrada por Ibn Battuta o rumor e o descontentamento popular que se seguiram à prisão de Qasa e sua substituição por Bandju, pois enquanto a primeira dispunha de todos os requisitos para ocupar a posição de primeira esposa, a outra, na situação provável de *baramuso*, de preferida, não dispunha dos requisitos sociais para substituir a rival no espaço intrafamiliar e no espaço público.

Numa leitura atenta, percebe-se que a posição de Qasa não estava em segundo plano, mas era equivalente ao de seu cônjuge. Ela tinha a seu dispor serviçais do palácio, homens e mulheres, que a seguiam quando se deslocava a cavalo pelas ruas, e além de ter o nome louvado e pronunciado publicamente durante as orações, devia ser distinguida por gestos cerimoniais de reconhecimento de sua autoridade superior (Ly Tall, 1977: 160-161). Segundo Ibn Battuta, quando as primas de Qasa foram convocadas pelo sultão para reverenciar Bandju como nova governanta, elas cobriram os seus braços de poeira, mas não empoeiraram a cabeça como era esperado nesse tipo de situação. (Cuoq, 1985: 309; Levtzion e Hopkins, 2000: 294). Conforme será examinado de modo detalhado no capítulo "Encenando o poder: as audiências públicas no Bilad al-Sudan" deste livro, os gestos de prosternação, demonstração de humildade e aspersão de poeira no próprio corpo eram parte integrante dos cerimoniais

Sobre a autoridade compartilhada nas antigas sociedades mandingas

Parte superior de um *sonoje*, bastão de comando esculpido por volta do fim do século XIX e início do XX, em metal, empunhado para simbolizar a autoridade dos(as) governantes mandingas, com a representação de um homem e uma mulher.

de corte e audiências públicas pelos quais o poder dos governantes era reconhecido, enaltecido e reverenciado. Ao não se empoeirarem por completo, as mulheres que eram parentes da governanta aprisionada expressavam através dos gestos sua inconformidade com a mudança na composição do casal governante.

Alguns elementos narrativos presentes nos *ta'rikhs* de Tombuctu, datados do século XVII, mesmo que tenham sido redigidos três séculos depois do contexto aqui estudado, ajudam a compreender a maneira pela qual os governantes mandingas e o tipo de autoridade que dispunham continuavam a ser lembrados no período de hegemonia do Songai. De acordo com o autor do *Ta'rikh al-Fattash*, o direito ao tributo pago pela cidade de Djenê, e, por extensão, a autoridade sobre esta importante cidade, cabia exclusivamente à esposa dos governantes do Mali (Houdas e Delafosse, 1913: 65). No *Ta'rikh al-Sudan*, consta que, por ocasião da conquista daquela mesma cidade por Soni Ali em 1469: a rendição ocorreu depois da morte do chefe local, mas a entrada do conquistador foi antecedida por negociações que o levaram a se casar com a esposa do governante morto (Houdas, 1900: 26-38), o que pode sugerir uma composição política em que a mulher continuava a ser parte integrante do governo.

Algumas outras informações encontradas nos *ta'rikhs* sobre o tempo de Mansa Musa, baseadas em parte nos relatos que circulavam por via oral, confirmam a importância de figuras femininas nos grandes eventos. A primeira é a explicação do nome do governante, pelo qual era localmente conhecido, Gongo Musa, Kankan Musa ou ainda Kanku Musa, que significa, literalmente, "Musa, o filho de Kankan". Quando se acrescenta a isso o fato de que, segundo as tradições, o motivo principal que teria levado este governante a fazer a peregrinação a Meca teria sido a morte involuntária de sua mãe, mais uma vez fica realçada a importância feminina em sua trajetória. Além disso, durante a peregrinação ele teria sido acompanhado por sua primeira esposa, lembrada pela tradição com o nome de Inari Konté, para quem teria mandado construir uma piscina feita com água canalizada em pleno deserto para que ela e suas serviçais pudessem se banhar (Houdas e Delafosse, 1913: 55; Houdas, 1900: 12-16). Como se sabe, esta última informação é apresentada como um boato, como uma anedota que circulava entre as pessoas na época da redação do *Ta'rikh al-Fattash*, mas ainda assim é um indicativo do lugar especial reservado às governantas, algo que deixou de ocorrer no período de governo dos áskias de Gao.

Baseado nessas evidências, pode-se aventar uma hipótese diferente do que tem sido admitido pelos pesquisadores a partir das informações de Ibn Khaldun na sucessão de Mansa Suleiman em 1360. Na medida em que ninguém colocou em dúvida que o personagem ali mencionado, Qasa, não fosse o seu filho, mas a sua consorte principal, com quem ele disputara sete anos antes o poder, o que se teve até o momento foram leituras que realçaram a debilidade de Qasa e inclusive sua responsabilidade pelo enfraquecimento progressivo da autoridade governamental. Para Nehemia Levtzion (1973), a disputa entre Qasa e Mari Djata, filho de Mansa Magha, o mesmo que teria sido exilado por Suleiman, corresponderia a uma oposição crescente entre duas frações da família Keita em que os filhos dos irmãos Musa e Suleiman concorriam para ver o seu direito de sucessão por via patrilinear. A vitória de Mari Djata ou Mansa Djata recolocava no poder a descendência da Mansa Musa, excluída da linha de sucessão décadas antes:

> Este Mansa Djata pode ser identificado com o príncipe rebelde Djata de que fala Ibn Battuta. Djata, cujo pai Mansa Magha tinha sido deposto (e morto) por Suleiman, estava escondido fora da capital, esperando por uma oportunidade para vingar a morte de seu pai e restaurar a monarquia na linhagem de Mansa Musa. Ele tinha falhado durante a vida de Suleiman, quando a trama com a rainha Qasa foi revelada. Depois da morte de Suleiman, Djata contestou a ascensão do filho deste, seguindo-se a guerra civil em que Djata saiu vitorioso. (Levtzion, 1973 68)

Observe-se como o sentido da leitura proposta por este importante pesquisador, ao concentrar a atenção no conflito entre os princípios da hereditariedade por via colateral e patrilinear, ambos definidos exclusivamente pela via masculina, desconsidera uma informação precisa fornecida por Ibn Battuta, a de que "Qasa é a designação do título de rainha". Isso inviabiliza a possibilidade de pensar o contexto a partir de outra hipótese: a que explicaria o gradual quadro de tensão pela tentativa de afirmação do princípio da hereditariedade patrilinear sobre o princípio da colateralidade e sobre o princípio da autoridade compartilhada. Ainda que poucos estudiosos tenham percebido o papel diferencial representado pelas mulheres da elite governante mandinga, a suposição era de que isso se devesse a vestígios de continuidade de um tipo de sucessão por via matrilinear (Bell, 1972: 229-230). Como se verá a seguir, ao argumentar em defesa da existência de autoridade compartilhada na *mansaia*, a hipótese levantada é que esta viesse a constituir uma instituição política particular, e não um traço decorrente de uma forma mais geral de transmissão de poder.

Muito além da identificação da identidade sexual dos detentores de autoridade no governo da sociedade mandinga, o que está em debate é a natureza da organização social que dava base de legitimidade aos detentores das posições de poder. Ao que parece, a instituição da autoridade compartilhada fazia sentido em sociedades simples, de caráter comunitário, pluralista e multicêntrico, com poderes e contrapoderes que, em diversas instâncias, produziam soluções que equilibravam ou dificultavam o acúmulo e centralização do poder. Esses traços que parecem ter existido no período de formação da *mansaia* passaram a ser reconfigurados no bojo do processo de islamização e "orientalização" ocorrido sobretudo a partir do governo de Mansa Musa, na primeira metade do século XIV, quando o antigo Mandinga tendeu a ser visto como um sultanato. Os modelos jurídico-políticos e culturais do islã ofereceram dispositivos que permitiram aos governantes islamizados da família Keita conferir maior organicidade, unidade e continuidade ao governo, fazendo diminuir as forças de dispersão que limitavam a efetiva capacidade de centralização de um poder de tipo monárquico. A mudança mais significativa parece ter sido o afastamento das mulheres das esferas de decisão e compartilhamento de autoridade, que tendeu a se concentrar exclusivamente no polo masculino.

RESIDUALIDADE

O maior obstáculo ao estudo das formas de poder originárias nas sociedades mandingas provém das próprias formas assumidas ao longo do tempo por essas sociedades. Isso significa que em diferentes meios de preservação da memória ancestral, tanto escritos quanto orais, na medida em que foram gradualmente monopolizados por homens, prevaleceram descrições que expressam a visão de mundo muçulmana, em que o papel das mulheres perde a projeção pública (Iman, 1994), ou concepções gerontocráticas e androcráticas que se foram impondo ao longo do tempo e apagando realidades outrora existentes. Mesmo em obras destinadas a teorizar as formas tradicionais de poder, a possibilidade de que no passado as mulheres pudessem ter desfrutado de autoridade compartilhada com homens não é levada em consideração. Por exemplo, segundo a interpretação de Oumar Konaré (1981: 142-143), na área da cultura mandinga, junto com surdos-mudos, crianças e jovens, integrantes de grupos de pessoas não livres (*nyamakalaw*) e "estrangeiros", as mulheres não eram consideradas para a sucessão e nem mesmo participavam das cerimônias de entronização dos governantes.

Nas reuniões entre especialistas europeus e tradicionalistas africanos promovidas pela Sociedade SCOA em 1975-1976, mencionadas no primeiro capítulo, a questão sobre o papel político das mulheres na história mandinga foi dirigida a Wa Kamissoko, e o debate entre ele e Madina Ly, pesquisadora que naquele mesmo instante dedicava-se ao estudo da história das mulheres nas sociedades "pré-coloniais", revela até que ponto a memória ancestral cristalizou e enfatizou o ponto de vista masculino da cultura. Em uma das oportunidades de fala, a historiadora pediu ao sábio que respondesse de modo objetivo sobre como se fazia, no passado, a transmissão da responsabilidade dos negócios e do poder, se teria sido pelo "lado materno" ou pelo "lado paterno", e a resposta subsequente foi categórica: em todas as instâncias, das aldeias às chefaturas, essa responsabilidade era transmitida por via paterna, através da regra exclusiva da *fasiya*, a "semente dos pais". Noutra parte do evento, mais uma vez Madina Ly insiste sobre o lugar das mulheres mandingas no exercício do poder, o que o tradicionalista evitou comentar. Pressionado por Amadou Hampâté Bâ, que lhe pede uma resposta precisa, objetiva, sobre se as mulheres ocupavam ou não posições de prestígio ou lugar de destaque no exercício do poder, a resposta que se seguiu foi a seguinte:

> Em que consistia o poder das mulheres? Aquelas que eram dotadas por Deus de conhecimentos excepcionais colocavam esses conhecimentos a serviço de seu marido antes de traí-lo quando tivesse uma oportunidade. Com efeito, foram muito numerosos os mansas que morreram pela falta, pela traição de sua esposa. Penseis a maneira como Niani Massa Kara foi traído por sua esposa e entregue a Mande Fakoli, por causa de uma botija cheia de ouro. Fora esses casos extremos, o certo é que tudo o que um homem pode conseguir é uma mulher que o ajuda a acumular poder. (Cissé e Kamissoko, 2000: 268-269)

O que se supõe é que, no mundo mandinga, mesmo em comunidades não islamizadas, houve ao longo do tempo um progressivo deslocamento do poder, que era compartilhado por representantes femininos e masculinos, para o polo masculino, onde se concentrou a noção de *fanga*, isto é, a capacidade do exercício da coerção sobre terceiros pela força das armas, mediante iniciativa pessoal. Com efeito, nos reinos bambara de Segu e Kaarta dos séculos XVII-XIX, o título conferido aos governantes, *faama* (ou sua variante, *fangama*), equivalia ao de "rei", mas designava um "chefe de guerra". Seus detentores dispunham de influência, centenas de cativos de guerra transformados em fiéis soldados – como o corpo de infantaria dos escravos-soldados denominados *tondyon*, criado por Mamari Coulibaly (1712-1750) –, inúmeras mulheres e filhos, recursos materiais para equipar dependentes que o seguiam nos conflitos armados com os seus rivais (Saul, 2006:

74 e 78). Meios legítimos de angariar poder, o exercício da violência e a prática sistemática da guerra tornaram-se regulares e recorrentes. A afirmação de uma camada de guerreiros, por outro lado, acentuou a inferioridade sociopolítica das mulheres ao excluí-las como combatentes e ao colocá-las em situação de "objetos de caça". Tal aspecto restritivo da guerra, que se tornou endêmica no mundo mandinga, com certeza reforçou as estruturas patriarcais que passaram a vigorar naquela sociedade (Turco, 2006; Keita, 2011: 56).

Trabalhos de caráter antropológico desenvolvidos no espaço do reino de Segu, próximo às margens do Níger, que exerceu grande influência regional, atestam, todavia, a existência de vestígios das concepções de poder vigentes nos primeiros tempos do Mandinga, mas com sentido sensivelmente alterado. Nessa área, o pesquisador Jean Bazin encontrou diversos elementos que lhe permitiram afirmar a existência de uma autoridade compartilhada entre dois detentores do poder. O governante máximo do Segu recebia o qualificativo de *Kèlemasa*, isto é, "rei da guerra", uma vez que *masa* é uma das maneiras de grafar *mansa*, e *kèle* designa armamento, guerra. A fórmula usual de tratamento reservada a esses dignitários era *Segu masakè*, cujo significado, na língua bambara, é literalmente "rei-macho". Entretanto, havia uma outra categoria de governantes, mantidos em geral afastados dos locais públicos, a que se recorria apenas em situações especiais, designados pela expressão *Màsamuso*, que significa "rei-fêmea". Ao contrário do outro, neste caso tais indivíduos encontravam-se desprovidos de qualquer capacidade de se impor pela força ou pelas armas, e só eram chamados a intervir nas situações em que havia risco iminente de conflito armado. Sua palavra, revestida de eficácia mágica, não podia ser contestada, e sua súplica pela paz não podia deixar de ser atendida. De modo que, desprovidos de qualquer força (política ou militar), a esses homens travestidos de mulher conferia-se um papel essencial como reguladores de conflitos, motivo pelo qual também eram chamados de *Deelikemasa*, o "rei da paz", o "rei suplicante".

Diante da intrigante concepção de poder, o antropólogo fornece uma interpretação simples: no modo de organização da sociedade bambara, influenciada no passado pelas instituições mandingas, a função real era compartilhada em dois polos mutuamente exclusivos, um pacífico, mágico e "feminino", outro político, guerreiro e "masculino". O problema, todavia, são as alternativas de explicação para esse traço de organização dual. Para Jean Bazin, a resposta estaria não em esquemas de organização típicos daquela sociedade, mas em sentidos produzidos numa conjuntura histórica particular: os "reis-fêmea" pertenceriam à linhagem dos Traorê, muito poderosa no período de apogeu do Mandinga. Sua existência seria uma residualidade daquele poder (Bazin, 1988: 383-394). Ao que parece, porém, trata-se de uma etapa do processo de esvaziamento da instituição da autoridade compartilhada, na medida em que homens travestidos representam o polo feminino desprovido de força e violência, em uma sociedade que se tornara eminentemente militarizada. Nesse sentido, o "rei da paz" torna-se o antípoda do ideal valorizado que era o "rei da guerra".

No lado oeste da bacia do Níger, na região da Senegâmbia, para onde se dirigiram sucessivos grupos de povos de língua malinquê nos séculos XIII-XVI, as tradições orais registram diversos indícios de que as mulheres tivessem tido papel preponderante na formação de linhagens do Sine e Salum, no atual Senegal, e sobretudo na região de Casamance (Cissoko e Sambou, 1974: 98, 101, 193-194, 203). As nomeações de determinados grupos étnicos falantes de línguas mandinga, como os kasanké (khasonké) e cassangas, têm a sua origem etimológica ligada à palavra *kasa*, mas a explicação etimológica apresentada na atualidade para elas não parece convincente. Segundo consta, essa palavra, *kasa*, proviria do árabe com o significado de "tecido", palavra adaptada ao mandinga com o complemento "ke", que indicaria o tamanho longo. Assim, o termo designaria túnica larga, comprida (Brooks, 1993: 69). Outras indicações sugerem que o vocábulo *kasanke* designaria, simplesmente, os "habitantes de Kasa" (Boulegue, 1980: 476). Ao serem indagados sobre o significado de "Kasa", tradicionalistas e conhecedores das antigas tradições da Guiné-Conacri explicam que se trata de uma atividade sociocultural praticada nas aldeias. Consiste na ajuda coletiva prestada aos membros da comunidade que necessitam de braços válidos no trabalho agrícola, uma espécie de mutirão. Por esse meio, a atividade assume feições ritualizadas e o quadro da vida social que ele reproduz é marcado pela harmonia, coesão social e complementaridade dos papéis masculino/feminino, como parece ter ocorrido nos primeiros tempos entre os mandingas da Senegâmbia (Roebers e Leeuwenberg, 2016).

Ao estudar as concepções monárquicas do Kaabu, o historiador Sekené Mody Cissoko admite que nos primeiros tempos os pequenos reinos mandingas da Senegâmbia, como Niomi, Badibou, Diahra e Kiang, estiveram sob governo de mulheres que eram distinguidas com o título de *moussou-manso*, que significa, literalmente, "mansa-mulher" (Travelé, 1913: 207 e 211), e ressalta que "mesmo após o estabelecimento da sucessão masculina, algumas vezes acontecia que, em Badibou e Niomi, as mulheres mais velhas do clã fossem investidas do poder real" (Cissoko, 1969: 333). Em diversas comunidades da atual Guiné-Conacri, ainda na metade do século XIX as mulheres tinham direito de representação em assembleias, e por vezes havia tribunais compostos apenas por elas. Em áreas sob influência do Kaabu, aquelas pertencentes às mais altas linhagens recebiam o título de *taíba*, que era transmitido às filhas mais velhas. Os filhos delas, por sua vez, recebiam o título de *mansacoli*, e a eles competia a chefia de territórios e aldeias (Bertrand-Bocandé, 1849: 267).

Esperamos ter conseguido demonstrar que a exclusão gradual da autoridade política de mulheres de alta linhagem mandingas privou também os meios de preservação da memória social de elementos que pudessem evocar os lugares sociais esvaziados. Os registros da cultura material, todavia, mantiveram intactas determinadas representações estilizadas do princípio de organização social baseado na autoridade compartilhada. Um dos últimos testemunhos desse traço ancestral são os *sonoje*, bastões de comando esculpidos em metal entre os bambaras e os mandingas da costa ocidental africana, cujas últimas peças foram recolhidas nos tempos da colonização portuguesa na região do Gabu, onde antes estava situado o Estado Mandinga-Soninquê do Kaabu, na atual Guiné-Bissau. Tais artefatos feitos de ferro ou bronze apresentam decorações esculpidas em hastes em forma de braços laterais, e a parte superior é decorada com pequenas figuras com variada representação humana, porém a forma e o significado das referidas representações diferem em dois tipos complementares desses objetos, que recebem respectivamente o nome de "sonó macho" e "sonó fêmea". A dupla nomeação, bem como a dupla representação de uma insígnia de autoridade, constitui talvez o derradeiro indício da autoridade compartilhada aqui debatida (Macedo, 2018).

CONSIDERAÇÕES FINAIS

Defrontamo-nos pela primeira vez com o episódio do conflito palaciano relatado por Ibn Battuta, que motivou a redação deste capítulo, no ano de 2008, quando estávamos começando a direcionar nossa atenção para o continente africano (Macedo e Marques, 2008). Desde aquele momento, sabíamos estar diante de um acontecimento singular devido à quase total ausência de dados sobre a vida cotidiana e os traços constituintes autóctones dos povos subsaarianos antigos, porém a complexidade dos elementos associada ao relato nos obrigaram a meditar sobre ele com cuidado, de modo a detectar prováveis sentidos de uma trama cujos fios não são fáceis de desatar.

Até onde sabemos, de lá para cá apenas um trabalho acadêmico de iniciação científica problematizou as percepções etnocentradas da História da África, das concepções de poder e das relações de gênero a partir do silenciamento em torno da figura emblemática de Qasa. Porém, o jovem pesquisador deixou em aberto o debate sobre a provável explicação da natureza do poder que a governanta detinha, apenas elencando argumentos desenvolvidos pelos autores sobre o papel do matriarcado, da matrilinearidade e das rainhas-mães na história africana (Sacht, 2018). Nessa linha, se a hipótese aqui levantada e desenvolvida se mostrar plausível, isto é, se se aceitar que antes do enraizamento do islã na bacia do Níger a noção de autoridade entre os mandingas admitisse formas de poder compartilhado, restaria identificar a natureza dessa instituição.

Ao que parece, ela não teria qualquer conexão com resquícios matriarcais originários na bacia do Nilo como Cheikh Anta Diop (2014) propunha para as origens das estruturas sociais da África negra. Nesse ponto, cumpre inclusive ressaltar que este autor por vezes toma como equivalente os conceitos de matriarcado e matrilinearidade, que são bem diferentes entre si. Diop chega a afirmar que o matriarcado prevaleceu no Mali a partir de uma informação de Ibn Battuta sobre a cidade saheliana de Walata, em ambiente *amazigh* (tuaregue), relativa à sucessão em linha matrilinear (2014: 63). De fato, os povos amazigh de Walata, à época sob o controle dos mansas mandingas, conheciam linhas de ascendência matrilineares, mas sua estrutura social difere substancialmente daquelas observadas em outras comunidades situadas ao sul, na área da savana. Além disso, a estrutura social matrilinear concentra no lado masculino da linhagem feminina as posições de chefia, privando as mulheres das posições de mando.

É preciso por outro lado salientar que a situação das primeiras esposas aqui tratada não deve ser confundida com a instituição muito antiga em todo o continente das rainhas-mães, presente em diversas sociedades desde Kush, Meroé e o Egito antigo. Desde aquele período a maternidade real coexistia com a instituição das primeiras esposas. Segundo consta, o próprio termo designativo da condição da realeza egípcia arcaica, *ns.wt*, era neutro: a autoridade não repousava apenas na figura do faraó, mas encontrava-se dividida com suas esposas que estavam no mesmo nível hierárquico (Yonte, 2009: 101).

Na África Ocidental, inclusive na sociedade mandinga aqui examinada, as rainhas-mães dispunham de poder efetivo e não apenas cerimonial. Enquadram-se ainda nessa modalidade de chefia feminina as governantas do povo Pabir, entre os kanuri da atual Nigéria, e as *kpojitó* do Daomé. Em todos os casos, a maternidade não equivalia necessariamente ao papel biológico, mas comportava marcas de um simbolismo social. Outras sociedades admitiam sistemas duais de compartilhamento de poder. Entre os povos falantes da língua akan a autoridade política encontrava-se dividida entre um representante masculino, que detinha o título de *omanhene*, e uma representante feminina, chamada *ohemmaa* – palavra que significava, literalmente, "chefe mulher", e cuja maior expressão diz respeito às figuras das *asantewaa* entre os axântis. Também entre povos igbos da atual Nigéria prevaleciam formas duais de representação de poder, estando as figuras femininas de Omu colocadas em paralelo às figuras masculinas personificadas no vocábulo Obi. Nesses casos, elas dispunham de poder em matéria judicial, tinham autoridade, por vezes dispunham do poder de veto nos conselhos e detinham plena jurisdição nas questões que envolviam outras mulheres (Kohen, 1977; Farrar, 1997: 587-591).

No caso específico do antigo Mali, o mais provável é que a ideia do compartilhamento do poder encontre explicação nas narrativas das origens dos povos de língua malinquê. Nos anos iniciais da década de 1950, a pesquisadora francesa Germaine Dieterlen (1951: 10-15; 1955: 42-43; 1959: 120) recolheu junto aos detentores das tradições orais do santuário de Kamabolon, em Kangaba (antiga cidade da família Keita) os mitos cosmogônicos fundamentais do antigo Mandinga. Das anotações feitas a partir dessas narrações recitadas pelos djéli da família Diabaté, é possível perceber que em todas as etapas da criação do mundo, das plantas, animais e seres humanos, a entidade primordial preexistente e criadora, chamada Mangala ou Maa Ngala, gerou seres geminados segundo gêneros sexuais opostos e complementares. O "ovo do mundo", origem de tudo, teria sido concebido em duas partes que deviam procriar: dentro dele encontravam-se dois gêmeos mistos, machos e fêmeas, que teriam sido os protótipos dos seres humanos. A seguir foram criados os oito grãos de onde proviria o alimento, também geminados, isto é, comportando partes independentes alusivas aos diferentes gêneros sexuais. Tais concepções ancestrais continuam presentes nos costumes preservados na educação tradicional mandinga e bambara, onde a noção de pessoa é explicada não pela oposição entre os sexos, mas pela ideia do paralelismo. Cada corpo é animado por princípios coexistentes, denominados *ba* (feminino) e *fa* (masculino), regidos por sua vez pelo princípio da complementaridade (Keita, 2005: 98).

Para finalizar, importa sublinhar que o presente capítulo levanta uma questão de difícil elucidação em virtude da insuficiência de fontes de estudo e evidências que permitam uma análise mais aprofundada das concepções de poder e de autoridade tal qual se apresentavam antes de interferências exteriores (muçulmanas, cristãs) e de transformações inerentes às próprias sociedades malinquês ao se militarizarem – que alteraram os modos de organização social anteriores, onde as atribuições sociais eram provavelmente menos influenciadas por marcadores sexuais e de gênero. É importante insistir no questionamento da historicidade dos ordenamentos sociais até para que os modelos que se tornaram hegemônicos sobretudo no período colonial (Labouret, 1940) não sejam naturalizados, reificados e projetados em retrospecto. Existe um fosso a separar as concepções de poder originárias das que existem no continente africano atual, em que os próprios signos de afirmação e imposição de autoridade evocam a força física e a masculinidade (Keita, 2011).

É certo que a inserção da África na modernidade correspondeu a uma acentuada redução de espaços de atuação das mulheres, conforme se pode constatar nos estudos de pesquisadoras que discutem o predomínio de concepções androcráticas nas sociedades africanas contemporâneas. A existência de acentuadas relações hierárquicas não encontra confirmação em estudos que incorporam em seus referenciais de análise elementos retirados de experiências africanas locais – como parece ser o caso da história e das tradições mandingas aqui examinados. Por isso mesmo, conviria não tomar estas indicações como válidas para outras áreas e outras sociedades, mas procurar indagar em quais instituições e costumes elas se apoiam. Em todos os sentidos, o significado da existência histórica de instituições reguladoras de poder baseadas na complementaridade e no compartilhamento de autoridade podem sinalizar outras possibilidades de pensar as sociedades africanas em suas formações anteriores ao período moderno.

Notas

[1] Variantes: Sunjata, Sundiata, Sonjara, Soundjata, Sondjara.
[2] Também identificado como Sumanguru.

Áskia Mohammed e os gênios no *Ta'rikh al-Fattash*

> *"Só aqueles que veem o invisível são capazes de fazer o impossível."*
>
> Jean-Marc Ela

Este texto encontra inspiração em um belo estudo de Isabel Castro Henriques, através do qual somos convidados a pensar determinadas realidades históricas centro-africanas vinculadas aos espíritos ancestrais, chamados *kazumbi*, e o papel diferencial que tiveram na definição de categorias mentais essenciais para a organização social dos povos antigos de Angola

(Henriques, 2003). A intervenção dos espíritos em esferas que consideraríamos tipicamente ligadas ao mundo dos humanos constitui um desafio àqueles(as) que desejam encontrar explicações que levem em conta referenciais de origem africana, mesmo que em diálogo ou em confronto com matrizes culturais extra-africanas. É o que pretendemos desenvolver adiante, mas o foco da análise se concentrará em uma área particular da África Ocidental, a do espaço songai-zarma no período situado entre os séculos XV-XIX.

O contexto histórico a que as evidências documentais escritas que serão mencionadas dizem respeito é o da emergência de uma formação social englobante na bacia do Níger, constituída na segunda metade do século XV a partir da ação de lideranças da cidade de Gao e identificada na literatura especializada pela expressão "Império Songai". Tais lideranças, pertencentes à dinastia Sonni ou Chi, tiveram como expoente o chefe militar Sonni Ali Ber, que no período de 1463-1492, por sucessivas ações militares contra povos de origem tamaxeque, mossi, fula, sorkô, gurma, mandinga e hauçá, após a conquista de importantes centros urbanos vinculados ao comércio transaariano, sobretudo as cidades de Walata, Macina, Tagha, Djenê e Tombuctu, colocou a cidade de Gao no centro de uma vasta área de influência político-militar (Lange, 1994; Conrad, 1998: 16-29). Logo depois da morte do conquistador, um de seus lugares-tenentes, Mohammed Touré ou Mohammed Silla, de origem soninquê, com o apoio de lideranças locais e dos ulemá e *cadis* de Tombuctu, rebelou-se contra o sucessor presuntivo do conquistador, Sonni Baro, vencendo-o em batalha e tomando o poder. Ao assumir o controle de toda a área sob influência songai, o novo dirigente recebeu o título privativo de áskia, com o qual governou até 1527. Seus sucessores dariam continuidade à dinastia até 1591, quando toda a faixa meridional do Sahel caiu sob domínio marroquino e teve início o Pashaliq de Tombuctu (Koslow, 1995: 33-37; Quigley, 2002: 24-26).

Em perspectiva panorâmica, o Estado Songai costuma ser considerado pela historiografia africanista como a continuidade histórica das formações sociais englobantes anteriores conhecidas como

"Reino de Gana" e "Império do Mali", e com elas integra o conjunto dos grandes impérios "medievais" da África. Distingue-se, todavia, das demais organizações políticas pelo papel estruturante do islã devido sobretudo à atuação de cadis (juízes) e ulemás (doutores da lei) que atuaram nas mesquitas e madraças de Djenê, Gao e de Tombuctu. Deve-se, aliás, a esta elite letrada, arabófona, a produção de um vasto conjunto de textos de diferente procedência, vinculado em geral ao ensino e difusão do islã, mas também a temas distintos, inclusive de caráter histórico (Levtzion e Pouwels, 2000: 68-73).

Ao contrário do que veio a ocorrer com outras sociedades africanas antigas, no caso songai pode-se contar com o registro de extensas narrativas históricas, sobretudo o *Ta'rikh al-Sudan*, composto ao que parece em 1665 por Abderrahman al-Sadi, e no assim chamado *Ta'rikh al-Fattash*, atribuído impropriamente ao erudito Mahmud Ka'ti (1468-1593) e a um seu descendente chamado Ibn Mukthar que teria vivido na metade do século XVII (Monteil, 1965; Boulegue, 2003) – conforme será explicado adiante. Alguns dados encontrados nessas narrativas serão as fontes do presente capítulo, que se dirige para o exame de um aspecto particular dos discursos políticos de legitimação da dinastia dos áskias e alguns componentes populares das concepções de poder na sociedade songai.

PODER E LEGITIMIDADE NO SONGAI

A ascensão e permanência no poder pelos integrantes da dinastia Áskia teve ligação com o papel político e religioso desempenhado pelo islã, ainda que os dirigentes das dinastias anteriores já tivessem manifestado o seu assentimento aos preceitos do islã muito tempo antes. Desde pelo menos o século XI, em Gao antiga e em Gao-Saney, a aderência ao islã pelos governantes parece um fato indubitável (Lange, 1991). Não obstante, a unificação político-militar da segunda metade do século XV e sobretudo a estruturação político-administrativa ocorrida no século XVI intensificaram a presença islâmica em toda a região da bacia do Níger, ao menos no âmbito das elites dominantes, e as inovações observadas nesse momento serviram de modelo para a criação de Estados islamizados posteriores, nos séculos XVIII-XIX.

A natureza das relações entre os dirigentes do Estado e os representantes do islã tem sido motivo de intenso debate entre os especialistas, para quem, em geral, a intensificação do processo de islamização está relacionada ao papel da elite de eruditos de Tombuctu. O papel excepcional desempenhado por doutores da lei, mestres e juízes das mesquitas de Sidi Yaya e Djingereber durante a derrubada da dinastia Sonni teria levado a que Tombuctu se tornasse um poder quase autônomo, paralelo ao governo dos soberanos de Gao, e a cidade teria permanecido sob o poder de uma espécie de "patriciado urbano", um "partido muçulmano" sob controle de famílias de origem sanhadja, soninquê, tamaxeque (massufa) e mandinga (wangara), sob o controle de famílias tradicionais como os Aqit, os Andaag Mohammed e os Baghayogo (Triaud, 1973: 187-195; Saad, 1983: 58-93). Nas palavras de Sekene Mody Cissoko, durante o governo de áskia Mohammed teria havido uma aliança entre o "trono e o altar", com benefícios de toda ordem ao "clero", que, por seu lado, trabalhou pela glorificação do governo:

> Os *ta'rikh*s de Tombuctu e mais especialmente o *Ta'rikh al-Fattash* são verdadeiras apologias do áskia cujo reino é apresentado como uma espécie de idade de ouro dos países nigerianos. Alfa Mahmoud Kati, antigo companheiro do áskia, fixou para a posteridade a imagem de um soberano piedoso, defensor da religião, da ciência, dos ulemás, das causas justas, de um príncipe preocupado com a felicidade de seu povo, de um conquistador vitorioso, senhor de um império tranquilo. (Cissoko, 2006: 83)

Uma reavaliação do papel das elites de Tombuctu na formação do Estado Songai começou a ser feita na década de 1990 após a publicação de um artigo de Michael Gomez (1990), no qual problematiza

Reconstituição da entrada de uma caravana
na antiga cidade de Tombuctu.

as interpretações favoráveis à autonomia e precedência daquela cidade. Em uma releitura das fontes primárias disponíveis, Gomez sugeriu que a autonomia da cidade não era tão grande quanto parecia, e que em muitos aspectos ela encontrava-se submetida aos interesses da cidade palaciana de Gao. Alguns anos mais tarde, John Hunwick (1996) argumentou em defesa da posição diferencial de Tombuctu ao demonstrar a maneira pela qual os detentores do poder secular concederam-lhe privilégios, benefícios, direitos e distinções no seio da comunidade mais vasta do Estado, através de mecanismos de patrocínio e apoio material em troca da proteção espiritual e do alinhamento dos homens de religião que garantiam o equilíbrio do poder. Esta relação simbiótica entre poder secular e autoridade religiosa teria dado origem ao que ele chamou de uma "religião de Estado".

No estado atual do debate, parece não haver dúvidas que o islã tivesse constituído um instrumento político importante para a justificação da legitimidade dos governantes do Songai. Conforme se tem argumentado, mesmo que as fontes escritas por cronistas e juristas tenham que ser submetidas a severa crítica interna – pelo quanto elas enfatizam uma visão oficial da dinastia reinante, e pelo quanto subestimam e minimizam dados e símbolos que revelam aspectos das cosmologias e das culturas locais não completamente afetadas pelos modelos islâmicos –, ainda assim o islã representou para todos, mesmo para aqueles que não eram muçulmanos até então, uma base legítima de poder e autoridade (Hall, 2013). A própria justificativa legal do governo de áskia Mohammed, o fundador da dinastia, foi buscada em referências muçulmanas: primeiro, ao deformar a imagem e a autoridade de Sonni Ali, através de uma política deliberada de desqualificação moral e da associação deste com a infidelidade aos preceitos corânicos e com o paganismo (Kaba, 1978: 52-58); depois, mediante a realização de uma peregrinação a Meca; e ainda, pela consulta a eminentes conhecedores da doutrina sunita, sobre as regras do bom governo (Kaba, 1984; Dedé, 2014: 32-36).

O ponto de partida deste estudo é uma passagem retirada do *Ta'rikh al-Fattash* onde um de seus supostos autores, Mahmud Ka'ti, narra em tom grandiloquente a ascensão de áskia Mohammed ao governo do Songai e descreve o seu perfil de acordo com os modelos convencionais do bom governante muçulmano. A luta contra Sonni Baro, o sucessor de Sonni Ali, teria sido justa, e o governante ascendera ao poder cercado de homens sábios e de conhecedores da lei muçulmana. Para melhor se orientar acerca das qualidades esperadas de um líder justo, ele teria tido contato pessoal e mantido uma ativa correspondência com reputados conhecedores das tradições islâmicas. E a fim de garantir sua posição frente à comunidade de crentes do *dar-al-islam*, realizou peregrinação a Meca no ano de 1497, quando, ao passar pelo Egito, teria sido reconhecido como "Califa de Takrur". Por tudo isso, aparece nomeado como imã virtuoso, califa íntegro, rei vitorioso, glorioso e reto. Segundo consta no *Ta'rikh al-Fattash*, entre as figuras notáveis que reconheceram o seu califado estavam importantes conhecedores da lei, entre os quais o sábio egípcio intitulado xeique Jalal al-Din al-Suyuti, o marroquino xeique Mohammed b. abd al-Karim al-Maghili, o xerife hassânida Mulay al-Abbas e o xeique Chamharouch, apresentado como pertencendo à "raça dos gênios" (Houdas e Delafosse, 1913: 15).

Conforme sintetizado anteriormente, a discussão sobre as implicações ideológicas do islã na legitimação do poder songai é assunto recorrente na historiografia africanista. Há diversos registros que confirmam o interesse do áskia Mohammed em alinhar o seu governo aos preceitos corânicos valendo-se da credibilidade de grandes eruditos contemporâneos que, ao responder às suas indagações formais, davam-lhe o assentimento de governar em nome da tradição sunita. A escolha de al-Suyuti pode ser compreendida como estratégica, uma vez que o renome desse sábio se estendia não apenas a todo o norte da África, mas também ao Oriente Médio e à Índia (Sartain, 1980; Hunwick, 1991). Quanto a al-Maghili, ainda que algumas de suas posições sejam consideradas polêmicas, principalmente em relação aos judeus – contra quem liderou um movimento de perseguição em Touat e nas comunidades saarianas –, o seu nome era muito respeitado em matéria de teologia e jurisprudência. A longa correspondência trocada com o fundador do Estado Songai contém as regras de conduta do governo da comunidade de crentes, com a enunciação dos deveres do dirigente, a defesa dos fiéis contra o paganismo, o direito de conquista e a obrigação de fazer guerra (*djihad*) aos "infiéis" e mesmo aos sultões e chefes iníquos (Cuoq, 1985: 408-416; M'Baye, 1972; Blum e Fisher, 1993: 73-76).

A passagem do assim chamado *Ta'rikh al-Fattash* contém em linhas gerais as mesmas preocupações com a legitimação religiosa do governante, mas confere a ela uma dimensão inusitada. Ao enfatizar a peregrinação a Meca e o contato com autoridades do núcleo histórico do islã, o cronista evoca personalidades de grande representatividade simbólica, um deles detentor do título de xerife[1] e outro detentor do título honorífico de xeique. Mas há um aspecto inusitado nestas evocações que não despertou até agora a atenção dos historiadores, e que interessa aqui sublinhar: é que o personagem qualificado como xeique Chamharouch, evocado pelo seu prestígio, é uma entidade não humana. Assim sendo, o foco da análise não será direcionado para o campo da política ou da organização social, mas para o componente etnográfico e ideológico dos discursos de legitimação da monarquia songai.

Evidentemente, não causa surpresa a evocação a um personagem qualificado como um "gênio", em árabe *djinn*, em texto pertencente ao universo cultural do islã. Sabe-se que a crença nessas criaturas sobrenaturais era e é muito difundida em todo o mundo muçulmano. Sobre eles é reservada a surata 72 do livro sagrado muçulmano, revelada antes de Hégira, denominada "al-Djinn" (Alcorão, 2003: 585-587). Estes seres teriam sido criados a partir de uma chama sem fumaça, e não do barro, como o ser humano. Seriam entidades feéricas, não corpóreas, divididas em grupos variados, e com funções espirituais diversas, habitantes de uma espécie de realidade paralela a este mundo, com a capacidade de ver, ouvir e observar os humanos. Habitariam lugares escuros, sujos e úmidos. Manifestar-se-iam às vezes através de humanos sob diferentes formas de incorporação e possessão. Não é incomum, nesse caso, que eles sejam associados a forças nefastas e demoníacas contra as quais convém reagir por meio de processos adequados de cura e, em situações extremas, de exorcismos. Em todo caso, sua esfera de influência é sobrenatural, e sua ação tende a ser identificada com a magia, a feitiçaria e a esfera da demonologia (Camelin, 1995: 160-161; Moréchand, 1968).

Não é esse, todavia, o perfil do personagem mencionado na narrativa sudanesa do *Ta'rikh al-Fattash*. Nesse caso a referência corresponde a alguém que dispõe de grande respeitabilidade e detém o título honorífico de xeique, atribuído a líderes e governantes de prestígio ou a um reduzido número de estudiosos da lei corânica reconhecidos como autoridade religiosa. Na sequência do texto, Chamharouch é uma vez mais evocado, e aqui a função dessa evocação é fortalecer o vínculo dos povos sudaneses com o islã. Segundo o(s) autor(es) do *ta'rikh*, em uma conversa privada entre áskia Mohammed e o xerife hassânida Ahmed al-Seqli, que tinha sido enviado de Meca a Tombuctu e Gao, este último teria tido uma visão mística em que um velho servidor de Chamharouch chamado Demir Ben Ya'cob narrou as origens dos ancestrais dos povos do território sob influência songai.

Através de Ahmed al-Seqli (em estado de transe? em estado de possessão?), o servidor do gênio, falando em nome deste, identificou os ancestrais dos songai, dos wakoré e dos wangara em três filhos de um rei do Iêmen. Estes, após a morte do pai, tinham sido privados de sua herança e perseguidos pelo tio, sendo forçados a migrar rumo ao Ocidente. Ali encontraram Raoura Ben Sara, um gênio que "voava pelos ares, entrava pelas montanhas, mergulhava nas águas e se metia por dentro da terra", e que apenas temia a Salomão (Houdas e Delafosse, 1913: 41).

A idealização da origem dos principais povos unificados em torno do islã por áskia Mohammed, mediante sua suposta vinculação com a Arábia, contrasta com a identificação de alguns povos tributários do Estado Songai. Nesse caso, a ascendência deles é atribuída a um personagem pré-diluviano, o gigante Oudj Ben Ouq, cujo esperma liberado em uma polução noturna teria fecundado cinco escravas de Noé que inadvertidamente banharam-se do líquido seminal e depois deram à luz casais de gêmeos que vieram a ser os ancestrais dos dienkê, bôbô, siri, kouronkoi, korgoi e sorkôs. Quanto aos berberes, sua origem encontrava-se na Pérsia, descenderiam da conjunção carnal do emissário de um rei com escravas prometidas ao governante. Os primeiros berberes teriam o aspecto humano e a natureza de gênios, sendo habilíssimos cavaleiros desde a sua origem. Ao se deslocarem do Oriente, teriam se colocado a serviço de Kayamaga Yahya Ben Maris, descendente dos wakoré (Houdas e Delafosse, 1913: 48).

A genealogia mítica descrita nas palavras atribuídas ao servidor de xeique Chamharouch foi um meio pelo qual, no presumido *Ta'rikh al-Fattash*, o(s) autor(es) encontraram uma explicação para a identidade do Estado em construção a partir de referenciais de matriz muçulmana. Trata-se de uma estratégia muito utilizada pelas elites políticas afro-muçulmanas de diferentes partes do continente, que localizavam na Arábia, no Oriente ou mesmo na família de Maomé os seus ancestrais. Nas tradições orais do Songai e no texto anônimo sem título conhecido como *Notice Historique* (Notícia Histórica), o fundador da primeira dinastia governante aparece como um estrangeiro de proporções gigantescas acolhido pela população local, originário do Iêmen, que ficou conhecido como Dia Alyamen ou Za-al-Ayaman. Ele teria livrado a população do culto pagão ao matar um demônio que se manifestava ao povo e era cultuado em forma de peixe (Houdas e Delafosse, 1913: 330; Hama, 1974: 42-43; Luffin, 2006: 181).

O que parece único no caso da menção ao xeique Chamharouch no *Ta'rikh al-Fattash* é a evocação em uma narrativa das origens do Estado e da sociedade songai de uma entidade feérica pertencente ao ideário islâmico – um aparente contrassenso em face do rigor dos eruditos muçulmanos em relação à idolatria e ao paganismo. A hipótese aqui levantada é que, através da figura de um gênio (*djinn*), o(s) escritor(es) sudanês(es) tinha(m) a oportunidade de estabelecer conexões significativas com o meio social em que o texto aqui examinado foi redigido, isto é, o ambiente social e cultural songai, onde a presença dos espíritos tinha papel estruturante e ordenador da vida social.

Ao contrário do que se fez muitas vezes no processo de escrita da história das sociedades afro-muçulmanas, em que o islã e o processo de islamização na África foram apresentados de modo homogêneo, como fenômenos completos e acabados, convém insistir na historicidade desses fenômenos a partir das referências locais. Com David Robinson, apostaremos na ideia de que o enraizamento do islã ao sul do Saara deve ser apreendido em uma longa duração, durante a qual haverá que se considerar não apenas o modo pelo qual ocorreu uma islamização das sociedades africanas, mas também acomodações, aproximações e ressemantizações que tiveram por consequência uma "africanização do islã" (Robinson, 1985; Robinson, 2004: 75-90).

CRENÇAS ANCESTRAIS E *DJINNS*

Ao consultar os registros escritos dos séculos XVI-XVII, observa-se que a figura de Sonni Ali permanece identificada com o animismo e as práticas pagãs. Educado e iniciado nas tradições ancestrais, embora conhecesse os fundamentos da religião islâmica, ele assumiu uma posição francamente contrária aos líderes do islamismo, sobretudo aos líderes políticos e religiosos de Tombuctu, promovendo ataques e até mesmo a deportação de parte daquelas lideranças. Ao menos é assim que ele aparece nos *Ta'rikhs*, que o tratam de modo negativo, e que veem em áskia Mohammed a sua antítese, isto é, o defensor dos princípios éticos, morais e religiosos do islamismo (Kaba, 1978).

Também nas tradições orais observa-se o vínculo profundo entre Sonni Ali e as tradições autóctones animistas e politeístas. Nos séculos posteriores à constituição do Songai, a região de Wanzerbé costuma ser identificada como o lugar de refúgio dos seus últimos partidários e como lugar preferencial dos mestres de magia conhecidos como Si Hama, que se consideram descendentes do antigo conquistador. Segundo os registros do depoimento deixado por Hammidou Soumalia, o mais respeitado detentor da memória dos songai-zarma da segunda metade do século XX, os ancestrais de Sonni Ali, da dinastia Za e da dinastia Chi, teriam sido os protetores da religião e do culto aos *tooru* (ídolos). Foi com a ajuda dos *tooru* e dos gênios que eles teriam vencido a guerra contra os mandingas (Mallé). Mesmo após a vitória dos seguidores de áskia Mohammed, as famílias remanescentes dos clãs vinculados a Sonni Ali, identificados pelo nome de Sonantché, Sonniance ou Sohance, isto é, os "descendentes de Sonni", destacavam-se por guardarem os segredos dos *tooru* e por serem possuídos pelos seus gênios (Soumalia; Hamidou e Laya, 1998: 23-24, 37).

A cômoda oposição entre as figuras simbólicas de Sonni Ali, eventual representante do paganismo, e de áskia Mohammed, eventual representante do islã, esbarra na pluralidade das tradições orais, em que os gênios encontram-se por toda a parte e de todas as formas. Em uma conhecida epopeia transmitida pelos narradores das tradições, áskia Mohammed é lembrando com o nome de Mamar e aparece como sendo o filho indesejado de Kassay, irmã de Sonni Ali, com um gênio. Advertido por adivinhos que um sobrinho o iria derrubar do poder e pôr fim aos seus dias, Sonni Ali cuidou para que todos os filhos homens da irmã fossem logo eliminados após o nascimento. Numa das vezes, o nascimento de um bebê do sexo masculino coincidiu com o nascimento da filha de uma escrava pessoal de Kassay, e as crianças foram trocadas. Quando a história veio a ser revelada e o jovem encontrou-se ameaçado, recebeu a ajuda do gênio, que o levou pelos ares e o escondeu na cidade de Gao, oferecendo-lhe armas e um cavalo. Tempos depois, o vaticínio se cumpriu, e o sobrinho matou o tio em combate, foi reconhecido pela mãe e assumiu o poder (Hama, 1980: 70-71; Hale e Malio, 1996; Amadou, 2008).

Os relatos anteriores, recolhidos no século XX, integram-se a um sistema de crenças que tem sido objeto de detalhados estudos por etnólogos, historiadores e antropólogos desde o período das independências das Repúblicas do Mali e do Níger. Salvo engano, coube a Jean Rouch e a Boubou Hama as interpretações mais aprofundadas e densas na fase inicial das pesquisas, e a Olivier de Sardan a interpretação global que melhor explica as dinâmicas sociais do conjunto dos povos identificados como songai-zarma relativos ao período anterior e posterior ao domínio colonial francês. Da articulação entre as interpretações fornecidas por esses e outros estudiosos, é possível chegar à seguinte síntese em relação ao papel dos gênios na cultura songai:

1. Os gênios, designados na língua songai pelo vocábulo *Holle*, correspondem a espíritos ancestrais associados com fenômenos naturais ou com a natureza (vento, água, rochas, floresta). São seres invisíveis, porém interagem com a natureza e com os seres humanos em situações específicas, tornando-se objeto de cultos que contam com oferendas e sacrifícios entre inúmeros povos do Sahel e da bacia do Níger. Na cosmologia songai-zarma, os gênios teriam sido criados pelo casal primordial em forma geminada com humanos, mas devido a sua beleza (ou sua feiura, segundo outra versão) teriam sido mantidos em segredo pelos pais, motivo pelo qual Ubangiji, a entidade primordial criadora, os teria castigado com a invisibilidade. Infelizes, e dependentes dos duplos humanos para o sustento, estabeleceram com estes sucessivos pactos pelos quais os faziam mais poderosos (Namaiwa, 2013). Assim como os humanos, os *Holle* se dividem em grupos, de acordo com os locais e as circunstâncias de suas manifestações, formando um panteão antropomórfico composto de famílias distintas, como os Tooru, os Ganji-Kwaarey, os Atakuna etc. Alguns são considerados benfazejos (*hew*), outros possuem características maléficas (*hargu*, "frios"), e outros são considerados *Holle kware*, isto é, "gênios nobres", "gênios puros", "gênios brancos" (Sardan, 1982: 210-212; Rouch, 1945).
2. Parte dos cultos e crenças dedicadas aos espíritos diziam respeito aos clãs, linhagens e famílias, parte diz respeito a comunidades inteiras, onde se cultuam entidades como Harakoy-Dikko, a deusa das águas que, da conjunção carnal com homens pertencentes a diversos povos, engendrou grande

número de gênios (Hamidou Talibi, 2010). A esses gênios tutelares, com cultos mais difundidos, correspondem grupos de sacerdotes chamados *zima* ou "mestre dos gênios". Embora essas crenças não se encontrassem organizadas em um sistema religioso hierarquizado, assentavam-se em cosmovisões que admitiam a ideia de uma interação contínua de fluxos de energia vital entre seres animados (animais, humanos, espíritos) e inanimados (forças da natureza), em fenômenos visíveis e invisíveis ligados reciprocamente de tal modo que os diversos elementos articulavam-se, materializando-se em rituais, oferendas e sacrifícios aos espíritos ancestrais (Hama, 1967: 18-19).

3. No decurso dos contatos com o islã, os gênios locais (*Holle*) foram aproximados aos *djinns*, nomeados no Níger como Zin ou Zinni (Quéchon, 1971: 213; Rouch, 1954: 60). O ponto de ligação era que, em ambos os casos, tratava-se de espíritos. Distinguiam-se, porém, no que diz respeito à frequência de sua manifestação: excepcional, no caso de islã; frequente, no caso das tradições originárias do Mali e do Níger. A "africanização do islã" a que se refere David Robinson poderia ser observada, nesse caso, pela capacidade de assimilação dos *djinns* aos espíritos ancestrais songai-zarma, em práticas sociorreligiosas fluidas e permeáveis, abertas a determinados níveis de fusão e recomposição cultural. Alguns *djinns*, como o popular Alfaa Mamudi Ziidi, são invocados por marabus mediante a leitura do Corão e incorporam os seus "cavalos" quando estes encontram-se em estado de transe e, durante o momento da possessão, põem-se a profetizar ou a realizar curas espirituais (Sardan, 1982: 421).

4. Na memória coletiva songai-zarma a islamização acarretou alteração significativa na relação com os espíritos. A vitória de áskia Mohammed constitui o ponto de partida de um processo de descaracterização da função original dos espíritos ancestrais que iria se completar no século XIX, quando o

enraizamento do islã alcançou os estratos sociais mais vastos da população. As práticas relativas aos espíritos foram publicamente suprimidas, ou restritas ao âmbito familiar, tornando-se privadas e secretas, sob controle dos Zima. Os antigos cultos dos *tooru* (ídolos), ligados aos descendentes dos seguidores de Sonni Ali, chamados Sonnianke ou Sohance, foram gradualmente sendo abandonados, e os espíritos tenderam a se manifestar nos homens através da possessão – como ocorre até os dias atuais. Segundo Olivier de Sardan: "a irrupção da possessão foi provavelmente contemporânea de uma etapa histórica que poderia bem ser a islamização intensiva do Songai por áskia Mohammed, quando ocorreu a migração da antiga dinastia dos Sonni e de muitos de seus adeptos e aliados" (Sardan, 1982: 365).

Em diferentes passagens do *Ta'rikh al-Fattash*, a presença dos espíritos é descrita em tom negativo, restritivo. Em certo trecho, ao se referir a uma cativa da aldeia de Bako, é dito que ela pertencia a uma espécie de gênios e que foi libertada pelo seu senhor (Houdas e Delafosse, 1913: 123), e ao tratar da tribo servil de Anganda menção é feita aos gênios malfazejos das águas (Houdas e Delafosse, 1913: 268). Ao que parece, os espíritos assim mencionados são enquadrados como entidades nefastas classificadas nas crenças populares islâmicas como demônios (Zeytan) (Rouch, 1954: 60). Em outro trecho, indivíduos associados aos espíritos tendem a ser considerados com distúrbio mental ou loucura, como no caso de Missakouallah, indivíduo rebelde do período de governo de áskia Daúde, que teria sido "possuído por gênios que assaltavam o seu espírito" (Houdas e Delafosse, 1913: 181).

Gênios e espíritos não despertam comentários positivos do(s) autor(es) do *Ta'rikh al-Fattash* e nem de al-Sadi, autor do *Ta'rikh al-Sudan*, onde também são desacreditados. Ao descrever a expedição de áskia Mohammed contra Na'asira, chefe dos mossi, em 1498, o narrador informa que o líder songai pede conselhos aos eruditos para que o combate fosse considerado uma "guerra justa", uma *jihad*. Um emissário é enviado com uma carta na qual áskia Mohammed impõe a conversão ao islã como condição para a paz. Antes da resposta, Na'asira pede uma consulta ao espírito ancestral, que, através de um velho, mostrou-se favorável à guerra. No momento em que o emissário muçulmano perguntou sobre a identidade de quem ali falara, obteve a seguinte resposta do *djinn* que possuíra o corpo do velho: "Eu sou Iblis, e assim os aconselho para que todos morram em estado de infidelidade" (Houdas, 1900: 122-123).

Ao confrontar as narrativas dos *ta'rikhs*, observa-se maior coerência no *Ta'rikh al-Sudan*, onde os espíritos, embora importantíssimos nos meios populares da época, quase não aparecem. No *Ta'rikh al-Fattash*, mesmo desacreditados ou descaracterizados em certas passagens, os *djinns* são retratados de modo positivo quando relacionados a xeique Chamharouch. Além das passagens antes apontadas, uma terceira menção ao séquito desse gênio aparece no trecho em que é narrada a peregrinação de áskia Mohammed a Meca. Durante a viagem, em um oásis situado entre Alexandria e o Cairo, no Egito, um dos eruditos que acompanhavam o séquito, Alfa Salih Diawara, teria ouvido um rumor de vozes nas proximidades, e ao se dirigir ao local encontrou um grupo de gênios que retornava da peregrinação acompanhando Chamharouch. Logo, outro religioso, Mohammed Toulé, juntou-se ao grupo, e depois o filho deste, um menino de cerca de 6 anos de idade.

Após as devidas saudações e cumprimentos, e as subsequentes apresentações, o gênio diz ter ouvido falar de áskia Mohammed, a quem, segundo ele, estava previsto ser o décimo-primeiro califa de origem coraixita, e que o décimo-segundo estava previsto para aparecer no século XIII da Hégira, e que este derradeiro califa seria o juiz entre os gênios e os homens. A reunião entre gênios e os homens do séquito de áskia Mohammed teria sido interrompida por um dos seguidores de Chamharouch, que acusava os humanos de terem matado um gênio e reclamava por justiça. Segue-se o seguinte diálogo:

> Então, disse Salih Diawara: "como um dos nossos pastores poderia ter ferido um de vossos servidores, se vocês são invisíveis para nós?" – O jovem servidor, responde o escravo, tinha assumido a forma de uma serpente. Então Chamharouch, o chefe dos gênios, tomou a palavra e disse: "O sangue daquele que deixou sua forma primitiva para se metamorfosear não pode ser vingado". A seguir os jurisconsultos levantaram-se, despediram-se dos gênios e se juntaram aos companheiros de viagem. (Houdas e Delafosse, 1913: 128)

Mais uma vez, o destino de áskia Mohammed como califa predestinado é vaticinado pelo gênio. Tanto na descrição desse trecho, quanto na do outro, citado anteriormente, a função da entidade feérica é confirmar o futuro glorioso do "califa do Takrur". Resta por explicar a aparente incongruência do cronista ao fazer uso da figura de um gênio para legitimar a autoridade de um governante que se pretendia representante da doutrina corânica em toda a área subsaariana. Afinal, qual a provável explicação para tantas evocações a xeique Chamharouch no *Ta'rikh al-Fattash*?

A TRADIÇÃO MANUSCRITA DO *TA'RIKH AL-FATTASH*

Os *ta'rikhs* de Tombuctu gozam de posição de destaque na produção de sentidos da história dos povos da área subsaariana e têm sido enaltecidos pelos defensores da africanização dos conhecimentos históricos. O *Ta'rikh al-Fattash* de Mahmud Kati e o *Ta'rikh al-Sudan* de Abd al-Rahman al-Sadi, escritos hipoteticamente nos séculos XVI-XVII, são fontes "canônicas" de uma visão internalista do passado que vem sendo enfatizada por pesquisadores de origem africana. Primeiro, por serem obras compostas por eruditos autóctones em data recuada, em língua árabe, mas com adaptações e particularidades locais e, sobretudo, por comportarem elementos provenientes das tradições orais (Gueye, 1998-1999: 7; Kaké, 1982: 84-86).

A excepcionalidade das fontes históricas antes mencionadas deve-se em grande medida à sua dimensão. São narrativas longas, estruturadas, dotadas de uma visão ordenada do passado. Diferem e se destacam no vasto conjunto de produção escrita, em língua árabe ou em textos aljamiados, escritos em línguas africanas (fulfulde; swahili, hauçá, mandinga) através de caracteres e signos gráficos árabes (Cisse, 2007; Souag, 2010). Nesses casos, pode-se dizer que os textos escritos em ajami são em geral curtos, dedicam-se a descrever temas locais, reproduzem fragmentos de tradições dinásticas de reinos anteriores ao século XIX, e encontram-se distribuídos por todo o continente, em três áreas principais: a saariana e saheliana (Egito, Magrebe e banda nigeriana), a costa oriental swahili (da Somália à Tanzânia), e as ilhas da África Oriental (especialmente Madagascar e Comores) (Hamés, 2004; Ismail, 1971: 39-40).

No que diz respeito aos *ta'rikhs* de Tombuctu do século XVII, o valor de seu testemunho deve-se em parte ao que eles contêm de informações recolhidas pelos escritores da tradição oral, e em parte ao que revelam do que aqueles mesmos escritores observaram e registraram. Não são apenas repositórios de dados brutos sobre o passado. Resultam de uma elaboração intelectual e revelam o emprego de procedimentos discursivos e maneiras de operar com dados que circulavam por via oral. Indo além de simples fontes documentais, inauguraram uma tradição historiográfica sudanesa:

> Seus autores começam a colocar em dúvida a competência daqueles que transmitem as tradições, procuraram comparar diversas versões da mesma tradição e buscam informações junto aos habitantes de diversas partes do Sudão Ocidental. Eles se interessam em buscar compreender dados linguísticos e em interpretar as tradições a partir do sistema sociopolítico em vigor e dos costumes existentes. (Levtzion, 1971: 32-33)

Na elaboração de suas narrativas, os eruditos de Tombuctu submeteram os seus textos aos referenciais temporais da cultura islâmica a qual pertenciam e que pretendiam difundir. O tempo é organizado segundo uma ordem cronológica que tem na Hégira o seu marco inicial, e segundo o cômputo anual do calendário lunar, o que liga a temporalidade proposta para os povos sudaneses a uma ordem temporal de caráter universal. No caso do *Ta'rikh al-Sudan*, o foco narrativo privilegia a evolução das cidades de Tombuctu e de Djenê através do registro das transformações de sua paisagem, das atividades sociais e econômicas e da vida intelectual, com biografias de grandes mestres das escolas corânicas (Boulegue, 2004).

Quanto ao *Ta'rikh al-Fattash*, o fio condutor do discurso gira em torno da evolução política dos estados sudaneses. Na parte inicial aparecem informações esparsas, fragmentárias, sobre as primeiras formações estatais da bacia do Níger (reino de Khayamaga, ou Gana; reino de Diarra; antigo Mali no tempo de Mansa Musa) e uma rápida descrição da dinastia dos Sonni de Gao, com algum detalhamento das conquistas de Sonni Ali. A parte principal é dedicada à dinastia dos áskias de Gao, com grande atenção ao período de governo de áskia Mohammed e depois ao período de governo de seus sucessores, em particular o reinado de áskia Daúde. De modo que, na distribuição do conteúdo, a narrativa é definida em função dos acontecimentos político-religiosos que afetam os Estados, as dinastias e a ação individual dos dirigentes do Estado Songai (Boulegue, 2003).

Essa unidade narrativa aparente, que produz a sensação de um tempo ordenado, com acontecimentos sucessivamente interligados, tem sido posta em dúvida pelos pesquisadores devido ao modo pelo qual os manuscritos africanos foram manipulados e organizados pelos primeiros tradutores e editores dos *ta'rikhs*, em contexto colonial. O que se pode dizer de imediato é que a transposição dos textos manuscritos e a produção e edição dessas fontes em forma impressa, ocorridas durante a fase de conquista colonial, permitiram que os africanistas e administradores-etnógrafos tivessem conhecimento detalhado dos povos colocados sob sua tutela, mas as circunstâncias em que o conteúdo deles foram apropriados deu azo a arranjos e reconfigurações em traduções

Fólio de manuscrito na língua árabe
do *Ta'rikh al-Fattash*, escrito provavelmente
no início do século XIX, por volta de 1820.

para a língua francesa que desfiguraram e/ou distorceram a realidade histórica contida nas narrativas. Nesse sentido, os *ta'rikhs* tornaram-se peças-chave na invenção da "Idade Média sudanesa", tema debatido no primeiro capítulo.

Desde a "descoberta" do manuscrito do *Ta'rikh al-Sudan* pelo germânico Heinrich Barth, em 1851, e a descoberta dos manuscritos do *Ta'rikh al-Fattash* pelo francês Bonnel de Mezières em 1911-1912, a erudição europeia pretendeu, através da recomposição dos textos manuscritos originais, oferecer edições modernas que permitissem o acesso aos leitores de fontes genuínas do passado, e o fato de que aqueles textos tivessem sido criados por antigos eruditos africanos conferiu ao conteúdo descrito nos livros traduzidos e publicados grande respeitabilidade. Porém, os estudos realizados por Paulo Fernando de Moraes Farias (2006: 219-220; 2008) demonstraram que os pressupostos conceituais de Barth inauguraram uma leitura redutora daquelas antigas obras, negando-lhes parte substancial de seu valor histórico, considerando-as repositório de informações, genealogias míticas ou dinásticas e eventos militares de diversa natureza. Pelo contrário, Farias identifica nos discursos dos eruditos de Tombuctu de meados do século XVII as marcas de um projeto político de conciliação entre três elites, de modo a integrá-las ou a reconciliá-las: a primeira era a elite local, herdeira dos áskias, que tinha sido privada da soberania após a invasão marroquina de 1591, mas continuava a exercer papel significativo; a segunda era o patriciado urbano de Tombuctu, a quem os escritores pertenciam e que havia sofrido perseguições; e a terceira era a elite adventícia, da linhagem dos Arma, ligada aos governantes de origem ou a serviço dos sultões marroquinos no Pashaliq de Tombuctu.

No caso específico do *Ta'rikh al-Fattash*, há que se acrescentar uma incongruência entre os textos originais, manuscritos, e a tradução integral feita por Octave Houdas e Maurice Delafosse, que até o presente constitui o único texto de consulta da fonte histórica. Conforme eles próprios explicam na introdução de seu livro, embora circulasse em toda parte notícia sobre a existência de uma

219

importante fonte manuscrita árabe com o nome *Ta'rikh al-Fattash*, a cópia do manuscrito disponibilizado a Bonnel de Mezières pelo sábio Sidi Mohammed al-Suyuti, que lecionava em uma madraça de Tombuctu (Manuscrito B), ainda que preciosa, tinha diversas lacunas e problemas de leitura. Ao terem acesso ao manuscrito original de al-Suyuti, parte das dúvidas foram sanadas, mas faltava o trecho inicial deste que ficou classificado como Manuscrito A. Um terceiro texto árabe, tido como sendo copiado no século XIX, pertencente ao guia espiritual islâmico Abdoulaye Waly Ba, não apenas trazia o título *Ta'rikh al-Fattash*, mas, ao ser confrontado com os dois textos anteriores, mostrou-se completo e foi denominado de Manuscrito C. A junção desses três documentos, tendo o Manuscrito C por base, serviu de referência para a tradução em língua francesa.

A autoria da parte inicial da narrativa, tal qual aparece gravado no Manuscrito C, foi atribuída a Mahmud Ka'ti, que teria vivido entre os anos 1468-1593, atuado como conselheiro de áskia Mohammed e *cadi* (juiz) de Tendirma no período de apogeu da dinastia. Mas a continuação teria cabido ao filho (Yusuf b. Mahmud Ka'ti) e a um neto dele, Ibn al-Mukhtar, a quem se atribui a conclusão do relato provavelmente em 1664. Uma incongruência foi desde aquele momento notada pelos tradutores: é que, na parte atribuída a Mahmud Kati, que teria sido por consequência escrita no século XVI, aparece uma profecia segundo a qual áskia Mohammed é assinalado como o penúltimo dos 12 grandes califas anunciados por Maomé – o anúncio feito por Chamharouch, já mencionado neste capítulo. Para eles, essa seria uma interpolação feita no manuscrito a mando de Cheikhu Amadu, soberano do Estado teocrático de Maciná nas primeiras décadas do século XIX. Porém, para não colocar em dúvida o valor da preciosa fonte manuscrita, consideraram que o trecho interpolado não se revestiria de maior importância do ponto de vista histórico. Na opinião deles, a menção à profecia seria apenas um acidente fortuito, "mais curioso do que interessante". E assim concluem a exposição sobre a tradição manuscrita:

Como quer que seja, foi assim que nos encontramos em posse de todos os elementos necessários à reconstituição, sem dúvida integral ou quase, de uma obra de primeira ordem para a história do Sudão que nos dá uma massa de informações precisas sobre a organização política, administrativa e social dos países nigerianos anteriores à conquista marroquina do século XVI. Foi com a ajuda destes três manuscritos que pudemos editar o texto árabe do *Tarikh el-Fettach* e fazer em seguida sua tradução (Houdas e Delafosse, 1913: XIII).

Esta tortuosa tradição manuscrita explica parte dos problemas detectados por diversos especialistas ao longo do século XX. Um dos mais recorrentes tem que ver com a atribuição de autoria principal a Mahmud Ka'ti com a finalidade de fazer recuar a data de origem da fonte, situando-a no século XVI. Logo depois da publicação da tradução de Houdas e Delafosse, o pesquisador Joseph Brun apontou problemas na transposição dos nomes sudaneses, algumas inconsistências na tradução, mas, principalmente, questionou a autoria da primeira parte da obra a apenas um escritor, aventando a hipótese da existência de dois autores diferentes com o nome de Mahmud Ka'ti. O primeiro, nascido em 1468, teria morrido provavelmente em 1553-1554, e o segundo, chamado Mahumd Kati ben el-Hadj el-Motouakkel, vivia em 1593, à época da conquista marroquina (Brun, 1914). Essas críticas foram reforçadas tempos mais tarde pela leitura atenta de Madina Ly (1972), quando são assinalados diversos problemas de unidade e coerência textual que apenas poderiam ser revolvidas com uma nova edição da fonte, e quando é advogada a hipótese de que o texto tenha sido escrito por três autores: Mahmud Kati, o velho; Alfa Kati e Ibn Mukhtar.

O problema da unidade da narrativa da crônica foi levantado por Nehemia Levtzion (1971a; 1971b), para quem a autoria integral da obra deveria ser atribuída apenas a Ibn al Mukhtar. Mas o golpe de morte na edição e tradução de Houdas e Delafosse ocorreu nos últimos anos, quando Mauro Nobili (2011) encontrou um exemplar original do manuscrito do *Ta'rikh al-Fattash* no acervo de Manuscritos da Biblioteca Nacional da França. Submetendo-o a uma análise rigorosa, ele pôde, junto com Mohamed Shahid Mathee (2015), provar que, de fato, a participação de Mahmud Kati na redação do manuscrito foi nula. Uma parte do texto teria sido escrita na metade do século XVII por Ibn Mukthar e outra parte da composição teria sido substancialmente acrescida e alterada pelos dados do "Manuscrito C", elaborado em 1820 por Nuh al Tahir, conselheiro de Cheikhu Amadu (também identificado como Ahmed Lobbo), o único documento integral preservado. Por essa razão, propõem que se abandone a ideia de uma unidade textual da fonte, mas que ela seja desdobrada em duas: o *Ta'rikh Ibn al-Mukthar*, datada do século XVII, e uma nova crônica, o *Ta'rikh al-Fattash*, datada do início do século XIX.

Essa crônica, a qual Mauro Nobili propõe que se chame propriamente de *Ta'rikh al-Fattash*, remete aos problemas políticos do califado de Hamdallahi, também conhecido como "Império Fula do Macina". Integrante do conselho de governo de Cheikhu Amadu, o erudito Nuh al-Tahir acumulou informações sobre os Estados anteriores da bacia do Níger, sobretudo aqueles que adotaram os preceitos do islã, para inserir o projeto teocrático de governo reformado daquele que pretendia ter reconhecido o título máximo de autoridade político-religiosa. Esse projeto de legitimação é reforçado em dois momentos no texto: primeiro, quando áskia Mohammed é anunciado como o décimo-primeiro dos 12 califas eleitos, pois fica subentendido que o décimo-segundo apareceria em um futuro que se materializou no período de governo de Cheikhu Amadu; segundo, quando na descrição dos povos alguns grupos são caracterizados como "grupos servis" de direito desde os tempos do Songai, o que justificaria a imposição de tributos especiais e o reconhecimento do seu domínio pelo califado de Hamdallahi (Nobili, 2020).

Em resumo, há que se redimensionar o valor e a unidade da crônica até aqui denominada de *Ta'rikh al-Fattash*. O seu conteúdo perde força como fonte primária da história do Songai durante o século XVI e o seu testemunho deverá ser redirecionado para o momento em que as narrativas que a compõem foram efetivamente produzidas, em parte na metade do século XVII e em parte no início do século XIX (Collet, 2017: 168-172). Significa que a ideia estruturada da sequência de Estados, dinastias e reinados deve ser compreendida como parte de um discurso de legitimação do poder do Estado teocrático fundado pelos fulas no início do século XIX, que, junto com o Futa Toro e o Futa Djalon, o califado de Sokoto, os Impérios de al-Hadj Omar, de Samori Turê e o Bornu de al-Kanemi, pretendiam impor sua dominação política em vastas áreas da África Ocidental. No caso específico, a inserção de uma profecia em um texto atribuído ao tempo de áskia Mohammed projeta no passado, mediante uma manipulação deliberada, uma visão em retrospecto de caráter messiânico que antecipa no Songai as pretensões unificadoras de Cheikhu Amadu (Salvaing, 2005: 80-81).

Com tudo isso, a presença de xeique Chamharouch na narrativa do *Ta'rikh al-Fattash* ganha outro significado. Admitindo que a sua evocação tenha sido feita em 1820 pelo cronista Nuh al-Tahir, a intenção da narrativa era dar conta da legitimidade política a esse líder, e não a áskia Mohammed, que passa a ser visto como o seu predecessor e modelo na condição de décimo-primeiro califa. A profecia anunciada pelo gênio cumpre, desse modo, a função de uma visão em retrospecto com a finalidade de afirmar o Estado fula junto aos demais povos vizinhos da bacia do Níger, inclusive o califado de Sokoto de Uthman Dan Fodio (1754-1817).

CHAMHAROUCH ENTRE O MAGREBE E O NÍGER

Ao considerar o contexto da primeira metade do século XIX, quando as evocações ao xeique Chamharouch foram feitas no texto de Nuh al-Tahir, outras questões podem ser colocadas ao texto do *Ta'rikh al-Fattash*, não mais em busca de respostas para os problemas ligados à autoridade e soberania dos áskias de Gao, mas para compreender as interações entre os modelos de islamização ocorridos na África Ocidental.

O ângulo de análise deixa de ser o da política para se concentrar na cultura, para ser mais exato, em elementos intangíveis do campo das tradições culturais – sejam as de origem africana, sejam as de origem árabe-muçulmanas. Distanciamo-nos aqui de leituras excessivamente dirigidas, que recusam atribuir algum valor a situações como aquela que envolve o encontro entre os peregrinos de áskia Mohammed e os gênios de Chamharouch por considerá-la "tão improvável que parece não ter qualquer objetivo imediato" – simplesmente por serem frutos de uma tradição oral (Blum e Fisher, 1993: 70).

Com Jan Vansina (1971: 78-80), considera-se aqui que materiais de natureza etnográfica, relativos a crenças, costumes, permitem acessar determinados traços do passado que tinham significado e valor para os indivíduos que compartilhavam determinados sistemas culturais. Mesmo que o acesso a esses materiais não permita que sua datação ou a ordem cronológica em que ocorreram sejam detectados de modo preciso, mais do que determinar o momento em que apareceram, importa reconhecer que elas apareceram e que passaram a significar algo nos locais em que são observados. Longe de uma história dos fatos e dos contextos políticos, o problema passa a ser pensar como determinados fatos sociais desafiam os(as) pesquisadores(as) a decifrar comportamentos e atitudes à primeira vista inverossímeis.

Uma primeira observação neste sentido diz respeito ao maior grau de enraizamento do islã na área subsaariana na primeira metade do século XIX, resultado da difusão promovida pelas confrarias (*tariqas*) e lideranças populares (*marabus*), pela ampliação do número de estabelecimentos religiosos e de ensino, enfim, pela imposição sistemática da crença por estados teocráticos reformistas criados pelos povos fulas, hauçás e kanuris desde o Futa Djalon até o norte da Nigéria e o lago Chade. Isto pode significar uma maior intensidade nas interações de aspectos do islã, extraídos sobretudo de sua mitologia, que faziam sentido para a visão de mundo dos africanos, em que seres não humanos eram admitidos como parte integrante do mundo.

O paralelismo e eventuais confluências entre a figura dos gênios da tradição muçulmana e o culto aos espíritos ancestrais podem ser observados não apenas na área linguística songai-zarma, mas também em outros locais. Durante o século XIX, da extensa área saariana, ao menos no território da atual Mauritânia, tribos e famílias de *djinns* (*djenouns*) povoavam poços, rios, grutas e dunas. Segundo consta, entre 1825-1835 um reputado conhecedor da doutrina corânica em Tichitt, nas áreas desérticas da atual Mauritânia, era o *djinn* conhecido como "Bennani", que dispunha de um grande grupo de estudantes (*taleb*) e seguidores devotados (Laforgue, 1931: 442, 445). No Saara Central, entre os tamaxeques da região de Ahaggar, os cultos aos espíritos, do período pré-islâmico, foram atualizados pelas crenças em seres invisíveis conhecidos como *Kell essuf*, associados aos *djinns* (Arkam, 2014: 349).

Na área mandinga, as entidades não humanas são integradas ao mundo natural, e desempenham funções espirituais específicas, como protetores das fontes de água e das florestas. Entre suas espécies estão os *nyanan*, "espíritos vivos e irradiantes", os sikifen, "seres invisíveis que habitam junto aos homens", os *konkoma*, "espíritos que irradiam luz". Entre as famílias de *djinns* estão os *dassiri*, que são protetores das aldeias e afastam toda força nefasta, epidemias e doenças que ameacem a comunidade (Cissé e Kamissoko, 2000: 297; 2009: 263). No *Ta'rikh* do griot Téliko, transcrito em francês por um administrador colonial da Guiné, cuja finalidade era fornecer a explicação da origem das famílias e linhagens mandingas, como os Kondé, os Kamara, os Touré, os Garanké e os Diané, consta que algumas destas famílias, como os Kaba, seriam originárias dos tempos de Maomé, e que outras, como os Dafé, "teriam saído de uma raça de gênios que habitam as florestas chamados Dafotou" (Humblot, 1918: 540).

Quanto ao gênio mencionado no *Ta'rikh al-Fattash*, ao que parece o nome Chamharouch ou Shamharush provém do hebraico: Shem Haroush tem semelhança fonética com Shem ha-Meforash, uma das designações místicas empregadas para designar a divindade na tradição judaica. A difusão da figura de Shem Hourash, outra variante de seu nome, atribuído a um dos sete reis *djinns*, teria ocorrido no norte da África pelas comunidades judaicas (Prussin, 2006: 335), e sabe-se que, na tradição muçulmana, o mundo dos gênios é controlado por Salomão, que, com sua proverbial sabedoria, teria as condições necessárias para dominar a esfera obscura em que aquelas criaturas atuam (Abumalham, 1992: 39).

Esta entidade é bem conhecida no Marrocos pelo nome de Sidi Shamharush, Sidi Chemharouj, ou por sua variante fonética, Sidi Chamharouj. Visto com restrição pelas autoridades religiosas, era reconhecido como rei dos gênios ctonianos e cultuado em uma gruta nas proximidades de Douar Azib el Goundafi. No século XX, sua popularidade era tal que ele gozava do *status* de santo, e a gruta que leva o seu nome continua a receber excursões regulares de pessoas doentes ou com determinados indícios de possessão "demoníaca" em busca de cura. Para as confrarias místicas gnawa, onde se pratica com frequência o transe e a possessão, ele estaria no topo da hierarquia dos gênios (*jnoun*), sendo o mais poderoso de seus sete reis (Basset, 1920: 74-75; Aufauvre, 2009: 98).

Na região de Djenê, a primeira cidade incorporada ao Estado fula de Maciná de Cheikhu Amadu, a figura de Chamharouch aparece na transmissão da memória ancestral comunitária. Em 1929, o administrador-colonial Charles Monteil, ao juntar material etnográfico para a composição de uma monografia sobre a história de Djenê, consultou lideranças locais e detentores das tradições para conhecer o seu ponto de vista sobre as origens da cidade que, desde o nome, Djenê, guarda a lembrança dos *djinns*. Segundo um de seus informantes, o chefe do povo bozô chamado Ousman Kontao, após a Batalha de Badr (em que os primeiros seguidores do islã venceram os coraixitas na Arábia), Maomé teria encarregado um dos mais corajosos seguidores a partir para bem longe e fundar uma comunidade que se tornaria um grande centro de fé muçulmana. Mas, no momento de fundá-la, os bozô e os nonô entraram em contato com Chamharouch. Teria sido esse gênio quem indicou o lugar em que deveria ser construído o assentamento da cidade de Djenê, em parte por homens e em parte por gênios. Para finalizar, explica que essa entidade seria o grande chefe dos gênios, bem conhecido ao norte e que tinha por fiel "o grande El Hadj Mohammed, imperador dos songai" (Triaud, 1973: 131).

CONSIDERAÇÕES FINAIS

A presença de uma entidade sobrenatural como Chamharouch, o "rei dos gênios", personagem conhecido na tradição muçulmana oriental e magrebina, em uma crônica afro-muçulmana subsaariana, faz mais sentido quando se considera a datação e a redação do *Ta'rikh al-Fattash* em 1820 e a autoria de Nuh al-Tahir, e não no século XVI ou XVII, como se pensou durante muito tempo, quando o islã era bem menos difundido ao sul do Saara. Tal evocação torna-se mais compreensível quando se considera a simbiose entre elementos da mitologia islâmica e elementos das crenças tradicionais africanas, em que, nos dois casos, os espíritos desempenhavam algum papel – mas não os mesmos papéis. Essa simbiose era feita, nas culturas afro-muçulmanas, pela absorção seletiva da parte dos elementos do islã que pudessem ser assimilados ao seu próprio sistema de crenças, ou que pudessem coexistir com ele.

Por essa leitura, a evocação dos gênios, vista com desconfiança pelos letrados do islã, fazia sentido para letrados afro-muçulmanos como Buh al-Tahir. Porém, os processos de interação e simbiose exigem tempo, e a possibilidade de que Chamharouch, entidade conhecida no Marrocos, fosse conhecido na bacia do Níger tornara-se maior após 1591, quando as relações marroquino-sudanesas se estreitaram durante o período de domínio dos paxás da dinastia Arma, representante dos sultões saadianos e alavitas em Tombuctu, Gao e Djenê (Holst, 2016: 226-268). Ainda que gradualmente enfraquecida desde meados do século XVIII, quando Tombuctu passou a estar de fato sob controle dos tuaregues, o domínio marroquino se prolongou até 1825-1826, quando o derradeiro paxá, Uthman Abu Bakr, reconheceu formalmente a autoridade de Cheikhu Amadu e toda a banda nigeriana foi integrada ao califado de Hamdallahi, o "Estado fula do Macina" (Abitol, 1979: 225).

Chama atenção que ainda em 1929, pelo menos um século depois da redação das profecias e da apologia a Cheikhu Amadu, a memória de áskia Mohammed permanecesse entre os detentores das tradições como figura de referência da implantação do islã na bacia do Níger. Essa lembrança não deve muito provavelmente nada a uma memória preservada nos textos escritos. É mais provável que deva mais ao papel desempenhado pela transmissão oral, onde os *djinns* locais e os gênios importados do Oriente sempre estiveram presentes. No caso particular da crença em Chamharouch, ela teria migrado do Marrocos ao Sahel e à savana sudanesa após a conquista marroquina de 1591, ou teria sido levada da área nigeriana para o Marrocos a partir desta data? Ou seria uma crença comum nesses diversos ambientes culturais africanos, na qual entes não humanos participam em diversas instâncias da vida social? De um modo ou de outro, sua evocação, seu registro, não deve ser tomado como algo estranho, pois no bojo das profundas reconfigurações socioculturais da história do islã em solo africano, a Arábia e o Oriente Médio tornaram-se repositórios míticos abertos às mais variadas formas de apropriação e de fabulação.

Nota

[1] Variantes: Sharif; Cherif.

Encenando o poder: as audiências públicas no Bilad al-Sudan

"Não adianta tentar impedir que algo apareça tapando a sua sombra."

Do filme *Ceddo*, de Ousmane Sembene

Este capítulo pretende sistematizar, organizar e comparar informações relativas aos rituais e cerimônias das cortes de governantes dos Estados sudaneses da bacia do Níger. O estudo será feito a partir de descrições encontradas em textos escritos em árabe por observadores provenientes do Magrebe e do Egito no período anterior ao século XVI e por observadores locais das madraças de Tombuctu e de Djenê, cujos textos datam do século XVII-XIX. Para compreender a continuidade e a mudança dos fenômenos sociais que se referem ao antigo Estado Mandinga de meados do século XIV, as cenas de audiências públicas, objeto principal de análise, serão comparadas com outras cenas de cerimônias públicas que se referem a períodos anteriores (no antigo Estado de Wagadu/ Gana, séculos XI-XII) e posteriores (no Estado Songai, século XVI).

Com relação ao enquadramento teórico, os problemas a serem debatidos dizem respeito ao campo da Antropologia Política. De modo mais específico, ao campo dos estudos africanos direcionados para a interpretação da natureza do poder monárquico. Distanciamonos, todavia, dos debates acerca dos fundamentos da monarquia sagrada levados a cabo entre outros por Luc de Heusch e Alfred Adler, cuja atenção concentra-se em primeiro lugar nas instituições monárquicas da África Central (mitos e ritos da realeza bantu), ou nos fenômenos de reversão de *status* estudados por Victor Turner nas áreas culturais dos povos luba e lunda, ainda mais porque se referem a quadros sociais contemporâneos (Adler, 2002).

Em nosso caso, além das instituições sociais observadas provirem de grupos da África Ocidental vinculados às línguas nígero-congolesas, a análise leva em conta o contexto de transformação em virtude dos processos de difusão e enraizamento do islã na área subsaariana. De qualquer modo, mesmo que uma maior atenção seja dada à evolução de determinadas instituições e costumes em perspectiva diacrônica, entendemos, seguindo neste ponto a interpretação proposta por Alfred Adler, que a análise sincrônica, isto é, dedicada a fenômenos coetâneos, paralelos no tempo histórico escolhido para a análise, também seja um meio válido para a detecção de elementos invariantes das estruturas sociais e culturais numa duração temporal longa como a que aqui se leva em conta (Adler, 2002: 174).

Tomando como base de análise narrativas de caráter etnográfico escritas em árabe no século XIV, com certo grau de detalhamento dos rituais das cortes mandingas (Ibn Battuta; al-Umari), os dados delas extraídos serão confrontados com os que aparecem mencionados em relatos similares anteriores ou posteriores (al-Bakri, al-Idrisi, Leão o Africano, *ta'rikhs* de Tombuctu) de modo a averiguar a existência ou não de recorrências, semelhanças, de prováveis continuidades ou descontinuidades nas formas de simbolização do poder monárquico na área qualificada nos textos escritos em árabe como "Bilad al-Sudan" ("Terra dos negros"). Por se tratar da análise de elementos vinculados a crenças, cerimônias e costumes, pertencentes ao universo da cultura, considera-se aqui válida a análise histórica deles mediante o cotejamento e comparação de dados extraídos de fontes escritas e orais. Por esse meio, espera-se descrever uma sucessão de situações que permita perceber a evolução de eventos culturais conexos e restabelecer os fios de ligação que provavelmente lhes conferem sentido, interpretando os dados etnográficos em seu contexto histórico mediante as técnicas de repartição e de inferência sugeridas por Jan Vansina (1971: 73-74, 78-79).

Para a definição geral de monarquia africana, tomaremos de empréstimo as considerações a esse respeito feitas por Basil Davidson, para quem o processo de centralização de poder nas antigas sociedades africanas esteve associado ao surgimento de formas monárquicas, que em vez de "divinas" poderiam ser adjetivadas como "rituais". Significa que os chefes identificados por títulos como *mansa*, *maí*, *oba* ou *ntemi*, equivalentes próximos do que os europeus da mesma época entendiam por *imperator* ou *kaiser*; rei, *könig*, *roi* ou *king*, desfrutavam como os seus congêneres de uma autoridade superior, mas o poder que representavam se assentava em bases distintas. Nos casos africanos, os chefes de governos ampliados, de formações sociais ditas "englobantes", eram antes de tudo depositários de um poder ritual associado à proteção das estruturas ancestrais:

> Esses reis não eram, portanto, "divinos" no sentido de serem considerados deuses. Eram personagens políticas e, portanto, terrenas mas também rituais, e por isso espirituais. Os dois tipos de qualidades eram inerentes um ao outro. Estas qualidades podiam ser separadas sempre que uma falha da primeira constituía uma ameaça para a segunda, o que muitas vezes

acontecia; mas a sua qualidade espiritual mantinha-se sempre proeminente. De fato, o que eles faziam era conjugar nas suas pessoas os poderes ancestrais anteriormente investidos num número mais ou menos grande de chefes de linhagem, tornando assim possível a sobrevivência da unidade de cada povo. (Davidson, 1981: 202-203)

Por outro lado, a teorização de Georges Balandier sobre a dramatização da representação dos poderes monárquicos em sociedades tradicionais mostra-se apropriada para a compreensão da esfera que englobava governantes e súditos no cenário ritual das audiências. A partir das proposições de Balandier é possível perceber que, tal qual em outros lugares e em outros períodos históricos, também nas realidades históricas que se aplicam às antigas sociedades sudanesas o poder soberano, para ser legitimado e obedecido, recorria não só aos meios coercitivos da violência, mas se valia de igual modo de meios simbólicos pelos quais, através da manipulação e exteriorização de determinados signos, esse poder era reconhecido e afirmado em um quadro cerimonial bem estabelecido (Balandier, 1980: 7). A potencialidade dramática ganhava maior visibilidade nas cerimônias de entronização dos governantes. Entretanto, os fenômenos que serão estudados dizem respeito a cenas públicas de menor relevância, de maior regularidade, repetitivas, cotidianas e, por consequência, mais enraizadas nos costumes e mais retratadas nas fontes históricas.

Salvo engano, o único trabalho dedicado ao assunto foi desenvolvido pelo historiador marfinense Moussa Paré, cujo estudo diz respeito ao quadro da vida política no espaço das cortes monárquicas – vistas como lugares sociais de institucionalização e manutenção de relações de poder. O pesquisador sistematiza informações sobre cerimônias e rituais pelos quais são afirmadas diferenças de posição e dignidade social, e formas de sociabilidade em ambiente público. O texto limita-se, todavia, a organizar as informações, sem submetê-las ao crivo de uma análise que permita perceber a natureza e o significado delas em conjunto, dando pouca atenção às repetições, variações e/ou alterações ocorridas (ou não) no decurso dos séculos XI-XVI.

Além do mais, não problematiza e nem dialoga com as categorias de análise e conceitos empregados, concebendo "corte", "monarquia" (sultanato, realeza), "relações sociais" como fenômenos "universais" válidos para qualquer sociedade – o que o leva, por exemplo, a estabelecer certas comparações dos usos e sentidos detectados no Mandinga e no Songai com o que ocorria nas cortes dos Bourbon e das monarquias medievais europeias (Paré, 2012).

CENÁRIO E INSÍGNIAS DE PODER

As audiências públicas cuja composição será aqui estudada ocorriam com regularidade nas sedes de governo dos Estados de Gana, Mali e Songai. Eram organizadas pelos governantes para receber emissários de outros Estados, para tratar de assuntos de interesse coletivo (declarações de guerra; estabelecimento de paz; negociações diplomáticas) e principalmente para estabelecer e distribuir a justiça, dirimir conflitos, estabelecer julgamentos e fixar punições aos infratores. A intenção do capítulo, todavia, não é descrever ou analisar os contextos de cada uma delas, mas examiná-las em conjunto de modo a determinar o seu funcionamento e estabelecer o seu significado como meio de afirmação do poder monárquico.

A descrição mais sucinta e esquemática de uma audiência aparece na quarta parte da *Description de l'Afrique*, de Leão, o Africano, e pode-se supor que ela tenha sido feita a partir da observação pessoal do erudito quando, ainda na infância, em 1505, acompanhou o pai em uma atividade diplomática na "Terra dos negros" e passou pelo "Império" Songai ao tempo do governo de áskia Mohammed. Após uma breve mas enfática descrição de Tombuctu e de seu governante, a quem o escritor marroquino qualifica como "rei", o descreve como sendo senhor de uma corte magnífica que o acompanhava em seus deslocamentos de camelo pela cidade: "Toda vez que alguém quer falar diante dele, ajoelha-se, pega um punhado de terra e joga sobre a própria cabeça e no peito; é a maneira de fazer reverência, mas não

233

é exigida a não ser para aqueles que nunca falaram com o rei e aos embaixadores" (Épaulard, 1981, II: 468).

A pouca precisão das informações salta aos olhos e revela-se em equívocos, como na atribuição do título de "rei" ao governante da cidade (que era um *cadi*) e ao papel de Tombuctu na administração do Estado Songai. Mesmo que desfrutasse de grande autonomia e notável importância cultural e econômica, aquela cidade não era a sede do poder dos sultões, e sim a cidade de Gao. Mas essa imprecisão e generalidade, para o que se pretende aqui, não constituem obstáculos. Pelo contrário, permitem perceber o que, em última instância, era essencial e permanecia cristalizado na memória do autor sobre o antigo Sudão. A seguir se poderá ver que os gestos aqui evocados eram parte de um cenário bem mais complexo, detalhado e impregnado de eficácia simbólica.

As informações contidas no *Tuhfat al-Muzzar fi Ghara'ib al Amsar wa adja'ib al-Asfar* (Um presente para aqueles que contemplam as belezas das cidades e as maravilhas da viagem), inspiradas no relato de viagem de Ibn Battuta colocado por escrito pelo escriba marroquino Ibn Djuzzay em 1356, são únicas e indispensáveis para o que se pretende avaliar neste capítulo. As considerações do viajante distinguem-se das demais menções encontradas em outras fontes anteriores, contemporâneas e posteriores ao momento a que se refere o relato devido ao grau de detalhamento e à visão de conjunto que permite entrever. Por isso, esse testemunho direto, ocular, será considerado fonte principal, mas os dados observados por Ibn Battuta serão submetidos a uma análise sincrônica e diacrônica, confrontados com aqueles fornecidos em outras narrativas do período mais largo aqui estudado, comparados sempre que possível com dados fornecidos por tradicionalistas mandingas que adiante serão indicados.

Ibn Battuta presenciou diversas audiências na cidade palatina dos governantes mandingas, de onde retirou as informações fornecidas sobre os códigos de poder e as regras de etiqueta vigentes em 1352-1353, período em que permaneceu no antigo Mali. Segundo ele, os parentes, aliados, súditos e "estrangeiros" eram recebidos em

Encenando o poder

Reconstituição de uma audiência pública na corte dos mansas do Mali em meados do século XIV, inspirada na descrição da Rihla de Ibn Battuta.

certas ocasiões especiais em lugar apropriado para isso. Nas sessões solenes, o governante apresentava-se ladeado por guarda pessoal armada com lanças e arcos, e mediante a regulação de regras de etiqueta estrita, como a ausência de comunicação direta com as pessoas presentes e o uso de mediadores ou intérpretes – sinais que o observador marroquino considerou exemplos de "arrogância" e desprezo dos "negros" (*sudan*) pelos "brancos" (*bidan*). Tais juízos, todavia, em nada alteram o valor testemunhal das práticas observadas por ele. Haverá que considerar na interpretação de suas informações a distinção entre seus pontos de vista islamocêntricos, etnocêntricos, e a base efetiva dos costumes e instituições referenciadas, o que se obterá mediante a confrontação com outras fontes históricas escritas e orais que tratam do mesmo tema, aspecto ou assunto relativo ao cerimonial de corte.

Os geógrafos al-Bakri (1076) e al-Idrisi (1154) fornecem informações parecidas recolhidas por informantes deles que tiveram contato direto com as cortes de Wagadu, do Estado de Gana. Segundo eles, na corte os soberanos (*tunka*) reservavam momentos exclusivos para atender reclamações, dirimir conflitos e receber os estrangeiros, apresentando-se com pompa e solenidade, e tudo o que transcorria estava submetido a uma ordem cerimonial preestabelecida que dizia respeito aos respectivos lugares e funções reservados às pessoas presentes e a uma sequência e performance dos rituais de adoração (prosternação, mediante o ato de se ajoelhar e se empoeirar) (Cuoq, 1985: 100, 104, 134). Séculos depois, cenas semelhantes encontram-se descritas em referência às cortes dos áskias de Gao, sendo diversas vezes mencionadas nos textos dos eruditos de Tombuctu e de Djenê, conforme será apontado na derradeira seção deste capítulo. Parte do significado das cerimônias, entretanto, tinha sido encoberta, minimizada ou descaracterizada por aqueles escritores que se encontravam comprometidos com os princípios morais e éticos do islã (Ly Tall, 1977: 148).

A originalidade e valor diferencial do testemunho de Ibn Battuta deve-se ao fato de que, ao ter presenciado as cenas que ele retrata, notou aspectos conflitantes, à primeira vista contraditórios, que sublinhou no relato mais com a finalidade de dar a conhecer os "maus costumes" dos sudaneses do que por compreendê-los, por concordar com eles ou para enaltecê-los. Seu desconhecimento das culturas locais da bacia do Níger, por ser de origem cultural mediterrânica, e sua inconformidade com comportamentos estranhos, e, aos seus olhos, desviantes dos preceitos do islã, obrigaram-no a descrever em maior detalhe o que condenava. Ao enfatizar certos costumes, o viajante marroquino nos permite vislumbrar aspectos das tradições ancestrais mandingas que ainda eram perceptíveis em espaços públicos e posteriormente foram apagados ou desconfigurados durante o processo de enraizamento social islâmico na área subsaariana.

A dualidade percebida nas cortes dos mansas mostra-se, em primeiro lugar, na definição do espaço das audiências. Elas ocorriam em um pavilhão abobadado contíguo ao palácio, o *maswar*, que era uma construção de inspiração muçulmana. O local, construído pouco tempo antes, durante o governo de Mansa Musa, pelo arquiteto e poeta andaluz al-Sahili, dispunha de três janelas decoradas com cortinas de lã, que, quando levantadas, sinalizavam a disposição do governante para atender o público. Porém, mesmo que o maior número de informações fornecidas diga respeito ao espaço palatino, Ibn Battuta lembra que às vezes a sessão pública ocorria sob uma árvore, e que nessas ocasiões o sultão sentava-se em um estrado com três degraus chamado *penpi*. Esta última menção está em conformidade com o que se sabe dos costumes ancestrais africanos, em que determinadas árvores têm valor sagrado e encontram-se rodeadas de simbolismo, sendo utilizadas como locais de reunião entre parentes, amigos e aliados, ou em assembleias de anciãos.

É provável que, para destacar a suntuosidade da corte mandinga, Djibril Niane (1959) tenha acentuado o valor das audiências ocorridas fora do palácio, a "céu aberto", interpretando-as como eventos mais grandiosos, reservados a embaixadores de lugares distantes. Sem mencionar sua fonte de informação, afirma que "sem dúvida elas ocorriam na estação seca, após as grandes chuvas, quando afluíam os produtos dos impostos". Mais cautelosa, Madina Ly Tall (1977: 144) não via qualquer distinção entre os dois locais, sendo da opinião de que apenas as condições atmosféricas determinassem a escolha de onde ocorreriam as audiências. Nem ele e nem ela perceberam ou atribuíram valor ao significado das árvores, sobretudo os baobás, que Ibn Battuta confirma ter visto diversas vezes durante a sua viagem, na caracterização de um ambiente comunitário tradicional.

Junto ao estrado (*penpi*), que Ibn Battuta diz ter visto recoberto de seda, estava o assento do governante. Esse assento, por sua vez, encontrava-se protegido por um grande guarda-sol que formava uma espécie de cúpula e que trazia em sua parte superior uma ave esculpida em ouro do tamanho de um falcão. Costuma-se pensar que o guarda-sol fosse um artefato importado da corte dos sultões mamelucos do Egito, que, por sua vez, herdaram o seu uso das dinastias anteriores (ayyubidas, fatímidas), que, por sua vez, se inspiravam no cerimonial de corte dos califados omíada e abássida (Bresc, 1993: 83; Niane, 1959). O uso do guarda-sol também se encontrava integrado ao cerimonial público dos governantes marroquinos e persistiu até pelo menos o fim do século XIX. Dele o pintor francês Eugene Delacroix deixou um vivo retrato datado de 1845 no qual se pode ver o sultão Abd al-Malik saindo de seu palácio na cidade de Meknès, montado a cavalo e sendo protegido por um guarda-sol de cabo comprido levado por um de seus serviçais (Dakhlia, 2005).

O uso intencional de signos visíveis de prestígio eram marcas distintivas de soberania em toda a comunidade muçulmana, onde as exibições públicas de poder militar e do vínculo espiritual, através de um vasto conjunto de emblemas distintivos de sultões e califas, obedeciam a um conjunto de regras definidas por Ibn Khaldun no *Mukaddimah*. O emprego exclusivo pelo governante de um assento especial (trono, cadeira); de sua vinculação a estandartes, bandeiras e selos em correspondência escrita; bem como o porte de vestimenta e adornos luxuosos e exclusivos, constituem alguns dos sinais mais recorrentes da exteriorização do poder. Seu reconhecimento pelos súditos, pelos aliados e adversários, dependia parcialmente de sua

Encenando o poder

Sabre mandinga forjado em metal, com
bainha de madeira decorada em fibras,
recolhida no Sudão francês no século XIX.

performance: "o amor pelo fausto e a ostentação exige que o soberano se diferencie por diversas marcas e emblemas a ele reservados com exclusividade, a fim de que não se confunda com os homens do povo, os cortesãos e os grandes do império" (Slane, 1865: 48).

A julgar pelo que diz al-Umari, outros emblemas monárquicos em maior conformidade com o simbolismo orientalizante, como bandeiras e estandartes, foram introduzidos na área nigeriana após a peregrinação de Mansa Musa (Cuoq, 1985: 272). Os trajes luxuosos de mansa Suleiman e de seus altos dignitários, como botas, calças e túnicas longas de manga larga feitas de seda fina, aljubas (espécie de coletes) e turbantes, demonstram a influência do estilo das cortes orientais junto às elites subsaarianas. Segundo Ibn Battuta, a túnica vermelha grossa e felpuda usada pelo mansa tinha sido feita com um tecido fabricado pelos cristãos que recebia o nome de *mutanfas* (Cuoq, 1985: 305), indicativo bem evidente da alta distinção social obtida através do uso de vestimenta importada de muito longe.

Outros elementos mencionados indicam, porém, marcas de continuidade de instituições ou emblemas tradicionais. O estrado a que o viajante se refere, denominado *penpi*, merece atenção particular. Conquanto sua decoração luxuosa pudesse sugerir algum tipo de vínculo com as cortes orientais, tratava-se de um símbolo tradicional da autoridade dos mansas. Al-Umari afirma que sobre ele é que estaria colocado o assento largo e extenso sobre o qual o governante permanecia durante as cerimônias públicas, e que nos dois lados do assento eram fixados chifres de elefante dispostos em forma de arcos convergentes (Cuoq, 1985: 209).

A decoração (tecidos importados) e complementos (guarda-sol) constituem acréscimos para dar maior luxo e distinção a um símbolo antigo do poder, pois o assentamento no *penpi* era parte imprescindível dos rituais de entronização dos chefes mandingas desde tempos muito recuados. Ao considerarmos as preciosas informações fornecidas por Wa Kamissoko, um dos mais respeitados sábios mandingas do século XX, no momento da sucessão dos governantes, eles deviam portar uma lança, que era a principal insígnia de sua autoridade, e depois, durante a cerimônia denominada *massa sigui*, eram instalados sucessivamente em uma pequena escada, no estrado real (*bambélé*; *bambé*) e depois sobre uma pilha de couros – cada um deles em referência aos chefes anteriores.

Durante a apresentação pública realizava-se a imolação de uma ovelha ou de um boi cujo couro, logo após ser retirado, serviria de assento ao governante empossado. Dois homens o carregavam segurando-o cada um em seus braços e o faziam sentar e levantar seis vezes na pilha de couros, dando-lhe enquanto isso conselhos e recomendações de como deveria comportar-se e de como chefiar, até que, na sétima vez, deixavam-no permanecer sentado. O couro do animal sacrificado permanecia por debaixo dos demais (Cissé e Kamissoko, 2000: 297), num vivo ritual que assinalava a continuidade do poder instituído e transmitido através da linhagem dos Keita.

Outro signo distintivo fundamental do poder monárquico era marcado pelo toque dos tambores, aspecto que não chamou a atenção de Ibn Battuta. Entretanto, todo mansa tinha em sua posse, como uma de suas insígnias de poder, um tambor real, que na tradição mandinga recebe o nome de dioung-dioung (Cissoko, 1969: 335) – mesmo nome pelo qual era conhecido entre os mandingas que habitavam as margens do rio Gâmbia (Carvalho, 1993: 75). É por isso que ele informa, ao descrever a entrada do soberano no recinto das audiências, que este era anunciado pelo rufar de tambores. Esse dado é muito relevante devido ao lugar de destaque reservado às formas de comunicação sonora e gestual nas sociedades africanas antigas, em que os instrumentos de percussão representavam sempre artefatos culturais valorizados, revestidos de prestígio e mesmo de sacralidade.

Em Gana, a abertura das sessões públicas perante o *tunka* era anunciada pelo toque de grandes tambores de madeira chamados daba (Cuoq, 1985: 100). No Songai, a posse de certos tambores constituía privilégio de altos dignitários (Diop, 1987: 80), e o reconhecimento da legitimidade dos pretendentes ao governo era sinalizado pela execução pública desses instrumentos, como veio a ocorrer, por exemplo, no período de disputa pelo poder após a morte de áskia

Mohammed Bani. Foi o toque dos tambores reais que anunciou o reconhecimento de áskia Ishaq pelo exército, garantindo-o como continuador legítimo na linha de sucessão do governo: logo após o rufar dos tambores reais, todos os presentes cobriram-se de poeira em sua homenagem, e a seguir juraram sobre o Corão não o trair, não faltar com a palavra, não enganá-lo (Houdas e Delafosse, 1913: 244, 273). Observe-se que embora o gesto definitivo de fidelidade tenha sido associado ao livro sagrado muçulmano, este tenha sido antecedido por gestos tradicionais de reconhecimento de soberania (toque de tambor; aspersão de poeira).

Desde o período colonial os especialistas europeus notaram na África o potencial comunicativo não apenas da linguagem tamborinada mas também da codificação de mensagens e sua transmissão em forma de silvos (linguagem silvada), assobios (linguagem assobiada) ou gritos (linguagem gritada). No caso dos instrumentos de percussão, de sopro ou de corda, seu uso obedecia a certas convenções da linguagem falada, com sílabas cifradas que se alternavam ou se repetiam segundo diferentes quantidades, tonalidades e ritmos, de modo a produzir vocabulários específicos, socialmente compartilhados (Labouret, 1923: 138; Rialland, 1974).

A importância dos tambores nas culturas tradicionais africanas tem sido reconhecida pelos pesquisadores africanos, e sua linguagem tornou-se matéria de discussão da Semiótica e da Linguística em disciplinas específicas que lhe dizem respeito, como a Bendrologia, o estudo da linguagem tamborinada inerente aos "tambores falantes" (djembé, bendré, tama) proposta pelo mestre Titinga Frédéric Paceré, e a Drumologia, disciplina universitária dedicada ao estudo da utilização dos "textos dos tambores" e demais instrumentos empregados como meios de comunicação não oral (Sawadogo, 1994).

Segundo o pesquisador marfinense Georges Niangoran-Bouah, do Departamento de Antropologia e Musicologia da Universidade de Abidjan, criador da Drumologia, os textos tamborinados ou similares (produzidos por balafo, corneta, arco musical, trompa, duplo gongo, entre outros) permitem o acesso a registros culturais codificados de alto valor histórico devido aos critérios rigorosos de transmissão de sua linguagem, inalterados ao longo do tempo: "O tambor reproduz fielmente o mesmo texto com as mesmas palavras, as mesmas frases, os mesmos acentos, porque participa de uma linguagem convencional que, para ser entendida e transmitida, deve ser repetida de modo idêntico, inúmeras vezes" (Bricka e Faudet, 2002: 113).

Al-Umari demonstra ter percebido, ou ao menos intuído, o potencial da linguagem sonora desses instrumentos empregados nas audiências mandingas mesmo sem saber que mensagem ou frase específica eles comunicavam. Os gestos e toques dos tamboreiros, repetitivos, encontravam-se vinculados a uma linguagem cifrada cujos sinais visuais ele assim descreve:

> A mão direita é levantada até a orelha, depois a movimenta até tocar a mão esquerda colocada sobre a coxa; a mão esquerda fica aberta esperando para receber o contato da direita; palma aberta e dedos unidos um ao lado do outro, como um pente; ela toca o lóbulo da orelha. (Cuoq, 1985: 271)

Indo além do valor cerimonial, os "tambores falantes" tocados em ambiente público e solene comunicavam mensagens difíceis de serem detectadas por não participantes dos circuitos culturais aqui evocados. Nas cortes do antigo Gana havia, segundo o tradicionalista Diarra Sylla, quatro tambores reais, também uma trompa feita da tíbia de um homem. Seus toques comunicavam frases de importância diferente quando eram batidos "em ouro" ou "em prata", "em ferro" ou em "metal negro" (Cissé Kamissoko, 2009: 263). Quanto ao antigo Mandinga, de acordo com o já mencionado Wa Kamissoko havia 17 tambores reais chamados *foli fenw* ("coisas a dizer") que serviam para transmitir as mensagens sagradas que os mansas deviam respeitar e defender. Um deles, chamado *nyangwan ba dunun*, o "tambor dos grandes feiticeiros", que era executado mediante o uso de uma mão mumificada, teria sido proibido durante o governo de Mansa Musa (Scoa, 1980: 13).

Mesmo que os dados recolhidos dos relatos dos tradicionalistas não possam ser datados, inseridos em um momento particular da sequência cronológica do Estado Mandinga, eles informam a ocorrência de transformações no contexto de afirmação do islã, quando novos emblemas e símbolos do poder monárquico foram sendo superpostos aos elementos originários que, sem terem desaparecido por completo, perderam aos poucos sua importância – ao menos aos olhos dos observadores estrangeiros, que os desconheciam e identificavam-se com os valores da religião muçulmana. Compreende-se por aí que Ibn Battuta tenha sido incapaz de dimensionar a performance ritual inerente aos instrumentos, limitando-se a admirar o efeito sonoro de seu uso na dramatização do poder na *mansaia*. Eis sua descrição:

> O sultão sai pela porta existente num dos lados do palácio com um arco na mão, aljava e espada... Na frente dele saem os cantores com instrumentos de corda nas mãos (kanabir), e atrás dele vêm cerca de trezentos escravos armados com lanças. Ele caminha com elegância, em passos lentos, às vezes inclusive parando. Chegando perto do penpi, olha fixamente para toda a gente, e depois sobe. No momento de sentar-se tocam tambores e soam as trompas e cornetas. (Cuoq, 1985: 305)

PESSOAS, PALAVRAS E GESTOS

A partir da descrição contida na citação anterior, cumpre agora examinar com um pouco mais de atenção os atores presentes nas audiências públicas.

O dado mais evidente que salta aos olhos é que os referidos acontecimentos representavam momentos de ordenação e regulamentação de usos coletivos, a começar pela hierarquia imposta na distribuição espacial dos indivíduos que compareciam nas reuniões (Paré, 2012; Diop, 1987: 80). Depois, nota-se a obediência estrita a uma etiqueta e a um cerimonial particulares de grande solenidade, conferindo ao cenário exemplaridade e eficácia simbólica. A título de ilustração, ressalte-se que parte importante desse cerimonial de origem africana encontra-se preservada, com funções e formas variadas, nas práticas religiosas realizadas na diáspora negra, como forma de reconhecimento da autoridade dos superiores hierárquicos, conforme informa Gercy Ribeiro de Mattos, grande conhecedor das tradições religiosas afro-brasileiras no Rio Grande do Sul, conhecido como mestre Cica de Oyó: "o costume de bater a cabeça vem desde os reis. Nas nações e tribos o africano bate a cabeça para o seu superior hierárquico, que segue entre nós. Nos terreiros religiosos batemos a cabeça por respeito aos deuses e aos bàbálorisàs, iyàlorisàs e awòrò (sacerdote)" (Mattos, 2012: 138-139).

Voltando ao contexto africano, a performance cerimonial das audiências valia-se de signos verbais, gestuais e sonoros bastante difundidos, presentes nas tradições de diversas sociedades, perfazendo uma linguagem reconhecida e relevante. Parte substantiva dos códigos acionados nas cerimônias mandingas aparece em outras sociedades da África Ocidental: na comunidade yorubá, entre os povos agni da Costa do Marfim, no antigo Daomé e na sociedade mossi da República de Burkina Faso (Baduel-Mathon, 1971). Os gestos indicativos de submissão (prosternação), as definições quanto ao tipo de traje e a posição no recinto público, a regulação dos movimentos e formas de uso da palavra gozam de valor social parecido, mas vale a pena insistir no que elas revelam de particular em cada uma das sociedades indicadas.

As fontes históricas aqui utilizadas, colocadas por escrito em lugares diferentes na sequência cronológica, reproduzem de modo geral informações similares sobre privilégios e distinções na ordenação e hierarquização das pessoas, de acordo com sua maior ou menor proximidade aos governantes, e de acordo com a posição reservada a cada um dos dignitários durante as audiências. Em geral, o soberano tinha atrás de si os servidores do palácio (pajens, eunucos, escravos) armados e paramentados com exuberância; ao seu lado, ou diante dele, mas próximos, estavam os chefes locais (*amir, farin*), os chefes de guerra e os altos servidores do palácio (Cuoq, 1985: 100, 269).

No Songai, as distinções sociais eram reforçadas por privilégios e concessões especiais distribuídas a pouquíssimos. Segundo os autores do assim chamado *Ta'rikh al-Fattash*, de todos os chefes militares só o Dyina-koi (chefe maior) tinha o direito de sentar-se sobre um tapete durante as audiências e ficava desobrigado de se cobrir de poeira na presença dos áskias, mas limitava-se a se cobrir de farinha; só ao kourmina-fari, outro alto funcionário, era permitido usar chapéu ou gorro quando se cobria de poeira, o que implicava em menor marca de submissão (Houdas e Delafosse, 1913: 13).

Ibn Battuta narra em pormenor a ordem de apresentação e a distribuição das pessoas presentes nas audiências que presenciou na corte de Mansa Suleiman. A guarda pessoal era composta por 300 escravos, armados de dardos e adagas, enfileirados à direita e à esquerda do pavilhão. Perto do assento do governante (*penpi*) ficavam os chefes de guerra que o representavam em áreas conquistadas; o pregador e os *alfaquis* (sacerdotes; conhecedores da lei) muçulmanos apareciam sentados à frente dos guerreiros. Cada um dos chefes comparecia à frente de seus homens armados e distinguia-se pelo uso de uma aljava presa aos ombros e um arco que carregava na mão.

Menção especial é feita ao personagem nomeado como *dugha*, que atuava como intermediário entre o mansa e as demais pessoas, e que durante as audiências permanecia junto à porta do palácio. Vestido com traje magnífico de seda fina, com turbante bem arranjado e decorado e uma espada colocada numa bainha recoberta de ouro, a ele era reservado o privilégio de calçar botas e portar esporas, enquanto todos os outros eram obrigados a permanecer no recinto descalços. Ao que parece este personagem vinculava-se à casta dos *nyamakala*, os detentores da palavra a quem era reservada a incumbência de preservar e difundir as tradições. O grupo é identificado por Ibn Battuta como sendo composto por poetas, que afirma serem conhecidos como *djali*, primeira menção escrita ao grupo dos djélis (Cuoq, 1985: 307).

A figura do *dhuga* merece um pouco mais de atenção, ainda que não tenhamos encontrado elementos suficientes para esclarecer o seu lugar efetivo no contexto palaciano dos mansas do Mali. O fato é que a referida designação, Dhuga, na língua mandinga e bambara

Encenando o poder

Figura equestre esculpida em cerâmica (terracota), na região de Djenê, datada do período entre os séculos XIII-XV.

remete para o abutre real ou abutre divino, ave rodeada de atenção e cuidados rituais nas confrarias de caçadores, sempre cantado pelos djélis (Pacques, 1954: 65, 103; cissé: 1964: 205). O culto desse animal era muito antigo e remontava, segundo os tradicionalistas, aos soninquês de Wagadu. Em toda parte, o abutre era glorificado, cultuado, recebia sacrifícios e era personificado em máscaras sagradas conhecidas como *dyo kun* (Cissé, 1994: 307-309). Quando seguia com suas tropas de retorno ao Mandinga, Sundjata entoava cantos de guerra, em que se apresentava como o "grande pássaro da floresta" (Cissé e Kamissoko, 2000: 25; 2009: 13). Haveria alguma conexão entre o simbolismo das grandes aves e o pássaro esculpido na cúpula do grande guarda-sol, antes mencionado?

Toda essa passagem da narrativa de Ibn Battuta, com a nomeação do grupo de tradicionalistas ao qual o *dhuga* parecia pertencer, prova não só a antiguidade e distinção dos tradicionalistas na sociedade mandinga, mas acentua o valor da palavra e da corporeidade como meios de preservação da cultura e das instituições sociais. Ibn Battuta ficou muito impressionado com as habilidades corporais e a elegância da performance do *dhuga*, qualificando-as como "assombrosa" e "de grande beleza". Ele manejava o seu saber de modo admirável nos dias de festa ou depois das orações de sexta-feira, sendo recompensado com moedas de ouro por mansa Suleiman, ou com regalos variados dados pelas demais pessoas que o assistiam. Nesses dias, ao *dhuga* era reservado um assento especial, onde se acomodava e tocava um instrumento feito de cabaças amarradas em madeira de bambu – que corresponde provavelmente ao atual instrumento de percussão denominado balafo (Rouge e Schwarz, 1969: 47-48).

A descrição dos *djali*, os detentores das tradições, merece ser sublinhada pela riqueza de detalhes sobre sua caracterização e sua presença na corte, porém as indicações do marroquino se referem à participação deles em dias de festa, e não no transcurso das audiências públicas, algo que é apontado apenas por al-Umari (Cuoq, 1985: 269). O fato de que esses homens comparecessem diante do governante usando vestimentas cobertas de penas e portando máscaras que lhes davam a aparência de pássaros pareceu condenável ao ponto de vista muçulmano de Ibn Battuta devido à evidente vinculação ao paganismo, e toda a atuação deles é julgada como "ridícula". Não fazia sentido a Ibn Battuta a conexão visual do grupo com os espíritos dos ancestrais, mas ainda assim ele sabia que havia um significado particular naquela performance e naquelas palavras, conforme se pode ver na descrição a seguir:

> Contaram-me que os poemas são uma espécie de exortação, em que dizem ao sultão: "Este penpi em que te sentas foi ocupado antes por tal sultão, cujos feitos foram os seguintes, e tal outro, cujos feitos foram assim e assim. Faça tu também coisas boas que teu nome será lembrado na posteridade". Na sequência, o primeiro dos poetas sobe num dos degraus do penpi e põe a cabeça no colo do sultão. Passa para o degrau acima e põe sua cabeça no ombro direito dele, e depois no esquerdo, enquanto lhe diz algo em sua língua, e depois desce. Disseram-me que esse é um costume antigo entre eles, anterior ao islã, que continuam a dar valor. (Cuoq, 1985: 308)

Em aparente contraste com esse quadro dramático vivo, colorido, efusivo, marcado por variados códigos de comunicação (visual, sonoro, simbólico), a figura do governante é colocada em destaque pela regulação absoluta dos gestos, dos ritmos corporais, e pelo silêncio. Conforme o viajante marroquino, nas apresentações públicas o monarca movia-se com elegância, de modo muito lento e compassado, com pausas entremeadas por olhares e gestos pouco expressivos. Ele não se dirigia de modo particular a ninguém, e quando isso era necessário fazia-o através de um intérprete ou do *dhuga*. Nos raros momentos em que sua voz era empregada todos os demais permaneciam em silêncio absoluto, sem gorro ou chapéu, e logo após a fala majestática os governados cobriam-se de poeira (Cuoq, 1985: 306). Cerca de 250 anos depois do momento a que se refere esta informação, na distante região da Senegâmbia, povoada em parte por grupos originários do Mandinga, o nome dos mansas continuava rodeado de uma aura de prestígio que beirava à sacralidade, a ponto de, segundo o cronista cabo-verdiano André Álvares de Almada, cada vez que alguém pronunciava o nome dos *mandimansa*, os que ouviam retiravam o chapéu em sinal de respeito (Brásio, 1964: 50).

O silêncio e a regulação dos gestos do governante eram parte integrante da dramatização e exteriorização de seu poder. Participam de uma linguagem cuja sintaxe era conhecida e compartilhada pelas comunidades mandingas, exercendo influência duradoura sobre os indivíduos. A polissemia do silêncio confere força e conteúdo ao discurso do poder, sobretudo em razão de sua ambiguidade (Balandier, 1980: 13). No caso dos mansas, os mecanismos de dissimulação do corpo físico não chegavam a ser tão significantes como no caso do vizinho sultanato de Bornu, onde o soberano (*maí*) ocultava o rosto com paramentos de cabeça e, nas audiências, permanecia oculto por uma cortina preparada para este fim (Bazin, 2004: 23). De qualquer modo, nos dois casos a presença do corpo físico da pessoa do governante era atenuada pela solenidade para realçar o corpo político que ele encarnava. A finalidade, em última instância, era enfatizar a distância entre o monarca e seus sujeitos (Levtzion, 1973: 108).

Nas comunidades mandingas anteriores ao século XVIII, o poder de governar era expresso através dos conceitos de *fanga* (força) e *mara* (comando), mas apenas no período de existência do Estado Mandinga houve a *mansaia*, o comando e autoridade transmitidos através de uma única linhagem de governantes – provenientes da família Keita. Os detentores deste tipo supremo de poder recebiam o título de *mansa* ou *masa* – o chefe cujo poder era reconhecido como legítimo por todas as comunidades, a quem estava reservado o papel de arbitragem e a distribuição e aplicação da justiça (Konaré, 1981: 140). Na medida em que esta autoridade superior foi sendo ampliada e reconhecida pelos antigos chefes de aldeias, detentores de autoridade na esfera do *kafo* – o poder local –, a estrutura de poder tornou-se mais complexa e hierarquizada e a figura dos mansas tendeu a aglutinar e combinar elementos típicos das monarquias sagradas (Levtzion, 1973: 106-107).

O carisma associado ao nome e à função destes governantes os distinguia das pessoas comuns, revestindo-os de um halo místico.

Depois de investidos, seus nomes pessoais não deviam ser pronunciados, e eles passavam a ser considerados um *dali*, isto é, alguém com capacidade de vidência, a quem se atribuía a previsão de grandes acontecimentos, épocas de prosperidade ou de fome e desgraças (Cissoko, 1969: 332). Por fim, a julgar pelas informações do tradicionalista Gawlo Madani, eles eram os guardiões dos altares ancestrais sobre os quais repousava a integridade de todas as famílias, linhagens e clãs: "de onde o caráter sagrado de sua pessoa e de sua função, que o interditava em princípio de sair de sua capital e de conduzir armas de guerra – função reservada aos chefes de guerra, os *kele mansa*, que podiam pertencer a qualquer grupo social" (Scoa, 1980: 56).

Talvez por causa disso é que os observadores que nos informam sobre o funcionamento das audiências tenham notado o excessivo cuidado com qualquer gesto ou atitude desmedidos em sua presença. Conforme al-Umari, diante ou próximo dele não se podia espirrar, e quem o fizesse seria submetido a severo castigo físico: "por isso se alguém percebe que vai espirrar joga-se no chão e espirra sem fazer alarde; se é o rei quem espirra, os servidores batem em seu peito" (Cuoq, 1985: 270). Esta mística do poder monárquico de modo mais atenuado também aparecia nos cerimoniais das cortes marroquinas, onde as secreções mucosas como a saliva dos sultões, recolhidas pelos serviçais do palácio, eram tidas como abençoadas pela população (Dakhlia, 2005).

Ibn Battuta ajunta que, nas audiências, ao ouvir as palavras proferidas pelo soberano, todos retiravam de imediato seus bonés, chapéus ou turbantes, ouvindo-o com atenção, e para assinalar sua concordância com o que foi dito retesavam a corda de seus arcos e depois a soltavam, simulando o lançamento de uma flecha (Cuoq, 1985: 306). Em áreas sob influência da cultura mandinga, alguns vestígios dessa reverência aos governantes continuaram a ser notados. Segundo o escritor André Álvares de Almada, wolofs e mandingas do atual Senegal, mesmo islamizados e circuncidados, quando juravam faziam-no em nome do "rei", e quando bocejavam ou espirravam nomeavam o atual governante (Brásio, 1964: 50). Os monarcas encontravam-se, deste modo, rodeados de cuidados, de tabus.

Compreende-se que em face de tal caracterização do poder os indivíduos devessem dar mostras de humildade, obediência e respeito, e nisto todas as fontes consultadas reproduzem, com pequenas variações, os mesmos gestos da assistência: nas audiências, os participantes deviam comparecer em trajes simples e sumários, descalços, e na presença dos governantes retirar gorros e chapéus, olhar para baixo, prosternar-se e, em cada momento em que o soberano falasse, cobrir-se de poeira: na cabeça, no rosto, nos ombros, no peito (Baduel-Mathon, 1971: 213; Diop, 1987: 81). Por desconhecer os códigos de comportamento que orientavam tais práticas e estranhar a etiqueta palaciana sudanesa, Ibn Battuta agrega à sua descrição um julgamento de valor:

> Os sudaneses são a gente mais submissa ao seu rei e a que mais se humilha diante dele... Quando algum deles é autorizado a entrar no pavilhão, muda de roupa, colocando uma usada, tira o turbante e põe um gorro sujo. Entra levantando as roupas até a metade da perna, com humildade, batendo na terra, prosternando-se, como se fosse rezar, e permanece nessa posição diante do sultão. Se este lhe dirige a palavra, tira a parte de cima da roupa e joga terra sobre a cabeça e os ombros, igual ao que se faz com a água. (Cuoq, 1985: 305)

Al-Umari fornece outros detalhes sobre essa codificação de comportamentos: no palácio todos deviam permanecer descalços, sob pena de morte; as palavras do mansa deviam ser respondidas com palmas emulando a batida do tambor. Porém, parece ter percebido melhor do que o viajante marroquino a dimensão simbólica associada a cada um dos gestos evocados, integrados que estavam a costumes particulares, em que as palmas, prosternação e uso da poeira eram parte de convenções sociais.

A introdução de dispositivos sociais e instituições de origem muçulmana parece ter sido acentuada no início do século XIV, durante o governo de Mansa Musa. Quando retornou de sua peregrinação, trouxe consigo pregadores, juristas e ulemás muçulmanos, insígnias e emblemas evocativos do islã, e ao que parece procurou da mesma maneira transpor para as áreas sob sua influência práticas sociais em voga no islã. A ele se atribui a instituição da *iqta*, isto é, a concessão de gratificações, bens e direitos a particulares em troca de serviços (Niane, 1959). Certos detalhes da descrição fornecida por al-Umari permitem ir além da impressão visual da humilhação ritual e detectar o caráter sinalagmático da ligação entre o governante e seus súditos:

> Se o rei dá um presente ou promete algum favor ou o felicita por alguma conquista, o interessado se rola na terra de um lado a outro do local de audiência, depois, uma vez chegado no outro lado do lugar os servidores ou um dos companheiros da pessoa pegam cinza – disposta permanentemente num recipiente no canto do lugar de audiências do rei para esta circunstância – e espalham sobre a cabeça daquele que é assim honrado. A seguir, aquele volta rastejando na poeira até onde está o rei e repete o gesto de tocar o tambor de homenagem (djuk) e depois se levanta. (Cuoq, 1985: 271)

EFICÁCIA SIMBÓLICA

A ligação entre o conjunto de gestos anteriormente apresentados e a afirmação de uma autoridade superior, no caso, dos mansas, parecem ter sido reconhecidas em toda a área nigeriana e fora dela. Mesmo nos cenários das cortes marroquinas e egípcias, em que o processo de islamização se encontrava muito mais desenvolvido, as marcas distintivas dos chefes sudaneses podiam ser observadas nos protocolos diplomáticos.

Consta no *Mukaddimah* de Ibn Khaldun que em uma das embaixadas dos sudaneses ao Marrocos, na corte do sultão Abu Hassan (1361), quando os emissários do mansa apresentavam-se e relatavam a finalidade da viagem, enquanto o tradutor reproduzia suas palavras eles faziam vibrar, em sinal de aprovação, as cordas de seus arcos, seguindo um costume que lhes era próprio, e saudavam o sultão "jogando terra sobre a própria cabeça, seguindo a tradição praticada na presença dos reis bárbaros" (Cuoq, 1985: 354). Segundo a historiadora Madina Ly Tall (1977: 148), a prática de autoempoeiramento nas cortes subsaarianas também foi observada por Alvise Cadamosto entre os wolof do Senegal na metade do século XV, grupo que, como se sabe, sofreu alguma influência da cultura mandinga.

Mais uma vez vem de Ibn Battuta uma descrição preciosa sobre as implicações simbólicas dos gestos, que confirma o quanto a aspersão de poeira era um indicativo do reconhecimento da autoridade monárquica. O referido episódio foi mencionado no capítulo "Sobre a autoridade compartilhada nas antigas sociedades mandingas" deste livro. Quando Mansa Suleiman mandou prender a sua consorte real, Qasa, e entronizou sua esposa preferida, Bandju, que não era de linhagem considerada legítima, no momento em que as primas da governanta aprisionada foram felicitar a nova governanta "cobriram de poeira os braços, mas não a cabeça", e quando o sultão libertou Qasa essas mesmas mulheres foram cumprimentá-la e empoeiraram-se por completo, como era o costume (Cuoq, 1985: 309).

Um incidente diplomático ocorrido durante a permanência de Mansa Musa no Cairo confirma o papel decisivo dos signos de autoridade nos rituais de corte, pela recusa deste governante a seguir os costumes vigentes no governo dos sultões mamelucos. O fato é narrado por diversos cronistas que informam ter o sudanês se recusado a ajoelhar, a se prosternar e beijar o chão na presença do sultão al-Malik al-Nasir Muhammad Ibn Qalawun, porém eles divergem quanto ao desfecho da cena. Para alguns, como al-Umari e al-Makrizi, a tensão gerada foi a seguir remediada e ambos os governantes trocaram ideias e presentes, mas para outros, como o sírio al-Safadi, após ter se negado a beijar a mão do sultão, prosternar-se e beijar o solo, Mansa Musa foi forçado a fazê-lo (Collet, 2017: 547).

Estas ocorrências atestam a potencialidade dos gestos na dramatização do poder entre monarcas africanos. Provam que até em ambientes influenciados pelo islã alguns costumes antigos continuavam a ter validade e vigência mais pelo costume e pela forma do que pelo significado consciente compartilhado. No Estado Songai, repetiam-se nas cortes os gestos de prosternação, aspersão de poeira, toques de tambor, ainda que, para os escritores dos *ta'rikhs*, alguns desses costumes tenham sido lembrados como exemplos de continuidade de antigas marcas de "infidelidade" ao islã.

No assim chamado *Ta'rikh al-Fattash*, consta que certa vez dois importantes ulemás (doutores da lei) de Djenê admoestaram áskia Daúde ao vê-lo ser cortejado por seus servidores durante uma audiência. Alguns retiravam as manchas de saliva da vestimenta de seda do soberano tão logo ele ameaçava cuspir, espirrar ou escarrar, e limpavam a seguir sua boca. Ao perceber a desaprovação dos homens de religião, Daúde teria mandado evacuar o recinto, seguindo-se então o seguinte diálogo:

> – Fiquei muito impressionado contigo, disse o jurisconsulto Ahmed, no momento em que me aproximei de ti; pensei que tinhas ficado louco, vicioso ou insensato quando te vi cuspir nas manchas da vestimenta enquanto aquela gente cobria a cabeça de poeira para te fazer honra.
> – Não sou louco, respondeu o príncipe enquanto ria; mas governo gente tola, gente ímpia, gente orgulhosa, e é por isto que me faço de louco e finjo ser possuído por demônios para impressioná-los e impedir que façam mal aos fiéis de Deus.
> (Houdas e Delafosse, 1913: 210)

Como se vê, na passagem o verniz representado pelos preceitos do islã encobre, desqualifica e torna caricatural o eloquente quadro em que se davam as audiências públicas. Na superposição entre esferas distintas, gestos e atitudes ganham outros significados, parecendo vazios de sentido. Sua continuidade, todavia, atesta o caráter agregativo, cumulativo, de sociedades abertas a múltiplas influências sociais e culturais.

CONSIDERAÇÕES FINAIS

O aspecto fragmentário, descontínuo, por vezes confuso das informações estudadas neste capítulo, não pode inviabilizar o estudo das formas rituais e cerimoniais do poder. Este não é, aliás, o único caso em que dados essenciais do funcionamento de sociedades distanciadas no tempo e no espaço revelam-se à história em fragmentos que, recompostos com paciência, articulados entre si, permitem vislumbrar ao menos em parte a complexidade do real em tempos passados.

A insistência na reconstituição dos fenômenos anteriormente expostos contribui além do mais para fazer avançar os conhecimentos sobre aspectos que, devido aos condicionamentos das fontes históricas disponíveis, em geral produzidas por narradores externos, faziam parecer que tradições culturais ou costumes constituíssem exotismos desprovidos de sentido. A confrontação de dados anotados em obras com finalidade e forma distintas, em épocas e lugares distintos, permitem supor que o cerimonial das audiências públicas transcorresse de modo mais ou menos idêntico nas cortes de Gana, Mali e Songai. Parte de seu sentido, e de seu funcionamento, por outro lado, veio a ser recuperado com o recurso aos conhecimentos dos detentores das tradições orais, cujos relatos complementam e explicam as conexões entre a forma e o significado de gestos e performances presentes nos momentos de dramatização do poder.

Palavras finais

Décadas após o período da emancipação política dos países atuais da África, a busca pela autodeterminação do pensamento continua a estar na linha de frente das reivindicações de grandes intérpretes da realidade africana. De Edward W. Blyden a Ali A. Marzui e Archie Mafeje, sob pressupostos por vezes discordantes, uma pauta comum tem sido a reivindicação de autonomia na proposição de alternativas de interpretação dos fenômenos ali transcorridos e que ali fazem sentido. Haveria que se reconhecer nos africanos o seu "poder de definição", a capacidade de orientar os rumos de sua existência a partir de suas próprias escolhas, para atender suas próprias demandas (Falola, 2016: 113).

Em virtude disso, ao finalizar este livro estamos cientes de vários riscos assumidos nas análises propostas e na atribuição de sentidos e interpretações a sistemas sociais e culturais complexos, por vezes irredutíveis à nossa visão de mundo. Para que não se pense que o que está sendo aqui discutido tem apenas que ver com "lugar de enunciação" ou "lugar de fala", vale a pena explorar um pouco mais a questão levantada por Achille Mbembe na introdução de seu ensaio *On the Postcolony,* escrito em 2001 e traduzido recentemente no Brasil (*Cadernos de campo*), quando ele problematiza os limites da interpretação extravertida dos estudos africanistas:

> Do ponto de vista da produção de conhecimento, resultou que sabemos muito vantajosamente o que as sociedades africanas não são (ou deveriam ser) e cada vez menos o que elas são efetivamente. De maneira geral, o discurso é dogmaticamente normativo. As interpretações são, quase sempre, grosseiras – e o que se apresenta como argumentação, reducionista. Os critérios que os agentes africanos reconhecem como válidos e as razões que eles cambiarão no interior de suas próprias práticas instituídas de racionalidade são, aos olhos de muitos, sem valor. O que vale para os agentes africanos enquanto *razões de agir*, o que sua pretensão em *agir segundo uma razão* implica como pretensão geral a *ter razão*, o que torna a sua ação inteligível a seus próprios olhos: nada disso conta aos olhos dos analistas. (Mbembe, 2015: 376)

Sabemos que o foco do debate de onde a passagem anterior foi retirada diz respeito ao "real" africano contemporâneo, posterior ao período da dominação colonial. Mas a questão é que mesmo para a concepção e interpretação de realidades passadas os condicionamentos atuais são projetados em retrospecto, orientando e modelando formas de ver a sociedade sem levar em conta as "razões de agir" e os critérios que os "agentes africanos" reconhecem como válidos. Em boa parte, isso acontece porque carregamos conosco, em nossas incursões nessas "zonas escuras" do passado, princípios e critérios que buscam ou valorizam a unidade, homogeneidade e a identidade em detrimento da pluralidade e diversidade que caracterizam as sociedades africanas antigas – grupos humanos abertos a interações, trocas e ressignificações, sem que por isso deixassem de se orientar por costumes e instituições estáveis.

Eis o motivo pelo qual optamos pela distribuição dos assuntos em capítulos independentes entre si, sobre temas interconectados, mas vistos em suas particularidades. As visões unitárias sobre a evolução dos "impérios negros sudaneses" mostraram-se até agora limitadas ao papel de contranarrativas históricas, mas serviram como cortina de fumaça para manter na penumbra aspectos das tradições coletivas que pudessem ir além do ponto de vista das elites (políticas, religiosas, econômicas) sobre as quais os registros escritos e orais tenderam a enaltecer, a privilegiar.

Nos capítulos "Circulação de pessoas, ideias e bens entre o Magrebe, a bacia do Níger e a floresta tropical" e "Cor, etnicidade e escravidão no *Mi'raj al-Su'ud* de Ahmed Baba de Tombuctu", esforçamo-nos para ir além de pensar as dinâmicas transaarianas apenas vinculadas ao Saara e aos povos saarianos, porque assim continuaríamos a reproduzir uma perspectiva que vê o continente a partir do norte, mantendo os povos subsaarianos como objetos de troca (cativos), como alteridade religiosa ("pagãos") e cultural (*sudan, lamlam; bukm*), ou como objetos de estudo para explicar agenciamentos e protagonismos vindos do exterior do continente e não também o contrário. Considerar que as culturas das comunidades yorubá e akan pudessem ter participado daquelas dinâmicas retira-as, por sua vez, do condicionamento que o senso comum historiográfico estabeleceu ao ligá-las de modo preferencial a uma dimensão histórica apenas atlântica.

Outras dimensões das razões de ser e de agir dos(as) africanos(as) têm que ver com práticas que dificultam a percepção da homogeneidade e da lógica espacial e temporal do ponto de vista da cultura ocidental – da qual fazemos parte. Ao desenvolver a questão da autoridade compartilhada na sociedade mandinga antiga, no capítulo "Sobre a autoridade compartilhada nas antigas sociedades mandingas", não pretendíamos levantar uma bandeira em nome das mulheres africanas, algo que elas próprias têm feito com competência e qualidade há bastante tempo. A instituição social da autoridade compartilhada vinculava-se aos sistemas de valores anteriores ao enraizamento do islã. A ideia da complementaridade de papéis sexuais no exercício da autoridade ganha pleno sentido em sociedades profundamente marcadas por decisões coletivas negociadas, em que a agência individual tenderia a ser vista como uma anomalia, e não como um princípio de ação valorizado ou estimulado. Quanto à interferência dos gênios e espíritos na sociedade songai, assunto discutido no capítulo "Áskia Mohammed e os gênios no *Ta'rikh al-Fattash*", aquilo que para nós chama atenção pelo quanto carrega consigo de "irracional" integra-se a lógicas e visões de mundo que não foram dessacralizadas, onde a natureza não foi "domesticada" e posta a serviço do "homem", mas antes o contrário.

Evitou-se, de outro lado, o risco da essencialização dos(as) sujeitos(as) na busca de fenômenos originários pelo simples fato de que todas as evidências acessadas, com exceção daquelas obtidas mediante pesquisa arqueológica, foram afetadas em maior ou menor proporção por releituras, interpretações e reinterpretações no decurso em que elas foram estabelecidas como fontes históricas. Tanto os relatos de viagem (Ibn Battuta), os textos de erudição (al-Umari, Ibn Khaldun), quanto a palavra dos tradicionalistas (Wa Kamissoko, Mamadou Kouyaté, Hammidou Soumalia etc.) contêm em maior ou menor grau interferências decorrentes do processo de constituição de uma tradição manuscrita ou de uma tradição oral, embora o valor testemunhal de cada uma dessas fontes não possa ser colocado como equivalente. Por isso, o melhor é reconhecer que, em muitos casos, as informações obtidas guardem certa margem de subjetividade, sobretudo aquelas que dizem respeito a dados de caráter etnográfico.

Ainda assim, entre a seleção de dados que registrassem apenas informações precisas, em geral a respeito de um número menor de pessoas, e a aposta em indicações que pudessem remeter ao coletivo, não hesitamos em escolher o segundo caminho. Com isso, nos capítulos "Cor, etnicidade e escravidão no *Mi'raj al-Su'ud* de Ahmed Baba de Tombuctu" e "Sundjata Keita e Alexandre Magno: interações entre oralidade e escrita na África Subsaariana" pudemos dar maior atenção a temas ligados aos processos de difusão e enraizamento do islã, mas em outros, como nos capítulos "Sobre a autoridade compartilhada nas antigas sociedades mandingas", "Áskia Mohammed e os gênios no *Ta'rikh al-Fattash*" e "Encenando o poder: as audiências públicas no Bilad al-Sudan", a intenção foi detectar, através de narrativas, performances, rituais ou encenações públicas, aspectos das cosmologias ancestrais.

Sabemos que, dentro do campo dos estudos históricos africanos, este será mais um livro, e esperamos que ele possa oferecer alguma contribuição acadêmica ao aprofundamento da cultura erudita do africanismo. Porém, mesmo que ele não tenha adotado uma forma e uma linguagem didática, contamos que possa vir a se somar a outros títulos e outras contribuições para a promoção de um conhecimento descolonizado e antirracista do passado africano. Já não se trata, como esperamos ter demonstrado, de tão somente destacar fatos, personagens e contextos relevantes com vistas à positivação da história africana, mas de submeter aquele passado a um exame rigoroso, sem binarismos, indo além dos limites epistemológicos de uma contra-história aos paradigmas eurocêntricos, em busca das dinâmicas autóctones, da complexidade dos fenômenos sociais e culturais daquelas sociedades multiculturais, plurais.

Obras consultadas

Fontes históricas – escritas e orais

AMAR, Émile (trad.). *La Pierre de Touche des fétwas de Ahmad al-Wanscharisi*: choix de consultations juridiques de faqihs du Magreb Paris: Ernest Leroux, 1908. (Archives Marocains, v. XII.)

BOHAS, Georges; SAGUER, Abderrahim; SINNS, Ahyaf (eds.). *Le roman d'Alexandre à Tombouctou*: histoire du Bicornu – Le manuscrit interrompu. Arles: Actes du Sud; École Normale Superieure de Lyon; Bibliothèque Mamma Haidara, 2012.

BRÁSIO, Antônio (ed.). *Tratado breve dos Rios de Guiné do Cabo Verde... feito pelo capitão André Álvares d'Almada*. Lisboa: Editorial Liam, 1964.

CELHTO. *La charte de Kurukan Fuga*: aux sources de la pensée politique en Afrique. Paris: L'Harmattan, 2008.

CISSÉ, Youssouf Tata; KAMISSOKO, Wa. *La grande geste du Mali*: 1- des origines à la fondation de l'Empire. Paris: Karthala-Arsan, 2000.

_____. *La grande geste du Mali*: 2- Soundjata, la gloire du Mali. Paris: Karthala-Arsan, 2009.

CISSOKO, Sekéné Mody; SAMBOU, Koussou (eds.). *Recueil des traditions orale des mandingues de Gambie et Casamance*. Niamey (Níger): Centre Regional de Documentation pour la Tradition Orale, 1974.

CONRAD, David (trad.). *Sunjata*: a West African Epic of the Mande Peoples. Narred by Djanka Tassey Condé. Indianapolis; Cambridge: Hachlett Publishing Compagny, 2004.

CUOQ, Joseph M. (trad.). *Recueil des sources arabes concernant l'Afrique ocidentale du VIII au XVI siècle*. Paris: CNRS, 1985.

ÉPAULARD, A. (trad.). *Description de l'Afrique de Jean Leon l'Africain*. Paris: Librairie d'Amerique et Orient Adrien Maisonneuve, 1981.

FARIAS, Paulo Fernando de Moraes (ed.). *Arabic Medieval Inscriptions from the Republic of Mali*. Epigraphy, Chronicles and Songhay-Tuareg History. Oxford: Oxford University Press, 2003. (Fontes Historiae Africanae, New series, Sources of African History, v. 4.)

HALE, Thomas; MALIO, Nouhou (eds.). *The Epic of Askia Mohammed*. Bloomington: Indiana University Press, 1996.

HOUDAS, Octave (trad.). *Tarikh es-Soudan par Abderrahman ben Abdallah ben Imran ben Amir Es-Sadi*. Paris: Ernest Leroux, 1900.

_____; DELAFOSSE, Maurice (trads.). *Tarikh el-Fettach ou Chronique du chercheur par Mahmoud Kati ben el-Hadj el-Motaouakkel Kati et l'un de ses petits-fils*. Paris: Ernest Leroux, 1913.

HUMBLOT, Paul (trad.). Tarikh du griot de Téliko. In: _____. "Du nom propre et des appellations chez les malinké des vallées du Niandan et du Millo". *Bulletin du Comité d'Études Historiques et Scientifiques de l'Afrique Ocidentale Française*. Paris, v. 3, pp. 537-540, 1918.

HUNWICK, John; HARRAK, Fatima (eds.). *Mi'ray al-Su'ud*. Rabat: Institut of African Studies – University of Mohammed V Souissi, 2000.

JANSEN, Jan (Ed). *L'épopée de Sunjata d'après Lansine Diabaté e Kela (Mali)*. Texte recueilli, traduit et annoté par Jan Jansen, Esger Duintjer et Boubacar Tamboura. Leyden: Research School CNWS, 1995.

LEVTZION, Nehemia; HOPKINS, J. F. P. (eds.). *Corpus of Early Sources for West African History*. Princeton: Markus Wiener, 2000 [1981].

M'BAYE, El-Hadj Ravane (trad.). "Un apercu de l'Islam Songhay ou réponses d'al-Maghili aux questions posées par Askia El-Hadj Muhammad, empereur de Gao". *Bulletin de l'I.F.A.N*. Dakar, t. XXXIV, n. 2, pp. 237-267, 1972.

NIANE, Djibril Tamsir. *Sundjata ou a epopeia mandinga*. São Paulo: Ática, 1982.

SLANE, William McGuckin de. *Les prolégomenes d'Ibn Khaldoun*. Paris: Imprimerie Nationale, 1865.

SOUMALIA, Hammadou (Bonta); HAMIDOU, Moussa; LAYA, Dioulde. *Traditions des Songhay de Tera (Niger)*. Paris: Karthala, 1998.

Bibliografia

ABBOU, Tarar. *Mansa Musa's Journey to Mecca and Its Impact on Western Sudan, 1324-1325*. The International Conference on "The Routes of Pilgrimage in Africa" Organized by the International University of Africa (Khartoum, Sudan, 28, 29 november 2016). Disponível em: <https://pdfs.semanticscholar.org/07d4/ba5961cac3e4e6939bc23ed37cc46480e4c0.pdf>. Acesso: em 12/02/2020.

ABITBOL Michel. Juifs maghrébins et commerce transsaharien du VIIIe au XVe siècles. In: DEVISSE, Jean; BRASSEUR, Gérard (orgs.). *Le sol, la parole et l'écrit*: mélanges em hommage a Raymond Mauny. Paris: Société Française d'Histoire d'Autre Mer, 1981, t. II, pp. 561-577.

_____. *Tombouctou et les Arma*: de la conquête marocaine du Soudan nigérien en 1591 à l'hegemonie de l'Empire Peulh du Macina en 1833. Paris: G. P. Maisonneuve, 1979.

ABUMALHAM, Montserrat. "Alejandro Du l-Qarnain en el *Kitab Adab al-Falasifa*". *Anaquel de Estudios Arabes*. Madrid, n. 2, pp. 75-118, 1991.

_____. "Salomón y los genios". *Anaquel de Estudios Arabes*. Madrid, v. 3, pp. 37-46, 1992.

ADLER, Alfred. "Royauté et religion: faire dialoguer de manière intime anthropologie et histoire". *L'Homme*. Paris, n. 163, pp. 173-184, 2002.

AGUESSY, Honorat. "Cadre théorique: les concepts de tribu, ethnie, clan, pays, peuple, nation, état, etc et les sociétés africaines". *Présence Africaine*. Paris, n. 127-128, pp. 17-42, 1983.

AJAYI, J. F. Ade; CROWDER, Michael. *Atlas historique de l'Afrique*. Paris: Les Editions du Jaguar, 1988.

ALCORÃO, O Sagrado. Nova Oeiras; Petrópolis; Córdoba; Silver Spring: Islam International Publications, 2003.

ALFONSO-GOLDFARB, Ana Maria (ed.). *Livro do tesouro de Alexandre*. Petrópolis: Vozes, 1999.

AMADOU, Safiatou. "Epopeyas 'Molo' de los djerma-songay de Níger". *Oráfrica: Revista de Oralidad Africana*. Madrid, n. 4, pp. 159-186, 2008.

AMALVI, Christian. Idade Média. In: LE GOFF, Jacques; SCHMITT, Jean-Claude (orgs.). *Dicionário temático do Ocidente Medieval*. Bauru: Editora Edusc, 2002, v. I, pp. 537-550.

AMIN, Samir. *El eurocentrismo*: critica de una ideologia. Madrid: Siglo Veintiuno, 1989.
AMSELLE, Jean-Loup. *L'Occident décroché*: enquête sur les postcolonialismes. Paris: Fayard, 2010.
_____; M'BOKOLO, Elikia (orgs.). *No centro da etnia*: etnias, tribalismo e Estado na África. Petrópolis: Vozes, 2017.
ARADEON, Suzan B. "Al-Sahili: the Historian's Myth of Architectural Technology Transfer from North Africa". *Journal des africanistes*. Paris, t. 59, n. 1-2, pp. 99-131, 1989.
ARKAM, Faisa Seddik. "Epouser l'Essuf (l'invisible): rites de passages et guérison chez les touaregs de Ahaggar (Sahara Algérien)". *L'Autre*, Grenoble, v. 15, n. 3, 2014. Disponível em: <https://revuelautre.com/articles-originaux/epouser-lessuf-linvisible-rites-de-passages-et-de-guerison-chez-les-touaregs-de-lahaggar-sahara-algerien/>. Acesso em: 13/03/2016.
ARNOLD, Mathiew. "Les animaux dans les sermons d'Albert Schweitzer". *Revue d'Alsace*. Strasbourg, n. 132, 2006.
ASIRVATHAM, Sulochana. "The Alexander Romance Tradition from Egypt to Ethiopia". *Acta Classica*. Pretoria, supplement 5, pp. 109-127. 2014.
AUFAUVRE, Céline. "Des procès en chair et en songe. Sainteté et exorcisme à Bouya Omar et Sidi Chamharouch". *Alterités*. Paris, v. 6, n. 2, pp. 93-114. 2009.
AUSTEN, Ralph A. The Historical Transformation of Genres: Sunjata as Panegiric, Folktale, Epic and Novel. In: _____ (ed.). *In Search of Sunjata*: the Mande Oral Epic as History, Literature and Performance. Bloomington; Indiana: Indiana University Press, 1999, pp. 69-88.
_____; JANSEN, Jan. "History, Oral Transmission and Structure in Ibn Khaldun's Chronology of Mali Rulers". *History in Africa*. Cambridge, v. 23, pp. 17-28, 1996.
AZIZ, Philippe. *Os impérios negros da Idade Média*. Rio de Janeiro: Otto Pierre Editores, 1978. (Coleção Grandes Civilizações Desaparecidas.)
BÂ, Amadou Hampâté. A tradição viva. In: KI-ZERBO, Joseph (org.). *Metodologia e pré-história da África*. Brasília: MEC; Unesco; Ufscar, 2011, pp. 167-212. (Coleção História Geral da África, v. 1.)
BA, Idrissa. "Continuité ou discontinuité de la présence juive à Walata et dans le Sahel ouest-africain du XVe au XIXe siècle". *Outre-mers*. Paris, t. 95, n. 358-359, pp. 147-185, 2008.
_____. Les lamlam au miroir des sources árabes, etnonomye et representations. In: TRIAUD, Jean-Louis (org.). *Islam & sociétés au Sud du Sahara*. Paris: Les Indes Savantes, 2013, pp. 135-156.
_____. "Commerce et commerçants dans la vallée du fleuve Sénégal à la lumière de la géographie d'Al-Bakri". *Annales de la Faculté des Lettres et Sciences Humaines (UCAD)*. Dakar, v. 44-45, pp. 127-136, 2015.
BAH, Thierno Moctar. *Historiographie africaine:* Afrique de l'ouest, Afrique centrale. Dakar: Codesria, 2015.
BABALOLA, Abidemi Babatunde. *Archaeological investigations of early glass production at Igbo-Olokun, Ile-Ife (Nigeria)*. Thesis (Doctor in Philosophy). Rice University, Houston – Texas, 2015.
BACQUÉ-GRAMMONT, Jean-Louis; POLIGNAC, François; BOHAS, Georges. "Monstres et murailles, Alexandre et Bicornu, mythes et bon sens". *Revue des Mondes Musulmans et de la Méditerranée*. Paris, n. 89-90, pp. 109-127, 2000.
BADUEL-MATHON, Celine. "Le langage gestuel en Afrique ocidentale: recherches bibliographiques". *Journal des Africanistes*. Paris, t. 41, n. 2, pp. 203-249, 1971.
BAGAYOGO, Shaka. "Lieux et théorie du pouvoir dans le monde mande: passé et présent". *Cahiers des Sciences Humaines*. Paris, v. 25, n. 4, 1, pp. 447-451, 1989.
BAH, Thierno Moctar. *Historiographie africaine – Afrique de l'ouest, Afrique centrale*. Dakar: CODESRIA, 2015.
BALANDIER, Georges. *O poder em cena*. Brasília: Editora da UNB, 1980.
_____. A situação colonial: uma abordagem teórica (1951). In: SANCHES, Manuela Ribeiro (org.). *Malhas que os impérios tecem*: textos anticoloniais, contextos pós-coloniais. Lisboa: Edições 70, 2011, pp. 219-252.
BARBOSA, Muryatan Santana. *A África por ela mesma:* A perspectiva africana na História Geral da África (Unesco). 222f. Tese (Doutorado em História) – FFLCH-USP, São Paulo, 2012.

BARRACLOUGH, Geoffrey. Europa: uma revisão histórica. In: _____. *Europa*: uma revisão histórica. Rio de Janeiro: Zahar, 1964.
BASSET, Henri. *Le culte des grottes au Maroc*. Alger: Ancienne Maison Bastide-Jourdan, 1920.
BATHILY, Abdoulaye. *Les portes de l'or*: le royaume de Galam (Senegal) de l'ère musulmane au temps des nègriers (VIII-XVIII siècles). Paris: l'Hartmann, 1989.
BAYART, Jean-François. "L'Afrique dans le monde: une histoire d'extraversion". *Critique Internationale*, Paris, v. 5, pp. 97-120, 1999.
BAZEMO, Maurice. "Captivité et esclavage dans les anciens pays du Burkino Faso". *Dialogues d'Histoire Ancienne*. Paris, v. 32, n. 1, pp. 175-180, 2006.
BAZIN, Jean. "Princes desarmés, corps dangereux: les 'rois-femmes' de la region de Segou". *Cahiers d'Études Africaines*. Paris, v. 28, n. 111-112, pp. 375-441, 1988.
_____. "Le roi sans visage". *L'Homme*. Paris, n. 170, pp. 11-24, 2004.
BELL, Nawal Morcos. "The Age of Mansa Musa of Mali: Problems in Succession and Chronology". *The International Journal of African Historical Studies*. Boston, v. 5, n. 2, pp. 221-234, 1972.
BENJAMINSEN, Tor A.; BERGE, Gunnvor; DUGAN, Erling. "Myths of Timbuktu: from African Eldorado to Desertification". *International Journal of Political Economy*. London, v. 34, n. 1, pp. 31-59, 2004.
BÉRAUD-VILLARS, Jean. *L'Empire de Gao*: un état soudanais aux XIV et XVI siècles. Paris: Librairie Plon, 1942.
BERNAULT, F.; TONDA, J. "Dynamiques du invisible en Afrique". *Politique Africaine*. Paris, n. 79, pp. 5-16, 2000. Disponível em: <https://www.cairn.info/revue-politique-africaine-2000-3-page-5.htm>. Acesso em: 17/12/2019.
BERTRAND-BOCANDÉ, M. "Notes sur la Guinée portugaise ou Sénégambie méridionale". *Bulletin de la Société de Géographie*. Paris, v. 12, n. 67, pp. 265-350, 1849.
BLASCO, Xavier Puigserver; MORAL, Eric Garcia. Abubakari II. El emperador que partió sobre el mar. In: CABALLERO, Gabriela Dalla-Corte; CÉSPEDES, Ricardo Piqueras; MATA, Meritxell Tous (orgs.). *Construcción social y cultural del poder en las Americas*. Barcelona: Universidat de Barcelona, Facultad de Geografia e História, 2015, pp. 48-60.
BLITSTEIN, Pablo Ariel. "L'Empire des maitres: savoir et autorité dans la Chine médiévale (IV-VI siècles)". *Revue Française d'Anthropologie*. Paris, n. 229, pp. 49-76, 2019.
BLUM, Charlotte; FISHER, Humprey. "Love for three oranges, or, the askiya's dilemma: the Askiya, al-Maghili, and Timbuktu, c. 1500 a.D.". *Journal of African History*. Cambridge, v. 34, n. 1, pp. 65-91, 1993.
BOILLEY, Pierre; THIOUB, Ibrahima, Pour une histoire africaine de la complexité. In: AWENENGO, Séverine et al. (éds.). *Écrire l'histoire de l'Afrique autrement?* (Groupe 'Afrique Noire'. Cahier n. 22 – CNRS). Paris; Budapeste; Torino: L'Harmattan, 2004, pp. 23-45.
BONGO, Nsame. "Un grand maitre de la philosophie africaine médiévale: Ahmed Baba de Tombouctou". *Presénce Africaine*. Paris, n. 161-162, pp. 269-280, 2000.
BOSC-TIESSÉ, Claire. "Penser et écrire l'histoire d'un Moyen Age en Afrique". *Afriques: Débats, Méthodes et Terrains d'Histoire*. Paris, n. 7, 2015. Disponível em: <http://journals.openedition.org/afriques/1702>. Acesso em: 18/02/2020.
BOTTE, Roger. "Les reseaux transsahariens de la traite de l'or et des esclaves au Haut Moyen Age: VIII-XI siècles". *L'Année du Maghreb*. Paris, v. 7, pp. 27-59, 2011. Disponível em: <https://journals.openedition.org/anneemaghreb/1106>. Acesso em: 20/02/2020.
BOULEGUE, Jean. "L'Ancien royaume du Kasa (Casamance)". *Bulletin de l'I.F.A.N*. Dakar, série B, t. 42 nº 3, 1980, pp. 476- 478, 1980.
_____. "A la naissance de l´histoire écrite senegalaise: Yoro Dyao et ses modeles (deuxième moitié du XIX siècle; début du XX siècle)". *History in Africa*. Cambridge, v. 15, pp. 395-405, 1988.
_____. "À la croisée de plusieurs temporalités, les chroniques oust-africaines. *Hypothèses*". Paris, n. 1, pp. 195-199, 2003.
_____. "Temps et sctructure chez un historien tombuctien du XVII siècle". *Afrique & Histoire*. Paris, v. 2, n. 1, pp. 97-108, 2004.

_____; DRAMANI-ISSIFOU, Zakari. La classification ethnique de deux lettrés (XIII-XVII siècles). In: CHRÉTIEN, Jean-Pierre; PRUNIER, Gerard (dirs.). *Les ethnies ont une histoire*. Paris: Karthala, 1989, pp. 33-48.

BOUTTIAUX, Anne-Marie; CHYSELS, Marc. "Sogolon, la scrofuleuse. L'Épopée de Soundjata passée aux rayons X". *Tribal Art*. Bruxelles, v. XIX, n. 75, pp. 88-101, 2015.

BOUZID, Lamjed. "Les askia de Gao et les populations: contribution a l'étude des rapports entre le pouvoir et la société dans la Boucle du Niger au XVI siècle". *Revue de l'Histoire Maghrebine*. Tunis, v. 22, n. 79-80, pp. 347-370, 1995.

BOWDEN, Hugh. "Alexander in Egypt: Considering Evidence". *Alexander in Africa*. Pretoria: Classical Association of South Africa, 2014, pp. 38-56. (Acta Classica Supplementum V.)

BRAUDE, Benjamin. "Cham et Noé. Race, esclavage et exegese entre Islam, Judaisme et Christianisme". *Annales E.S.C.* Paris, n. 57-1, pp. 93-125, 2002.

BRÉGAND, Denise. *Commerce caravanier et relations sociales au Benin*: les wangara du Borgu. Paris: L'Harmattan, 1998.

BRESC, Henri. "Les entrées royales des mamluks. Essai d'approche comparative". *Genese de l'etat moderne en Mediterranée – approches historiques et sociologiques des pratiques et des representations* (Actes, Paris, 24-26 septembre 1987; 18-19 mars 1988). Rome: École Française de Rome, 1993, pp. 88-96.

BRICKA, Blandine; FAUDET, Georges. "Niangoran-Bouah, père fondateur de la drummologie". *L'Arbre à palabres*. Paris, n. 12, pp. 108-116, 2002.

BRIZUELA-GARCIA, Esperanza. The History of Africanization and the Africanization of History. *History in Africa*, Cambridge, v. 33, pp. 85-100, 2006.

BROOKS, George E. *Landlords and Strangers*: Ecology, Society, and Trade in Western Africa: 1100-1630. Bouder; San Francisco; Oxford: Westview Press, 1993.

BRUN, Joseph. "Notes sur le Tarikh-el-Fettach". *Anthropos*. Friburgo, v. 9, n. 3-4, pp. 590-596, 1914.

BULLMAN Stephen. "A Checklist of published versions of the Sunjata Epic." *History in Africa*. Cambridge, v. 24, pp. 71-94, 1997.

_____. *The Collection and Analysis of the Sunjata Epic*. Universidade de Birminghan, 2017. Disponível em: <https://www.birmingham.ac.uk/Documents/college-artslaw/history/brihc/2017/The-collection-and-analysis-of-the-Sunjata-epic.pdf>. Acesso em: 02/02/2020

BUNT, Gerrit H. V. *Alexander the Great in the Literature of Medieval Britain*. Groningen: Egbert Frostein, 1994.

CAMARA, Seydou. "La tradition orale en question". *Cahiers d'Études Africaines*. Paris, n. 144, pp. 763-790, 1996.

CAMELIN, Sylvaine. "Croyance aux djinns et possession dans le Hadramaout". *Quaderni di Studi Arabi*,.Roma, v. 13, pp. 159-180, 1995.

CAROZZI, Claude; TAVIANI-CAROZZI, Huguette (orgs.). *La fin des temps*: terreurs et prophéties au Moyen Age. Paris: Stock – Moyen Age, 1982.

CARTRY, Michel. Introduction. In: VV.AA. (Vários Autores). *La notion de personne en Afrique Noire*. (Colloques Internationaux du Centre National de Recherche Scientifique, Paris, 11-17 octobre 1971). Paris: Éditions du CNRS, 1973, pp. 15-31.

_____. "Conference de M. Michel Cartry". *Annuaire de l'École Pratique des Hautes Études*. Paris, t. 90, pp. 71-81, 1981.

CARVALHO, Clara. Questões sobre a soberania wolof. In: VV.AA. (Vários Autores). *Assimetria social e inversão*. Lisboa: IICT, 1993, pp. 67-85.

CASAJUS, Dominique. "Sahara en mouvement". *L'Année du Maghreb*. Paris, v. 7, pp. 5-23, 2011. Disponível em: <https://journals.openedition.org/anneemaghreb/1106>. Acesso em: 20/02/2020.

CASARI, Mario. The Wise Men at Alexander's Court in Persian Medieval Romances: an Iranian View of Ancient Cultural Heritage. In: CERETI, Carlo (ed.). *Iranian Identity in the Course of History*. Roma: Istituto Italiano per l'Africa e l'Oriente, 2010, pp. 67-81. (Orientalia romana, 9.)

CEPPOLARO, Armando. "La figura di Sundiata Keita nella tradizione orale e nei documenti scritti". *Africa: Rivista trimestrale di studi e documentazione dell'Istituto italiano per l'Africa e l'Oriente*. Roma, ano 22, n. 2, pp. 171-197, 1967.

CHERBONNEAU, A. "Essai sur la litterature árabe au Soudan d'après le Tekmilet-ed-Dibadje, d'Ahmed Baba, le tombuctien". *Annuaires de la Société Archéologique de la Province de Constantine*. Constantine; Paris: Abadie Librairie; Librairie A. Leleux, pp. 1-48, 1854.

CHEZNEAUX, Jean. *Devemos fazer tábula rasa do passado?* A propósito da história e dos historiadores. São Paulo: Ática, 1995.

CHOUIN, Gerard L. F. "Fossés, enceintes et peste noire en Afrique de l'ouest forestière (500-1500 A.D.)". *Afrique: Archéologie & Arts*. Paris, n. 9, pp. 43-66, 2013.

CISSÉ, Mamadou. "Ecrits et ecriture en Afrique d l'ouest". *Sudlangues - Revue Eletronique Internationale de Sciences du Langage*. Dakar, n. 6, 2007. Disponível em: <http://www.sudlangues.sn>. Acesso em: 13/03/2016.

_____. Fouilles archéologiques à Gao-Sanèye: nouvelle contribution au développement du commerce transsaharien avec Gao (Mali) pendant le premier millénaire. In: TAKEZAWA, Soichiro; CISSÉ, Mamadou (éds.). *Sur les traces des grands empires*: recherches archéologiques au Mali. Paris: L'Harmattan, 2017, pp. 115-146.

CISSÉ, Youssouf Tata. "Notes sur les sociétés de chasseurs malinké". *Journal de la Société des Africanistes*. Paris, t. 34, n. 2, pp. 175-226, 1964.

_____. "Signes graphiques, répresentations, concepts et texts relatifs a la personne chez les malinkés et les bambara du Mali". In: VV.AA. (Vários Autores). *La notion de personne en Afrique noire*. Paris: Editions du CNRS, 1973, pp. 131-180.

_____. *La confrérie des chasseurs malinké et bambara*: mythes, rites et recits initiatiques. Paris: Editions Nouvelles du Sud; Association ARSAN, 1994.

CISSOKO, Sekéné Mody. "La royauté (mansaia) chez les mandingues occidentaux d'après leurs traditions orales". *Bulletin de l'I.F.A.N.* Dakar, t. XXXI, n. 2, pp. 326-338, 1969.

_____. "L'intelligentsia de Tombouctou aux XV et XVI siècles". *Présence Africaine*. Paris, nouvelle serie, n. 72, pp. 48-72, 1969.

_____. "Formations sociales et état dans l'Afrique precoloniale: approche historique". *Présence Africaine*. Paris, nouvelle serie, n. 127-128, pp. 50-71, 1983.

_____. *Tombouctou et l'empire Songhay*: épanouissement du Soudan nigérien aux XV-XVI siècles. Paris: L'Harmattan, 2006 [1974].

CLEAVELAND, Timothy. "Ahmad Baba al-Tinbukti and his Islamic Critique of Racial Slavery in the Maghrib". *Journal of the North African Studies*. Abingdon, v. 20-1, pp. 42-64, 2015.

COCQUERY-VIDROVICH, Catherine. Histoire et perception des frontières en Afrique du XII au XIX siècle. In: VV.AA. (Vários Autores). *Des frontières en Afrique du XII au XX siècle*. Paris: Unesco, 2005, pp. 35-68.

COLIN, Gerard. *Alexandre le Grand, héros Chrétien en Ethiopie*: Histoire d'Alexandre (Zênâ Eskender). Leuven; Paris; Dudley: Vitgeverij Peeters, 2007.

COLLET, Hadrien. *Le sultanat du Mali (XIV-XV siècle)*: historiographies d'un état soudanien, de l'islam medieval à aujourd'hui. Thèse (Doctorat en Histoire) – Université de Paris 1 – Panthéon Sorbonne. Paris, 2017.

_____. "Échos d'Arabie. Le pèlerinage à la Mecque de Mansa Musa (724-725/1324-1325) d'après des nouvelles sources". *History in Africa*. Cambridge, v. 46, pp. 105-135, 2019.

CONRAD, David A. "Islam in the Oral Traditions of Mali: Bilali and Surakata". *Journal of African History*. Cambridge, v. 26, n. 1, pp. 34-49, 1985.

_____. *The Songhay Empire*: African Civilizations. New York; London: The Rose Publishing Group, 1998.

_____. Sunjata Keita. In: AKYEAMPONG, Emmanuel K.; GATES JR., Henry Louis (orgs.). *Dictionary of African Biography*. Oxford: Oxford University Press, 2012a, v. 3, pp. 330-331.

_____. Mansa Musa. In: AKYEAMPONG, Emmanuel K.; GATES JR., Henry Louis (prgs.). *Dictionary of African Biography*. Oxford: Oxford University Press, 2012b, v. 4, pp. 341-342.

CUOQ, Joseph M. *Histoire de l'islamisation de l'Afrique de l'Ouest des origenes à la fin du XVI siècle*. Paris: Librairie Orientaliste Paul Geuthner, 1984.

CUSTÓDIO, Pedro Paulo. "Alexandre Magno na tradição medieval: referências bíblicas e apócrifas". *Acta Científica* – Ciências Humanas. São Paulo, v. 1 n. 8, pp. 19-26, 2005.

DAGENAIS, John; GRER, Margaret. "Decolonizing the Middle Ages". *Journal of Medieval and Early Modern Studies*. Duke, v. 30 n. 3, pp. 431-448, 2000.

DAKHLIA, Jocelyne. "Pouvoir du parasol et pouvoir nu. Un dépouillement islamique? Le cas de la royauté marocaine". *Bulletin du Centre de Recherches du Chateau de Versailles*. Paris, 2005. Disponível em: <http://crcv.revues.org/233>. Acesso em: 25/09/2017.

DAUMAS, Michele. "Alexandre et la reine des Amazones". *Revue des Études Anciennes*. Paris, v. 94, n. 3-4, pp. 347-354, 1992.

DAVEAU, Suzanne. *A descoberta da África Ocidental*: ambiente natural e sociedades. Lisboa: Comissão Nacional para as Comemorações dos Descobrimentos Portugueses, 1999.

DAVIDSON, Basil. *Os africanos*: uma introdução à sua história cultural (Biblioteca de Autores Africanos). Luanda: Instituto Nacional do Livro e do Disco, 1981.

DEDÉ, Jean-Charles. *Les kel tamasheq et la cité de Tombouctou du VIII au XVI siècle*. Thése (Doctorate en Histoire) – Université Félix-Hophouet Boigny, Abidjan, 2010.

_____. "Politique, symbolique et legitimation du pouvoir monarchique dans l'empire Songhay: le cas d'Askia Mohammed Silla (1493-1528)". *Revue d'Histoire et d'Archéologie Africaine*. Godo Godo, n. 24, pp. 23-39, 2014.

DELAFOSSE, Maurice. *Haut-Sénégal-Niger*. Paris: Librairie Emile Larose, 1912.

DIAGNE, Pathé. Le pouvoir en Afrique. In: VV.AA. (Vários Autores). *Le concept de pouvoir en Afrique*. Paris: Les Presses de L'Unesco, 1981, pp. 28-55.

DIAWARA, Mamadou. Searching for the Historical Ancestor: the Paradigma of Sunjata in Oral Traditions of the Sahel (13th-19th centuries). In: AUSTEN, Ralph (ed.). *In Search of Sunjata*: the Mande Oral Epic as History, Literature and Performance. Bloomington; Indiana: Indiana University Press, 1999, pp. 111-140.

_____. "L'osmose des regards". *Cahiers d'Études Africaines*. Paris, v. 198-199-200, 2010. Disponível em: <http://journals.openedition.org/etudesafricaines/16194>. Acesso em: 22/04/2019.

DIETERLEN, Germaine. *Essai sur la religion bambara*. Paris: Presses Universitaires de France, 1951.

_____. "Mythe et organization sociale au Soudan français". *Journal de la Société des Africanistes*. Paris, t. 25, n. 1, pp. 39-76, 1955.

_____. "Mythe et organization sociale en Afrique ocidentale". *Journal de la Société des Africanistes*. Paris, t. 29, n.1, pp. 119-138, 1959.

DIOP, Brahim. Fabriquer le territoire en Afrique au 'Moyen Age': apporoche ethnoanthropologique et ethnoarchéologique. In: CURSENTE, Benoit; MOUSNIER, Mireille (dir.). *Les territoires du médiéviste*. Rennes: Presses Universitaires de Rennes, 2005, pp. 329-361.

DIOP, Cheikh Anta. *L'Afrique noire précoloniale*: Étude compare des systèmes politiques et sociaux de l'Europe et d'Afrique Noire, de l'Antiquité a la formation des Etats modernes. 2. ed. Paris: Présence Africaine, 1987 [1960].

_____. *A unidade cultural da África negra*: esferas do patriarcado e do matriarcado na Antiguidade Clássica. Mangualde; Luanda: Edições Pedagô; Edições Mulemba, 2014.

DONITZ, Saskia. Alexander the Great in Medieval Hebrew Tradition. In: ZUWYYA, David (org.). *A Companion to Alexander Literature in the Middle Ages*. Leiden; Boston: Brill, 2011, pp. 21-40.

DRAMANI-ISSIFOU, Zakari. *L'Afrique noire dans les relations internationales au XVI siècle*: analyse de la crise entre Maroc et le Sonrhai. Paris: Karthala, 1982.

DUCELLIER, Alain; KAPLAN, Michel; MARTIN, Bernadette. *A Idade Média no oriente*: Bizâncio e o islão: dos bárbaros aos otomanos. Lisboa: Dom Quixote, 1994.

DUFOURCQ, Charles Emannuel. "Les relations de la Péninsule Ibérique et de l'Afrique du Nord au XIV siècle". *Anuario de Estudios Medievales*. Barcelona, v. 7, pp. 39-64, 1970-1971.

DULUQ, Sophie. *Écrire l'histoire de l'Afrique à l'époque coloniale*. Paris: Karthala, 2009.

_____; ZYTNICKI, Colette. "'Informations indigènes', érudits et lettrés en Afrique (Nord et sud du Sahara)". *Outre-Mers*. Paris, t. 93 n. 352-353, pp. 7-14, 2006.

EL FASI, Mohammed. "Toponymy and Ethnonymy as Scientific Aids to History". In: VVAA. *African Etnonyms and Toponyms*. Paris: Unesco, 1984, pp. 18-22. (The General History of Africa – Studies and Documents, v. 6.)

ELA, Jean-Marc. *Restituir a história às sociedades africanas, promover as ciências sociais na África*. Lisboa: Mangualde; Luanda: Pedagô/ Mulemba, 2011.

ENNAJ, Mohammed. *Soldats, domestiques et concubines*: l'esclavage au Maroc au XIX siècle. Paris: Balland, 1994. (Collection Le Nadir.)

EUBA, O. "Of Blue Beads and Red: the Role of Ife in West African Trade in Kori Beads". *Journnal of the Historical Society of Nigeria*. Ibadan, v. 11, n. 1-2, pp. 109-127, 1982.

EVANS, William Mckee. "From the Land of Canaan to the Land of Guinea: the Strange Odissey of the 'Sons of Ham'". *The American Historical Review*. Oxford, v. 85-1, pp. 15-43, 1980.

FALOLA, Toyin. Nacionalizando a África, culturalizando o Ocidente e reformulando as humanidades na África. In: LAVER, Helen; ANYHODO, Kofi (orgs.). *O resgate das ciências humanas e das humanidades através de perspectivas africanas*. Brasília: Funag, 2016, pp. 91-126.

FARIAS, Paulo Fernando de Moraes. "Models of the World and Categorial Models: the 'Enslavable Barbarian' as a Mobile Classificatory Label". *Slavery & Abolition: a Journal of Slave and Post-Slave Studies*. Abingdon, n. 1-2, pp. 115-131, 1980.

_____. "Comércio mudo: mito e evidência histórica". *Afro-Ásia*. Salvador, n. 61, pp. 325-356, 2020.

_____. "The Oldest Extant Writing of West Africa: Medieval Epigraphs from Issuk, Saney and Egef-n-Tawaqqast (Mali)". *Journal des Africanistes*. Paris, t. 60, n. 2, pp. 65-113, 1990.

_____. Barh, fondateur d'une lecture reductrice des chroniques de Tombouctou. In: DIAWARA, Mamadou; FARIAS, Paulo Fernando de Morais; SPITTER, Gerd (eds.). *Heinrich Barth et l'Afrique*. Koln: Rudiger Köppe Verlag, 2006, pp. 215-224.

_____. Intellectual Innovation and Reinvention of the Sahel: the Seventeenth-Century Timbuktu Chronicles. In: JEPPIE, Shamil; DIAGNE, Souleymane Bachir (eds.). *The Meanings of Timbuktu*. Cape Town; Dakar: HSRC Press; Codesria, 2008, pp. 95-108.

_____. "Local Landscapes and Constructions of World Space: Medieval Inscriptions, Cognitive Dissonance, and the Course of the Níger". *Afriques: Débats, Méthodes et Terrains d'Histoire*. Paris, n. 2, 2010. Disponível em: <https://journals.openedition.org/afriques/896>. Acesso em: 25/10/2019.

FARRAR, Tarikhu. "The Queenmother: Matriarchy and the Question of Female Politic Authority in Precolonial West African Monarchy". *Journal of Black Studies*. Philadelphia, v. 27, n. 5, pp. 579-597, 1997.

FAUVELLE, François-Xavier. *O rinoceronte de ouro*: histórias da Idade Média africana. São Paulo: Edusp, 2018.

FAUVELLE-AYMAR, François-Xavier. "Niani Redux: en finir avec l'identification du site de Niani (Guinée-Conacry) à la capitale du Royaume du Mali". *Palethnologie: Archéologie & Sciences Humaines*. Paris, n. 4, pp. 237-254, 2012.

_____; HIRSCH, Bertrand. "Voyage aux fronteires du monde. Topologia, narration et jeux de miroir dans la Rihla de Ibn Battuta". *Afrique & Histoire*. Paris, v. 1 n. 1, pp. 75-122, 2003.

FAVRE, Guillaume. *Mélanges d'histoire litteraire*: recherches sur les histoires fabuleuses d'Alexandre le Grand. Gènève: Imprimerie Ramboz et Schuchardt, t. II, 1856.

FENTON, Steve. *Etnicidade*. Lisboa: Instituto Piaget, 2005.

FERRARI, Fernando Ponz. *Nós somos Legião*: a imagem latina dos habitantes do Extremo Oriente e da África dos séculos finais da Idade Média (séculos XIII-XV). 482f. Tese (Doutorado em História) – Programa de Pós-Graduação em História, Universidade Federal do Rio Grande do Sul, 2019.

FERREIRA, Roquinaldo. "A institucionalização dos estudos africanos nos Estados Unidos: advento, consolidação e transformações". *Revista Brasileira de História*. São Paulo, v. 30, n. 59, pp. 73-90, 2010.

FERRO, Marc. *A manipulação da história no ensino e nos meios de comunicação de massa*. São Paulo: Ibrasa, 1983.

_____. *Falsificações da história*. Lisboa: Publicações Europa-América, 1994 [1981].

FISHER, Allan C. B; FISHER; Humphrey J. *Slavery and Muslim Society in Africa*. London: C. Hurst & Company, 1970.

FORTES, Meyer; EVANS-PRITCHARD, E. E. *Sistemas políticos africanos*. Lisboa: Fundação Calouste Gulbenkian, 1981 [1940].

FROBENIUS, Leo. *El decameron negro*. Buenos Aires: Losada, 1938.
GAD, El-Sayed M. The al-Tabari's Tales of Alexander: History and Romance. In: STONEMAN, Richard; ERICKSON, Kyle; NETTON, Ian (eds.). *The Alexander Romance in Persia and the East*. Griningen: Barkhuis Publishing; Groningen University Library, 2012, pp. 219-232.
GANAY, Solange de. "Une statuette d'ancetre". *Journal des Africanistes*. Paris, t. 54, n. 1, pp. 121-124, 1984.
GARCIN, Jean-Claude et al. *États, sociétés et cultures du monde musulman medieval* Paris: PUF, 1995. (Collection Nouvelle Clio.)
GAUTIER-BOUGASSAS, Catherine. "Alexandre et Candace dans le Roman d'Alexandre de Paris et le Roman de toute chevalerie de Thomas Kent". *Romania*. Paris, n. 445-446, pp.18-44, 1991.
GINZBURG, Carlo. Sinais: raízes de um paradigma indiciário. In: _____. *Mitos, emblemas, sinais*: morfologia e história. São Paulo: Companhia das Letras, 1989, pp. 143-180.
GIRI, Jacques. *Histoire économique du Sahel*. Paris: Karthala, 1994.
GOERG, Odile. "L'historiographie de l'Afrique de l'ouest: tendances actuelles". *Genèses*. Paris, n. 6, pp. 144-160, 1991.
GOLDENBERG, David. *The Curse of Ham*: Race and Slavery in Early Judaism, Christianity, and Islam. Princeton: Princeton University Press, 2003.
GOMEZ, Michael A. *African Dominium*: a New History of Empire in Early and Medieval West Africa. Princeton; Oxford: Princeton University Press, 2018.
_____. "Timbuktu under Imperial Songhay: a Reconsideration of Autonomy". *The Journal of African History*. Cambridge, v. 31, n. 1, pp. 5-24, 1990.
GROSZ-NGATÉ, Maria. "Power and Knowledge. The Representation of the Mande World in the Works of Park, Caillié, Monteil and Delafosse". *Cahiers d'Études Africaines*. Paris, v. 28 n. 111-112, pp. 485-511, 1988.
GUBERT, Serge. "Pratiques diplomatiques marinides (XIII-XV siècles)". *Oriente Moderno*. Roma, ano 88, n. 2, pp. 435-468, 2008.
_____. "La semantique politique du jeu de couleurs mérinide: pureté et clarté, blancheur et verdeur (XIII-XV siècles)". *Al-Masaq: Journal of the Medieval Mediterranean*, Abingdon, n. 29-1, pp. 13-40, 2017.
GUERÍN, Sarah M. "Forgotten Routes? Italy, Ifrīqiya and the Transsaharan Ivory Trade". *Al-Masaq: Islam and the Medieval Mediterranean*, v. 25, n. 1, pp. 70-91, 2013.
GUERREAU, Alain. *L'Avenir d'un passé incertain*: Quelle histoire du Moyen Age au XXI siècle? Paris: Seuil, 2001
GUEYE, Maodo. *Les sources de l'histoire moderne et contemporaine africaine*. Dakar: Département d'Histoire, Faculté des Lettres et Sciences Sociales, Université Cheikh Anta Diop – Ucad, 1998-1999.
GUIGLEY, Mary. *Ancient West African Kingdoms*: Ghana, Mali & Songhay. Chicago: Heinemann, 2002.
GUREVITCH, Aron. *As categorias da cultura medieval*. Lisboa: Caminho, 1990.
HALL, Bruce S. "The Question of 'Race' in the Precolonial Southern Sahara". *Journal of North African Studies*. Tucson, v. 10, n. 3-4, pp. 339-367, 2005.
_____. "Arguing Sovereignty in Songhay". *Afriques: Débats, Méthodes et Terrains d'Histoire*, n. 4, 2013. Disponível em: <http://journals.openedition.org/afriques/1121>. Acesso em: 25/02/2020.
HAMA, Boubou. *Histoire traditionnelle d'un peuple*: les zarma-songhay. Paris: Presence Africaine, 1967.
_____. *L'Empire Songhay, ses ethnies, ses legendes, et ses personages historiques*. Paris: Éditions Pierre Jean Oswald, 1974.
_____. *Askia Mohammed Aboubacar, L'El hadj et le khalife, à travers la tradition et le "Fettach"*. Niamey: Centre d'Études Linguistique et Historique par la Tradition Orale (CELHTO), 1980.
HAMÉS, Constant. "Les manuscrits arabo-africains: des particularités?". *Revue des Mondes Musulmans et de la Mediterranée*. Paris, v. 99-100, 2004. Disponível em: <http://remmm.revues.org/1182>. Acesso em: 26/05/2014.
HAMIDOU TALIBI, Moussa. "Dikko Harrakoye, déesse de l'amour et mére unificatrice du Sahel". *Ethiopiques: revue negro-africaine de literature et philosophie*. Dakar, n. 84, 2010. Disponível em: <http://ethiopiques.refer.sn/>. Acesso em: 19/02/2019.

HARF-LANCNER, Laurence. "Alexandre le Grand dans le roman français du Moyen Age: um héros de la démesure". *Melanges de l'École Française de Rome*. Roma, t. 112, n. 1, pp. 51-63, 2000.

HAUZEUR, Joelle; PELLE, Laurent. "Fleuve Níger: toponymie et géographie recente du W (de Kirtachi a Boumba)". *Journal des Africanistes*. Paris, t. 63, n. 1, pp. 35-66, 1993.

HEERS, Jacques. *La invención de la Edad Media*. Barcelona: Editorial Critica, 1992.

HENRIQUES, Isabel Castro. As fronteiras dos espíritos na África Central. In: _____. *O pássaro do mel*: estudos de história africana. Lisboa: Colibri, 2003, pp. 155-172.

HIRSCH, Bertrand. "L'Epigraphie africaine médiévale". *Afrique & Histoire*. Paris, v. 4 n. 2, pp. 177-187, 2005.

HOLST, Christian. *Muslim Traders, Songhay Warriors, and the Arma*: the Social Destruction of the Middle Niger Bend from 1549 to 1600. Kassel: Kassel University Press, 2016.

HOUNTONDJI, Paulin J. "Conhecimento de África, conhecimento de africanos: duas perspectivas sobre os estudos africanos". *Revista Crítica de Ciências Sociais*. Coimbra, n. 80, pp. 149-160, 2008.

_____. *O antigo e o moderno*: a produção do saber na África contemporânea. Mangualde/ Luanda: Pedago/ Mulemba, 2012.

HRBEK, Ivan. A desintegração da unidade política no Magreb. In: NIANE, Djibril Tamsir (ed.). *A África do século XII ao XVI*. Brasília: MEC; Unesco; Ufscar, 2010, pp. 89-116. (História Geral da África, v. 4).

_____; DEVISSE, Jean. Os almorávidas. In: EL FASI, Mohamed (ed.). *A África do século VII ao XI*. Brasília: MEC; Unesco; Ufscar, p. 395-430, 2010. (História Geral da África, v. 3).

HUMBLOT, Paul. "Du nom propre et des appelations chez les malinké des vallées du Niandan et du Millo". *Bulletin du Comité d'Études Historiques et Scientifiques de l'Afrique Ocidentale Française*. Paris, v. 3, pp. 517-540, 1918.

HUNWICK, John. "Ahmad Baba and the Moroccan Invasion of the Sudan". *Journal of the Historical Society of Nigeria*. Accra, n. 2, pp. 311-328, 1957.

_____. "A Note on Askiya al-Hajj Muhammad's Meeting with al-Suyuti". *Sudanic Africa*. Bergen, v. 2, pp. 175-176, 1991.

_____. Secular Power and Religious Authority in Muslim Society: the Case of Songhay. *The Journal of African History*. Cambridge, v. 37, n. 2, pp. 175-194, 1996.

_____. A Region of Mind: Medieval Arab Views of African Geography and Ethnography and their Legacy. *Sudanic Africa*. Bergen, v. 16, pp. 103-136, 2005.

_____. *Jews of a Saharan Oasis*: Elimination of the Tamentit Community. Princeton: Markus Wiener, 2006.

IGUÉ, John. *Les villes précoloniales d'Afrique Noire*. Paris: Karthala, 2008.

IMAN, Ayesha. "Islam, Islamisation and Woman in Africa: a General Bibliography / Islam, islamisation et femmes en Afrique: bibliographie générale préliminaire". [S.l.] *Woman & Islam in Africa* series n. 1, 1994, 24 p. Disponível em: <http://www.wluml.org/sites/wluml.org/files/Islam,%20islamisation%20and%20women%20in%20Africa.pdf>. Acesso em: 12/02/2020.

INSOLL, Thimoty. *The Archaeology of Islam in Subsaharan Africa*. Cambridge: Cambridge University Press, 2003.

IROKO, Félix. "Les perles au-dela du decoratif dans le Golf du Benin a travers les ages". *Civilisations*. Paris, v. 41, n. 1-2, pp. 145-164, 1993.

ISMAIL, Osman Sid Ahmed. La tradition historiographique de l'Islam africain. (Congrès international d'Historiens de l'Afrique, University College, Dar-es-Salam). In: MVENG, Engelbert (org.). *Perspectives nouvelles sur l'histoire africaine*. Paris: Présence Africaine, 1971, pp. 36-42.

IZARD, Michel. Os povos e reinos da curva do Níger e da bacia do Volta, do século XII ao XVI. In: NIANE, Djibril Tamsir (ed.). *A África do século XII ao XVI*. Brasília: Unesco; MEC; Ufscar, 2010, pp. 237-266. (História Geral da África, v. 4).

JACKSON, Michael. "The Migration of a Name: Reflections on Alexander in Africa". *Cultural Anthropology*. New York, v. 2, n. 2, pp. 235-254, 1987.

JANSEN, Jan. *Épopée, histoire, société*: le cas de Soundjata – Mali et Guinée. Paris: Karthala, 2000.

_____; DIARRA, Mountaga. *Entretiens avec Bala Kanté, une chronique du Manding du XX siècle*. Leiden; Boston: Brill, 2006.

KABA, Lansiné. "Les chroniqueurs musulmans et Sonni Ali ou un aperçu de l'Islam et la politique au Songhay au XV siècle". *Bulletin de l'I.F.A.N*. Dakar, t. 40, n. 1, pp. 49-65, 1978.

_____. "Le pouvoir politique, l'essor economique et l'inegalité sociale au Songhay (1464-1591)". *Bulletin de l'I.F.A.N*. Dakar, t. 45, n. 1-2, pp. 1-23, 1983.

_____. "The Pen, the Sword, and the Crown: Islam and Revolution in Songhay Reconsidered, 1464-1493". *Journal of African History*. Cambridge, v. 25, n.3, pp. 241-256, 1984.

KAKÉ, Ibrahima Baba. *Combats pour l'histoire africaine*. Paris: Présence Africaine, 1982.

_____. "Un grand erudit de la Nigritia au XVI siècle: Ahmed Baba – le tombouctien". *Présence Africaine*. Paris, n. 60-4, pp. 34-45, 1966.

KANE, Maimona. *Le sel dans le commerce transsaharien et l'Ouest africain au Moyen Age*. Mémoire de Maitrise (Histoire) – Departement d'Hidtoire, Faculté des Lettres et Sciences Humaines, Université Cheikh Anta Diop – Ucad, Dakar, 2010-2011.

KANE, Ousmane. *Les intellectuels non europhones*. Dakar: Codesria, 2004.

KEITA, Naffet. Du visible a l'invisible: femmes en question au Mali: tradition, évolution ou répétition? In: MBOW, Penda (org.). *Hommes et femmes en sphères public et privée/Men and Women Between the Public and Private Spheres*. Dakar: Codesria, 2005.

_____. Vers une anthropologie des mecanismes sociologiques de construction des lieux de legitimation de la domination masculine et de l'inegalité des sexes en Afrique de l'ouest: les sociétés bambara, songhay et touareg. In: VV.AA. (Vários Autores). *Genre et dynamiques économiques en Afrique*. Dakar: Codesria, pp. 45-74, 2011.

KHANOU, Touria. "Race in Pre-islamic Poetry: the Work of Antara ibn Shaddad". *Africa and Black Diaspora: an International Journal*, Abingdon, v. 6, n. 1, pp. 66-80, 2013.

KODJO, Niamkey. "Contribution à l'étude des tribos dites serviles du Songhay". *Bulletin de l'I.F.A.N*. Dakar, t. 38, n.4, pp. 790-812, 1976.

KOHEN, Ronald. "Oedipus Rex and Regina: the Queenmother in Africa". *Africa: Journal of the International African Institute*. Cambridge, v. 47, n. 1, pp. 14-30, 1977.

KONARÉ, Oumar. La notion de pouvoir dans l'Afrique traditionnelle et l'aire culturelle manden en particulier. In: VV.AA. (Vários Autores). *Le concept de pouvoir en Afrique*. Paris: Les Presses de L'Unesco, 1981, pp. 130-170.

KOSLOW, Philip. *Songhay*: the Empire Builders. New York; Philadelphia: Chelsea House Publishers, 1995.

KOSS-JEWSIEWICKI, Bogumil. "De l'invention de l'Afrique par l'Occident à la 'découverte' des cultures politiques et de l'historicité des sociétés". *Études Internationales*. Laval, v. 20, n. 2, pp. 417-425, 1989.

KOTAR, Peter Khristos. The Ethiopic Alexander Romance. In: ZUWYYA, David (org.). *A Companion to Alexander Literature in the Middle Ages*. Leiden; Boston: Brill, 2011, pp. 157-176.

KOUYATÉ, Mamadou. "L'Expression politique dans une version de Camara Laye de l'epopée mandingue". *Études Mongoles et Sibériennes, Centrasiatiques et Tibetaines*. Paris, n. 45, 2014.

LA RONCIÈRE, Charles de. *La découverte de l'Afrique au Moyen Age*: cartographes et explorateurs. Institut Français d'Archéologie Orientale/Société Royale de Géographie d'Égypte, Caire, ,1924, 3v.

_____. "Découverte d'une relation de Voyage datée du Touat et décrivant em 1447 le Bassin du Niger. (Comité des Travaux Historiques et Scientifiques)". *Bulletin de la Section de Géographie*. Paris, s. n., pp. 1-28, 1918.

LABOURET, Henri. "Langage tambouriné et sifflé". *Bulletin du Comité d'Études Historiques et Scientifiques l'Afrique Ocidentale Française*. Paris, pp. 120-158, 1923.

_____. "Situation matérielle, morale et coutumière de la femme dans l'ouest africain". *Africa: journal of the International African Institute*. Cambridge, v. 13, n. 2, pp. 97-124, 1940.

LACROIX, Kim. *La construction d'une mémoire officiale au service de l'édification de la nation dans le Mali postcolonial et democratique*: le cas du Memorial Modibo Keita (1999-2002). Mémoire (Maitrise ès arts) – Université de Sherbrooke, Sherbrooke, 2018.

LADERO-QUESADA, Miguel Angel. Catolicidade e latinidade (Idade Média – século XVII). In: DUBY, Georges (org.). *A civilização latina*: dos tempos antigos ao mundo moderno. Lisboa: Dom Quixote, 1989, pp. 119-140.

LAFORGUE, Pierre. "Les djenoun de la Mauritanie saharienne". *Bulletin du Comité d'Études Historiques et Scientifiques de l'Afrique Ocidentale Française*. Paris, v. 14, pp. 433-451, 1931.

LAM, Aboubacar Moussa. Egipto antigo e África negra: alguns factores novos que esclarecem as suas relações. In: DIOP, Boubacar Mbaye; DIENG, Doudou (orgs.). *A consciência histórica africana*. Mangualde; Luanda: Edições Pedagô; Edições Mulemba, 2012, pp. 143-157.

LANGE, Dierk. "Les rois de Gao-Sané et les almoravides". *Journal of African History*. Cambridge, v. 32, n. 2, pp. 251-275, 1991.

_____. "From Mande to Songhay: Towards a Political and Ethnic History of Medieval Gao". *Journal of African History*. Cambridge, v. 35, n. 2, pp. 285-288, 1994.

LE GOFF, Jacques (dir.). *O homem medieval*. Lisboa: Presença, 1989.

_____. *As raízes medievais da Europa*. Petrópolis: Vozes, 2007.

LE TOURNEAU, Roger. *The Almohad Movement in North Africa in the Twelfth and Thirteenth Centuries*. Princeton: Princeton University Press, 1969.

LEVTZION, Nehemia. "The Thirteenth and Fourteenth Century Kings of Mali". *The Journal of African History*. Cambridge, v. 4, n. 3, pp. 341-353, 1963.

_____. Considerations sur l'historiographie musulmane en Afrique. In: MVENG, Engelbert (org.). *Perspectives nouvelles sur l'histoire africaine*. (Congrès international d'Historiens de l'Afrique, University College, Dar-es-Salam). Paris: Présence Africaine, 1971, pp. 31-35.

_____. "A Seventeenth-Century Chronicle by Ibn al-Mukhtār: a Critical Study of Ta'rīkh al-Fattāsh". *Bulletin of the School of Oriental and African Studies*, London, v. 34, n. 3, pp. 571-593, 1971a.

_____. "Mahmud Ka'ti fut-il l'auteur du Ta'rikh al-Fattash?" *Bulletin de l'I.F.A.N.* Dakar, t. XXXIII, n. 4, pp. 665-674, 1971b.

_____. "Was Royal Sucession in Ancient Gana Matrilineal?" *The International Journal of African Historical Studies*, Boston, v. 5, n. 1, pp. 91-93, 1972.

_____. *Ancient Ghana and Mali*. New York; London: Methuen & Company, 1973.

_____. Islam in the Bilad al-Sudan to 1800. In: LEVTZION, Nehemia; POWELLS, Randall (orgs.). *The History of Islam in West Africa*. Athens; Oxford; Cape Town: Ohio University Press; James Currey; David Philip, 2000, pp. 63-92.

_____; POWELS, Randal M. (eds.). *The History of Islam in Africa*. Athens (EUA): The Ohio University Press, 2000.

LEWICKI, Tadeuz. "Les origines et l'islamization de la ville de Tadmakka d'après les sources árabes". *Revue Française d'Histoire d'Autre Mer*. Paris, t. 66, n. 242-243, pp. 163-168, 1979.

LEWIS, Bernard. "Raza y color en el islam". *Al-Andalus*. Madrid, v. 33, n. 1, pp. 1-51, 1968.

LIGERS, Z. "La chasse à l'hippopotame chez les bozo". *Journal de la société des africanistes*. Paris, t. 27 n. 1, pp. 37-66, 1957.

LOPES, Carlos. "A pirâmide invertida – historiografia africana feita por africanos". In: VV.AA. (Vários Autores). *Colóquio Construção e ensino da História de África* (7-9 de junho de 1994). Lisboa: Fundação Calouste Gulbenkian, pp. 22-30, 1995.

_____. *Kaabunké*: espaço, território e poder na Guiné-Bissau, Gâmbia e Casamance pré-coloniais. Lisboa: Comissão Nacional para as Comemorações dos Descobrimentos Portugueses, 1999.

LOVEJOY, Paul. *A escravidão na África*: uma história e suas transformações. Rio de Janeiro: Civilização Brasileira, 2002.

_____. *Slavery on the Frontiers of Islam*. Princeton: Markus Wiener, 2004.

LUFFIN, Xavier. "'Nos ancêtres les arabes...'. Genealogies d'Afrique musulmane". *Civilisations*. Paris, v. 53, n. 1-2, pp. 177-209,, 2006.

LY, Madina. "Quelques remarques sur le Tarikh el-Fettach". *Bulletin de l'I.F.A.N.* Dakar, t. XXXIV, n. 3, pp. 471-493,1972.

LY TALL, Madina. *Contribution a l'histoire de l'Empire du Mali (XIII-XVI siècles)*: limites, principales provinces, institutions politiques. (Thèse Ddoctorat de 3º cycle) – Sorbonne, juin 1972). Dakar; Abidjan: Les Nouvelles Éditions Africaines, 1977.

MACDONALD, Kevin et al. The "Pais de Do" and the Origins of the Empire of Mali. In: GREEN, Toby; ROSSI, Benedetta (eds.). *Landscapes, Sources and Intellectual Projects of the West African Past*: Essays in Honour of Paulo Fernando de Moraes Farias. Leiden; Boston: Brill, 2018, pp. 63-87.

MACEACHERN, Scott. Globalization. Contact Between West Africa, North Africa and Europe During the European Medieval Period. In: HODOS, Tamar (ed.). *The Routledge Gandbook of Archaeology and Globalization*. New York: Routledge, 2017, pp. 90-103.

MACEDO, José Rivair. Sundjata Keita e reinvenção das tradições orais mandingas da África Ocidental. In: SOUZA, Fábio Feltrin de; MORTARI, Cláudia (orgs.). *Estudos africanos*: questões e perspectivas. Tubarão: Universidade Federal da Fronteira Sul; Gráfica Copiart, 2016, v. I, pp. 145-178.

_____. Duarte Pacheco Pereira, os africanos e o forte de São Jorge da Mina (1505-1522). In: FRANÇA, Jean Marcel Carvalho; PEREIRA, Milena da Silveira (orgs.). *Por escrito*: lições e relatos do mundo luso-brasileiro. São Carlos: Ed. Ufscar, 2018, pp. 107-134.

_____. "Os sonoje da Senegâmbia e as insígnias tradicionais de poder entre os povos mandingas". *Revista da Associação Brasileira de Estudos Africanos – Abeafrica*. Rio de Janeiro, v. 1 n. 1, pp. 41-65, 2018.

_____; MARQUES, Roberta Porto. "Uma viagem ao Império do Mali: o testemunho da Rihla de Ibn Battuta (1352-1353)". *Ciências & Letras: Revista da Fapa*. Porto Alegre, n. 44, pp. 24-27, 2008.

MACQUET, Jacques. *El poder negro en Africa*. Madrid: Ediciones Guadarrama, 1971.

MAFEJE, Archie. *Anthropology in Post-Independence Africa*: End of an Era and the Problem of Self-Redefinition. Nairobi: Heinrich Boll Foundation, 2001.

MAIGA, Ismael Sory. Mythologie et peuplement dans la vallée moyenne du fleuve Niger. In: _____ (dir.). *Djoliba, le grand fleuve Niger*: visions de l'eau, culture de l'autre. Paris: La dispute, 2010. Disponível em: <http://isdmali.com/wp-content/uploads/2016/01/Mythologie-et-peuplement-dans-la-vall%C3%A9e-moyenneISM.pdf>. Acesso em: 02/02/2020.

MAINO, Elisabeta. "Pour une genealogie de l'africanisme portugais". *Cahiers d'Études Africaines*. Paris, v. XLV, n. 1, pp. 165-215, 2005.

MALOWIST, Marian. "The Western Sudan in the Middle Ages: Underdevelopment in the Empires of the Western Sudan: Rejoinder". *Past & Present*. Oxford, n. 37, pp. 157-162, 1967.

_____. "Quelques observations sur le commerce de l'or dans le Soudan ocidental au Moyen Age". *Annales E. S. C.* Paris, v. 25, n. 6, pp. 1.630-1.636, 1970.

MAMDANI, Mahmood. "Race et ethnicité dans le contexte africain". *Actuel Marx*. Paris, v. 38, n. 2, pp. 65-73, 2005.

MARTIN, Hervé. *Mentalités médiévales*: XI-XV siècle. Paris: Presses Universitaires de France, 1991. (Collection Nouvelle Clio.)

MASONEN, Pekka. *The Negroland revisited*: Discovery and Invention of the Sudanese Middle Ages. Helsinki: Academia Scientiarum Fennica, 2000.

MASSING, Andreas. "The Wangara, an Old Soninke Diaspora in West Africa?" *Cahiers d'Études Africaines*. Paris, v. XL, n. 2, pp. 281-308, 2000.

_____. "Baghayogo, a Soninke Muslim Diaspora in Mande World". *Cahiers d'Études Africaines*. Paris, v. XLIV, n. 4, pp. 887-922, 2004.

MATTOS, Gercy Ribeiro de. *Continente africano, o berço da humanidade*. Porto Alegre: GEL Cultura Africana, 2012.

MAUNY, Raymond. *Les navigations médiévales sur les côtes sahariens antèrieures à la découverte portugaise*. Lisboa: Centro de Estudos Ultramarinos, 1960.

_____. *Tableau géographique de l'Ouest Africain au Moyen Age d'après les sources écrites, la tradition et l'archéologie*. Amsterdam: Swets & Zeitlinger, 1967 [1961]. (Mémoires de L'Institut Français d'Afrique Noire.)

MBEMBE, Achille. "O tempo que se move". *Cadernos de Campo*. São Paulo, USP, n. 24, pp. 369-397, 2015.

McCALL, Daniel F. "The traditions of the founding of the Sijilmassa and Ghana". *Transactions of the Historical Society of Ghana*. Accra, v. 5, n. 1, pp. 3-32, 1961.

MCDOUGALL, E. Ann. "Salts of the Western Sahara: Myths, Mysteries, and Historical Significance". *The International Journal of African Historical Studies.* Cambridge, v. 23, n. 2, pp. 231-257, 1990.

MCINTOSH, Susan K. Pathways to Complexity: an African Perspective. In: _____ (ed.). *Beyond Chiefdoms: Pathways to Complexity in Africa.* Cambridge: Cambridge University Press, 1999, pp. 1-30.

_____; MCINTOSH, Roderick. "The Inland Niger Delta Before the Empire of Mali: Evidences from Jenne-Jeno". *The Journal of African History.* Cambridge, v. 22, n. 1, pp. 1-22, 1981.

MEDEIROS, François de. *L'Occident et l'Afrique (XIII-XV siècle):* images et representations. Paris: Karthala, 1985.

MEDEVIÈLLE, Nicholas P. A. *La racialisation des africains*: récits commerciaux, religieux, philosophiques et littéraires (1480-1880). Tese (Doutorado em Filosofia) – The Ohio State University, Ohio, 2006.

MEILLASSOUX, Claude. Le commerce pré-colonial et le développement de l'esclavage à Gubu du Sahel (Mali). In: MEILLASSOUX, Claude; FORDE, Daryll (eds.). *The Developement of Indigenous Trade and Markets in West Africa.* Oxford: International African Institute, 1971, pp. 182-197.

_____. *Antropologia da escravidão*: o ventre de ferro e dinheiro. Rio de Janeiro: Jorge Zahar, 1995.

MENEZES, Rafael Farias de. *Limites e possibilidades de uma visão afrocentrada a partir da obra de Ibn Khaldun.* 110f. Dissertação (Mestrado em História) – Programa de Pós-Graduação em História, Universidade de Brasília, 2017.

MEOUAK, Mohamed. "Bukm et ginawa, peuples "muets" de l'Afrique subsaharienne medievale. Remarques linguistiques et historiques". *Acta Orientalia Academiae Scientiarum Hungaricae*, Budapeste, v. 60, n. 3, 2007, p. 313-329.

MICHAEL, Ian. Typological Problems in Medieval Alexander Literature: the Enclosure of Gog and Magog. In: NOBLE, Peter; POLACK, Lucie; IZOZ, Claire (eds.). *The Medieval Alexander Legend and Romance Epic.* Millwood; London; Nendeln: Kraus International Publications, 1982, pp. 131-147.

MICHEL, Marc. "Défense et illustration de l'historiographie française de l'Afrique Noire (c. 1960-1995)". *Revue Française d'Histoire d'Autre Mer.* Paris, t. 84, pp. 83-92, 1997.

MICHIENZI, Ingrid Houssaye. "Datini, Majorca et le Maghreb (XIV-XV siècles)". *Reseaux, espaces mediterranéens et strategies marchandes.* Leiden; Boston: Brill, 2013.

MONÉS, Hussein. "Las rutas de comercio en el Sahara africano segun los escritores arabes". *V Congreso de estudos árabes e islâmicos.* Coimbra – Lisboa, 1º a 5 de setembro 1968. Leiden: E. J. Brill, pp. 505-522, 1971.

MONFERRER-SALA, Juan Pedro. Alexander the Great in the Syriac Literature Tradition. In: David ZUWYYA (org.). *A Companion to Alexander Literature in the Middle Ages.* Leiden; Boston: Brill, 2011.

MONIOT, Henri. "Tableau Geographique de l'Ouest Africain au Moyen Age d'après les sources écrites, la tradition et l'Archéologie (Raymond Mauny)". *Annales E.S.C.* Paris, ano 17, n. 6, pp. 1231-1235, 1962.

MONTEIL, Charles. "Les empires du Mali". *Bulletin du Comité d'Études Historiques et Scientifiques de l'Afrique Ocidentale Française.* Paris, t. XII n. 3-4, pp. 291-447, 1929.

MONTEIL, Vincent. "Les manuscrits arabo-musulmans". *Bulletin de l'I.F.A.N.* Dakar, t. XXVIII, n. 3-4, pp. 531-545, 1965.

MOORE, Carlos. *Racismo e sociedade*: nova bases epistemológicas para a compreensão do racismo na história. Belo Horizonte: Mazza, 2007.

MORÉCHAND, Guy. "Les genies". *Bulletin de l'Ecole Française d'Extrême-Orient.* Paris, t. 54, pp. 123-168, 1968.

MUDIMBE, V. Y. *A ideia de África.* Lisboa: Mangualde (Portugal), Luanda (Angola): Edições Pedago; Edições Mulemba, 2013a.

_____. *A invenção da África*: filosofia, gnose e a ordem do conhecimento. Mangualde; Luanda: Edições Pedagô; Edições Mulemba, 2013b.

NAMAIWA, Boubé A. "Croyances, ethnies et identité au Sahel: du multiple a l'un". *Ethiopiques: revue negro-africaine de literature et philosophie*. Dakar, n. 90, 2013. Disponível em: <http://ethiopiques.refer.sn/>. Acesso em: 25/02/2019.

NIANE, Djibril Tamsir. "Recherches sur l'Empire du Mali au Moyen Age". *Recherches africaines: études guinéenes*. Conacry, t. 1, pp. 6-56, 1959. Disponível em: <http://www.webguinee.net>. Acesso em: 20/08/2019.

_____. O Mali e a primeira expansão manden. In: _____ (org). *A África do século XII ao século XVI*. Brasília: Unesco/MEC/Ufscar, 2010, pp.133-192. (História Geral da África, v. 4.)

NIXON, Sam. "Excavating Essouk-Tadmakka (Mali): New Archaeological Investigations of Early Islamic Trans-saharan Trade". *Azania: Archaeological Research in Africa*. Nairobi, v. 44, n. 2, pp. 217-255, 2009.

NOBILI, Mauro. "Arabic Scripts in West African Manuscripts: a Tentative Classification from the De Gironcourt Collection". *Islamic Africa*. Evanston, v. 2, n. 1, pp. 105-133, 2011.

_____. *Sultan, Caliph and the Renewer of the Faith*: Ahmad Lobbo, the *Tarikh al-Fattash* and the Making of an Islamic State in West Africa. Cambridge: Cambridge University Press, 2020.

_____; MATHEE, Mohammed Shahid. "Towards a New Study of the So-called Tarikh al-fattāsh". *History in Africa*. Cambridge, v. 42, n. 2, pp. 37-73, 2015.

NOVO, Márcia Garcia. "La doctrina maliki sobre esclavitud y el *Mi'ray al-Su'ud* de Ahmad Baba". *Espacio, Tiempo y Forma*. Madrid, t. 23, pp. 75-95, 2010.

_____. *Derecho islâmico y esclavitud en Africa Ocidental (ss. X-XVI, XI-XVII)*: religion y etnicidad en la obra *Mi'ray al-Su'ud* de Ahmad Baba al-Tinbukti. Tese (Doutorado en Filologia) – Departamento de Estúdios Árabes e Islámicos, Facultad de Filología, Universidade Complutense de Madrid, Madrid, 2011.

NYERERE, Julius. Presentation. In: VV.AA. (Vários Autores). *Perspectives nouvelles sur l'histoire africaine* (Congrès international d'Historiens de l'Afrique, University College, Dar-es-Salam). Paris: Présence Africaine, 1971.

NZIEM, Ndaywel. African Historians and Africanist Historians. In: JEWSIEWICKI, Bogumil; NEWBURY, David (Eds). *African Historiographies*: What History for which Africa? Beverly Hills; London; New Delhi: SAGE Publications, 1986, pp. 20-27.

OLIVER, Roland; ATMORE, Anthony. *Medieval Africa, 1250-1800*. Cambridge: Cambridge University Press, 2001.

OYEWÙMÍ, Oyèronké. *La invención de las mujeres*: una perspectiva africana sobre los discursos ocidentales de género. Bogotá: En la Frontera, 2017.

PACQUES, Viviana. *Les Bambara*. Paris: PUF, 1954.

_____. "Les bouffons sacrés du cercle de Bougouni". *Journal de la société des africanistes*. Paris, t. XXIV, n. 1, pp. 66-110, 1954.

PALA, Achola; LY, Madina. *La mujer africana en la sociedad precolonial*. Madrid: Serbal, 1983.

PARÉ, Moussa. "La cour comme espace publique dans le Sudan Ocidental (XIV-XVI siècles)". *Science et Technique: revue Burkinabè de Recherche*. Ouagadougou, v. 28, n. 1-2, 2012. Disponível em: <https://www.academia.edu/6466247/la_cour_comme_espace_public>. Acesso em: 16/09/2019.

_____. "Economia rurale dans le *Bilad al-Sudan* ocidental (X-XVI siècles)". *Études Rurales*. Paris, n. 193, pp. 95-105, 2014.

PATTERSON, Orlando. *Escravidão e morte social*. São Paulo: Edusp, 2008.

PAULME, Denise. "Parenté à plaisanteries et alliance par le sang en Afrique Ocidentale". *Africa: Journal of the International African Institute*. Cambridge, v. 12, n. 4, pp. 433-444, 1939.

PESSOA, Mônica do Nascimento. *Existe um segredo entre nós*: a trajetória do djéli contemporâneo Toumani Kouyaté. Tese (Doutorado em História) – Universidade do Estado de Santa Catarina, Florianópolis, 2019.

PHILIPS, John Howard (ed.). *Writing African History*. Rochester: Rochester University Press, 2005, pp. 216-283.

PIMENTA, Carlos; KAJIBANGA. Epistemologia dos estudos africanos. *Conhecimentos endógenos e a construção do futuro em África*. Porto, 15-16 abril 2011. Disponível em: <http://www.fep.up.pt/docentes/cpimenta/textos/pdf/EEA_V2.pdf>. Acesso em: 28/09/2015.

POLIGNAC, François de. "Alexandre, l'inachèvement et l'incompletude". *Mélanges de l'École Française de Rome*. Roma, t. 112, n. 1, pp. 9-12, 2000.

POUTIGNAC, P.; STREIFF-FENART, J. *Teorias da etnicidade*. São Paulo: Editora da Unesp, 1998.

PRUSSIN, Labelle. "Judaic threads in the west african tapestry: no more forever?" *The Art Bulletin*. New York, v. 88, n. 2, pp. 328-353, 2006.

QUÉCHON, Martine. "Réflexions sur certains aspects du syncrétisme dans l'islam ouest-africain". *Cahiers d'Études Africaines*. Paris, v. 11, n. 42, pp. 206-223, 1971.

QUIGLEY, Mary. *Ancient West African Kingdoms*: Gana, Mali & Songhay. Chicago: Heinemann Library, 2002.

READER, John. *África*: biografia de um continente. Mem Martins: Publicações Europa-América, 2002.

REVERT, Eugene. "L'Afrique vue par un africain. L'hippopotame et le philosophe". *Cahiers d'Autre Mer*. Paris, ano 1, n. 3, pp. 286-289, 1948.

REY, Pierre-Philippe. Les gens de l'or et leur idéologie: l'itineraire d'Ibn Battuta en Afrique ocidentale au XIV siècle. In: SCHLEMMER, Bernard (org.). *Terrains d'engagements de Claude Meillassoux*. Paris: Karthala, 1998, pp. 121-155.

RIALLAND, Annie. "Les langages instrumentaux sifflés ou criés en Afrique". *La Linguistique*. Paris, v. 10, n. 1, pp. 105-121, 1974.

ROBINSON, David. "L'espace, les métaphores et l'intensité de l'islam ouest-africain". *Annales: Histoire, Sciences Sociales*. Paris, v. 40, n. 6, pp. 1.395-1.405, 1985.

_____. "Un historien et anthropologue sénégalais: Shaikh Musa Kamara". *Cahiers d'Études Africaines*. Paris, v. 28, n. 109, pp. 89-116, 1988.

_____. *Les sociétés musulmanes africaines*: configurations et trajectoires historiques. Paris: Karthala, 2010.

ROUCH, Jean. "Cultes des génies chez les Songhay". *Journal des Africanistes*. Paris, t. 15, pp. 15-32, 1945.

_____. *Les Songhay*. Paris: Presses Universitaires de France, 1954.

ROUGE, Gilbert; SCHWARZ, J. "Sur les xylophones équiheptaphoniques des malinkés". *Revue de Musicologie*. Paris, t. 55, n. 1, pp. 47-77, 1969.

ROUX CORINNE, Guerra M.F. "La monnaie almoravide: de l'Afrique à l'Espagne". *Revue d'Archéométrie*. Paris, n. 24, pp. 39-52, 2000.

RUBANOVICH, Julia. Re-writing the Episode of Alexander the Great and Candace in Medieval Persian Literature. In: STORCK, Marcus (ed.). *Alexander the Great in the Middle Ages*: Transcultural Perspectives. Toronto; Buffalo; London: University of Toronto Press, 2016, pp. 123-152.

RUFER, Mario. "La ciência de narrar y el arte de historiar en África: oralidade y memoria épica en La grand geste du Mali, de Wa Kamissoko". *European Review*. Buenos Aires, n. 15, pp. 1-18, 2011. Disponível em: <http://www.ieeiweb.eu/wp-content/uploads/2016/01/n5.pdf>. Acesso em: 11/12/2019.

RYDER, Allan A. F. C. *Benin and the Europeans (1485-1897)*. London: Longman, 1977.

SAAD, Elias. *Social History of Timbuktu*: the Role of Muslim Scholars and Notables, 1400-1900. Cambridge: Cambridge University Press, 1983.

SACHT, Lucas Engel. "*Ela a quem chamavam Qasa, o que em sua língua significa 'rainha'*": o papel político da Qasa no "império" do Mali (século XIV), um questionamento à historiografia. 112f. Monografia (Licenciatura e Bacharelado em História) – Departamento de História, Setor de Ciências Humanas da Universidade Federal do Paraná, Curitiba, 2018.

SALAC, Antonin. "Alexander of Macedon and al Iskandar Dhu-l-Carnein". *Listy Filologické / Folia Philologica*. Praga, n. 83-2, pp. 41-43, 1960.

SALVAING, Bernard. Écriture, pouvoir, religion dans les sociétés islamiques ouest-africaines. In: BRESSON, Alain et al. *L'Écriture publique du pouvoir*. Pessac: Asonius Éditions, 2005, pp. 75-88.

SANDERS, Edith. "The hamitic hyphotesis: its origins and functions in time perspective". *Journal of African History*, Cambridge, v. 10 n. 4, pp. 521-532, 1969.

SANNEH, Lamin. *Beyond Jihad*: the Pacifist Tradition in West African Islam. New York: Oxford University Press, 2016.

SARDAN, Jean-Pierre Olivier de. Captifs ruraux et esclaves imperiaux du Songhay. In: MEILLASSOUX, Claude (org.). *L'Esclavage en Afrique precoloniale*. Paris: Maspero, 1975, pp. 99-134.

_____. *Concepts et conceptions*: songhay-zarma: histoire, culture, société. Paris: Nubia, 1982.

_____. *Les sociétés Songhay-Zarma (Mali – Níger)*: chefs, guerriers, esclaves, paysans. Paris: Karthala, 1984.

_____. "Le reel et les autres". *Cahiers des Études Africains*. Paris, v. 29, n. 113, pp. 127-135, 1989.

SARTAIN, E. M. "Jalal al-din al-Suyuti". *Journal of the American Oriental Society*. Ann Arbor, v. 100, n. 2, pp. 135-136, 1980.

SAUL, Mahir. "Le *fanga* comme savoir et destinée: signification sociale de la réussite personnelle au Soudan ocidental". *L'Homme*. Paris, n. 179, pp. 63-89, 2006.

SAWADOGO, Georges. "Prolegomènes à une grammaire du langage tambouriné: contribution à une théorie de la bendrologie". *Linx*. Paris, n. 31, pp. 141-159, 1994.

SCHLICKMANN, Mariana. *A introdução dos estudos africanos no Brasil nos anos 1959-1987*. Belo Horizonte, 2015. Dissertação (Mestrado em História) – Programa de Pós-Graduação em História, Universidade Federal de Minas Gerais.

SCHMIDT, Victor M. "Alexander Historiatus. A Guide to Medieval Illustred Alexander Literature (David A. Ross)". *Scriptorium*. Bruxelas, t. 45, n. 1, p. 132-136, 1991.

SCHMITT, Jean-Claude. *Le corps, les rites, les rêves, le temps*: essais d'Anthropologie médiévale. Paris: Gallimard, 2001.

SCOA. *Histoire et tradition orale* (Actes du Troisième Colloque International de l'Association, Niamey, 30 novembre – 6 decembre 1977). Paris: Association Scoa, 1980.

SECK, Assane; MONDJANNAGNI, A. *L'Afrique ocidentale*. Paris: Presses Universitaires de France, 1967.

SIBEUD, Emmanuelle. *Une science imperial pour l'Afrique?* La construction des saviors africanistes en France (1878-1930). Paris: Éditions de L'École des Hautes Études en Sciences Sociales, 2002.

SIDARIUS, Adel. "Nouvelles recherches sur Alexandre le Grand dans la litterature árabe-chrétienne et connexes". *Parole de l'Orient*, Kaslik Jounieh, v. 37, pp. 137-176, 2012.

_____. Alexandre le Grand chez les coptes. In: BRUNS, Peter; LUTHE, Otto (Eds.). *Orienthalia christiana*. Wiesbaden: Harrassowitz Verlag, 2013, pp. 477-497.

SIDIBÉ, Mamby. "Soundjata Keita, héros historique et legendaire, empereur du Manding". *Notes Africaines*. Dakar, n. 82, pp. 60-65, 1959.

SKUDAVEN, Maniraj; AHMED, Shoayb. "Is Dhu Qarnain Alexander the Great? Reflecting of Muhammad Raghib al-Tabbakh's Contribution on a Translated Manuscript Discovered in Timbuktu on Dul Qarnain". *Verbum et Ecclesia*. Cape Town, v. 38, n. 1, 2017.

SMITH, P. "Notes sur l'organisation des Diakhanké. Aspects particuliers à la région de Kedougou". *Cahiers du Centre d'Études Anthropologiques*. Paris, t. 8 n. 3-4, pp. 263-302, 1965.

SOUAG, Lameen. "Ajami in West Africa". *Afrikanistik Online*. Colônia, 2010. Disponível em: <http://www.afrikanistik-online.de/archiv/2010/2957>. Acesso em: 10/12/2013.

SOUTHGATE, Minoo. "The Negative Image of Blacks in Some Medieval Iranian Writers". *Iranian Studies*. Oxford, v.17-1, pp. 3-36, 1984.

SOUZA, Victor Martins de. *A aljava e o arco*: o que a África tem a dizer sobre direitos humanos – um estudo da carta mandinga. Tese (Doutorado em História Social) – Curso de História, Pontifícia Universidade Católica de São Paulo, São Paulo, 2018.

SURUN, Isabelle. *Géographies de l'exploration:* la carte, le terrain et le texte: Afrique ocidentale, 1780-1880. Thèse (Doctorat en Histoire) – École des Hautes Études en Sciences Sociales, Paris, 2003.

TALBI, Mohamed. A expansão magrebina: seu impacto sobre a civilização ocidental. In: NIANE, Djibril Tamsir (ed.). *A África do século XII ao XVI*. Brasília: MEC; Unesco; Ufscar, 2010, pp. 65-88. (História Geral da África, v. 4.)

TAMARI, Tal. "Joking Pacts in Sudanic West Africa: a Political and Historical Perspective". *Zeitschrift für Ethnologie*. Berlim, v. 131, n. 2, pp. 215-243, 2006.

_____. "Les oeuvres orientales parmi les sources d'inspiration de la litterature orle ouest-africaine: um roman de chevalerie árabe en traduction bambara". *Journal des Africanistes*. Paris, v. 83-1, pp. 214-254, 2013.

TERRAY, Emmanuel. Commerce pré-colonial et organisation sociale chez les Dida de Côte d'Ivoire. In: MEILLASSOUX, Claude; FORDE, Daryll (eds.). *The Developement of Indigenous Trade and Markets in West Africa*. Oxford: Internationsl Africam Institute, 1971, pp. 145-151.

THIOUB, Ibrahima. Regard critique sur les lectures africaines de l'esclavage et de la traite atlantique. In: MANDÉ, Issiaka; STEFANSON, Blandine (éds.). *Les historiens africains et la mondialisation* – Actes du III congrès international des Historiens Africains, Bamako, 2001. Bamako; Paris: AHA/Karthala/ASHIMA, 2005, pp. 271-292.

TIMOWSKY, Michael. "Les domaines des princes du Songhay. Comparaison avec la grande propriété foncière en Europe au début de l'Époque féodale". *Annales E.S.C.* Paris, v. 25, n. 6, pp. 1637-1658, 1970.

_____. "Use of the Term 'Empire' in Historical Research on Africa. A Comparative Approach". *Africa Zamani*. Dakar, n. 11-12, pp. 18-26, 2003-2004.

TRAVELÉ, Moussa. *Petit dictionnaire français-bambara et bambara-français*. Paris: Librairie Paul Geuthner, 1913.

TRIAUD, Jean-Louis. *Islam et sociétés soudanaises au Moyen Age*: étude historique. Paris; Ouagadougou: CNRS; CVRS, 1973.

_____. Haut-Sénégal-Niger, un modele 'positiviste'? De la coutume a l'histoire: Maurice Delafosse et l'invention de l'histoire africaine. In: AMSELLE, Jean-Loup; SIBEUD, Emmanuelle (dir.). *Maurice Delafosse*. Entre orientalisme et ethnographie: l'itinéraire d'um africaniste (1870-1926). Paris: Maisonneuve & Larose, pp. 210-232, 1998.

_____. "Uma nova Idade Média saeliana a partir das inscrições árabes da República do Mali". *Afro-Ásia*. Salvador, n. 34, pp. 317-323, 2006.

_____. "L'Islam au sud du Sahara. Une saison orientaliste en Afrique ocidentale". *Cahiers des Études Africaines*. Paris, n. 198-199-200, 2010. Disponível em: <https://journals.openedition.org/etudesafricaines/16422>. Acesso em: 28/01/2020.

TRONSON, Adrian. "The 'Life of Alexander' and West Africa". *History Today*. London, v. 32, n. 1, 1982.

_____. "From Jerusalem to Timbuktu: the Apropriation of Alexander the Great by National Narratives". In: VV.AA. (Vários Autores). *Alexander in Africa*. Pretoria: Classical Association of South Africa, 2014, pp. 143-170. (Acta Classica Supplementum V.)

TURCO, Angelo. "Semânticas da violência – guerra, território e poder na África mandinga". *Varia História*. Belo Horizonte, v. 22, n. 35, pp. 125-149, 2006.

VAN ACKER Claudete. "Perles de verre découvertes sur le site de Tegdaoust". *Journal des africanistes*. Paris, t. 54, n. 2, pp. 31-52, 1984.

VANSINA, Jan. L'utilisation des données ethnographiques comme sources de l'histoire. In: MVENG, Engelbert (org.). *Perspectives nouvelles sur l'histoire africaine*. (Congrès international d'Historiens de l'Afrique, University College, Dar-es-Salam). Paris: Présence Africaine, 1971, pp. 73-101.

VERNET, Thomas. "Des empires de l'âge d'òr à la délicate mécanique des sociétés: histoire et archéologie du Sahel medieval". *Afriques: débats, méthodes et terrains d'histoire*. Paris, v. 4, 2013. Disponível em: <http://afriques.revues.org/1283>. Acesso em: 18/02/2020.

VIGUERA MOLÍNS, María J. *Los reinos de taifas y las invasiones magrebíes*: al-Andalus del XI al XIII siglos. Madrid: Editorial MAPFRE, 1992.

VOGUET, Elise. "Tlemcen-Touat-Tombouctou: un réseau transsaharien de diffusion du malikisme". *Revue des Mondes Musulman et de la Mediterranée*. Paris, v. 141, pp. 259-279, 2017.

WILKS, Ivor. "Wangara, Akan and Portuguese in the Fifteenth and Sixteenth Centuries". *The Journal of African History*. Cambridge, v. 23, n. 3, pp. 333-349, 1982.

WISE, Christopher. Ahmad Baba al-Massufi al-Tinbukti. In: AKYEAMPONG, Emmanuel K.; GATES JR., Henry Louis (orgs.). *Dictionary of African Biography*. Oxford: Oxford University Press, 2012, v. 1, pp. 124-125.

YONTE, Alba Bravo. *Mujeres egípcias en la esfera del poder?*: aproximación al concepto dual de realeza durante el Reino Antiguo (2686 -2125 a.C.). Master (Estudios de Genero y Politicas de Igualdad) – Universidad de Salamanca, Salamanca, 2009.

YOSEF, Kobi. "The Term 'Mamluk' and Slave Status During the Mamluk Sultanate". *Al-Qantara*. Madrid, v. XXXIV, n. 1, pp. 7-34, 2013.

ZAMPARONI, Valdemir. "Os estudos africanos no Brasil: veredas". *Revista de Educação Pública*. Cuiabá, v. 4, n. 5, pp 105-121, 1995.

ZEYS, Ernest. "Esclavage et Guerre Sainte – Consultation adressée aux gens du Touat par un érudit nègre, Ahmed Baba, cadi de Timboctou au dix-septième siècle". *Revue de l'Islam*. Paris, n. 81, p. 121-128, 1902.

ZOUBER, Mahmoud A. *Ahmad Baba de Tombouctou (1556-1727):* sa vie et son oeuvre. Paris: Maisonneuve et Larose, 1977.

ZUWIYYA, David. The Alexander Romance in the Arabic Tradition. In: _____ (org.). *A Companion to Alexander Literature in the Middle Ages*. Leiden; Boston: Brill, 2011, pp. 73-112.

Audiovisual

ALENCAR, Eugênio (Mestre Paraquedas). *A deusa Mokoy e o clã do Leão Dourado*. Samba-enredo da Escola de Samba Garotos da Orgia. Porto Alegre, 1991. YouTube, 9 mar. 2020. Disponível em: <https://youtu.be/jf5lkV7AoEQ>. Acesso em: 20/02/2020.

ROEBERS; Thomas; LEEUWENBERG, Flora (dirs.). *Kasa!* (Registro etnográfico). Filmado por Thomas Roebers e Flora Leeuwenberg. Guiné-Conacri, 2016. YouTube, 19 out. 2012. Disponível em: <https://www.youtube.com/watch?v=wQRikoMXKrw>. Acesso em: 17/07/2018.

O autor

José Rivair Macedo é licenciado em História pela Universidade de Mogi das Cruzes e doutor em História Social pela Faculdade de Filosofia, Letras e Ciências Humanas da Universidade de São Paulo (FFLCH-USP); realizou estágio de pós-doutorado na Universidade Nova de Lisboa e na Universidade de Lisboa. Atua como pesquisador do CNPq desde 1995, é professor titular no Departamento de História da Universidade Federal do Rio Grande do Sul (UFRGS) e também docente do quadro permanente do Programa de Pós-Graduação em História da mesma universidade, onde leciona História da África. É sócio da Associação Brasileira de Pesquisadores Negros, coordena a Rede Multidisciplinar de Estudos Africanos do ILEA-UFRGS e participa do NEAB-UFRGS. Pela Contexto, é autor do livro *História da África* e coautor de *História na sala de aula*, *Faces do fanatismo*, *História das guerras*, *História da paz* e *O Brasil no Contexto 1987-2017*. Junto com Thuila Ferreira, coordenou o projeto Biografias de mulheres africanas: www.ufrgs.br/africanas.

Agradecimentos

Os dados e as interpretações apresentados neste livro vinculam-se a uma pesquisa realizada com o apoio do Conselho Nacional de Desenvolvimento Científico e Tecnológico (CNPq), em torno do projeto de produtividade intitulado "Antigas formações sociais na bacia do Níger: poder e legitimidade entre os povos mandinga e songai", com vigência entre março de 2017 e fevereiro de 2021. A pesquisa contou igualmente com o apoio do Programa de Pós-Graduação em História da Universidade Federal do Rio Grande do Sul, que tornou viável a publicação.

Cumpre também registrar meu agradecimento público ao Departamento de Educação e Desenvolvimento Social da Pró-Reitoria de Extensão da Universidade Federal do Rio Grande do Sul (DEDS-PROREXT-UFRGS), a quem estão vinculados os direitos de uso das ilustrações de Luciano Barbosa, que fazem parte do projeto Viajando pela África com Ibn Battuta, pela autorização do uso das referidas imagens. No mesmo sentido, agradeço o geógrafo Felippe Jorge Kopanakis Pacheco, pela autorização do uso de diversos mapas históricos sobre a África, que ilustram os capítulos "Circulação de pessoas, ideias e bens entre o Magrebe, a bacia do Níger e a floresta

285

tropical" e "Cor, etnicidade e escravidão no *Mi'raj al-Su'ud* de Ahmed Baba de Tombuctu".

Gostaria de deixar registrado o reconhecimento da contribuição de diversas pessoas durante a pesquisa e a preparação do livro. Em primeiro lugar, Priscila Maria Weber, Fela Armando Pereira, Bacar Thierno Dole, Kalil Kaba e Fodé Kabine Kaba me ajudaram a ter acesso a imagens e interpretações sobre o significado histórico-cultural dos sonoje mandingas. Destaco também a gentileza de Adriana Schmidt Dias, Bruno Ribeiro de Oliveira, Bruno Véras, Eduardo Neumann, Fernando Ponzi Ferrari, Mahfouz Ag Adnane, Marçal de Menezes Paredes, Regina Weber e Temístocles A. C. Cezar, pelo fornecimento de cópias ou arquivos digitais de livros e artigos de difícil acesso. Da mesma maneira, agradeço ao pesquisador francês Hadrien Collet, ao pesquisador tunisino Lamjed Bouzid e ao pesquisador senegalês Idrissa Bâ pela disponibilização de títulos de trabalhos, teses ou dissertações de sua autoria. Agradeço a Thuila Farias Ferreira por sua inestimável ajuda na revisão, padronização e normalização ortográfica do texto original; a João Antônio Bortolotti, Rodrigo Garcia Garay e Pedro Vilela, pela tradução de diversos textos utilizados no livro; e a Jorge Eduardo Vieira Fernandes devo um agradecimento especial pelos tantos livros trazidos da Europa, sempre colocados à minha disposição, ou presenteados.

Para finalizar, um agradecimento especial a três nomes importantes da cultura negra no Rio Grande do Sul, reconhecidos como guardiões da memória africana e defensores da ancestralidade e da africanidade, com quem dialogamos há anos e nos inspiram a divulgar a história das sociedades africanas antigas: Sr. Eugênio Alencar, destacado artista popular e militante, conhecido como Mestre Paraquedas; Sr. Gercy Ribeiro de Matos, detentor de importantes saberes do batuque gaúcho, conhecido como Pai Cica de Oxalá ou Mestre Cica de Oyó; Sr. Waldemar Moreira Lima, quilombista histórico e educador popular, conhecido como Mestre Pernambuco. Através deles, nosso respeito a todos(as) os(as) demais defensores das tradições negras no extremo sul do Brasil, a quem cabe admiração e respeito.